LibreOffice 3.5
Guida a Draw

Disegnare immagini vettoriali in LibreOffice

Copyright

Collaboratori

Peter Schofield	Martin Fox	John Cleland
Jean Hollis Weber	John A Smith	Hazel Russman

Localizzazione

Luca Daghino	Stefano David	Elisabetta Manuele
Marco Marega	Michele Marrali	

Commenti e suggerimenti

Per commenti o suggerimenti su questo documento rivolgersi a:
documentation@global.libreoffice.org

Riconoscimenti

Questa guida è un adattamento e aggiornamento della *Guida a OpenOffice.org Draw 3.3*. I collaboratori di tale Guida sono elencati a pagina 12.

Data di pubblicazione e versione del software

Pubblicato il 30 Ottobre 2012. Basato su LibreOffice 3.5.

Pubblicato da:

Friends of OpenDocument, Inc.
544/60 Beck Drive North
Condon, QLD 4815, Australia
http://friendsofopendocument.com/

ISBN 978-1-921320-28-6

ISBN 978-0-244-14318-3

9 780244 143183

Indice

Prefazione

Destinatari della guida

Chiunque desideri imparare rapidamente a utilizzare LibreOffice Draw troverà questa guida preziosa. Sia che siate principianti, sia che abbiate familiarità con altri programmi di disegno.

Contenuto della guida

Questa guida introduce le caratteristiche principali di LibreOffice Draw. Draw è un programma di disegno basato sulla grafica vettoriale, sebbene possa anche eseguire alcune operazioni di grafica raster (pixel). Grazie a Draw, potete velocemente creare un'ampia varietà di immagini grafiche.

Alcuni esempi delle funzioni di disegno sono: gestione dei livelli, griglia magnetica, visualizzazione di dimensioni e misure, connettori per creare organigrammi, funzioni 3D per creare piccoli disegni tridimensionali (con trame ed effetti di luce), integrazione di disegni e stili di pagina, e le curve di Bézier.

La *Guida a Draw* non è un testo di studio da leggere interamente. Si tratta piuttosto di un testo di riferimento e consultazione per approfondire determinati argomenti.

Dove ottenere ulteriore aiuto

Questo libro, le altre guide utente di LibreOffice, il sistema di aiuto integrato, e i sistemi di assistenza agli utilizzatori presuppongono un minimo di familiarità con il computer e con funzioni basilari quali l'avvio di un programma, l'apertura e il salvataggio di un file.

Sistema di aiuto

LibreOffice offre un sistema di aiuto vasto e articolato. È il vostro primo supporto per l'utilizzo di LibreOffice.

Per visualizzare la Guida in linea completa, premete il tasto *F1* oppure selezionate **? > Guida di LibreOffice** dalla barra dei menu. Inoltre, potete scegliere se attivare i *Suggerimenti*, la *Guida attiva*, e l'*Help Agent* accedendo a **Strumenti > Opzioni > LibreOffice > Generale** dalla barra dei menu principale.

Quando i *Suggerimenti* sono attivati, posizionando il cursore del mouse sull'icona di un qualsiasi strumento verrà visualizzata una breve descrizione della sua funzione. Per una spiegazione più dettagliata, selezionate **? > Cos'è questo?** sulla barra dei menu e mantenete il puntatore sopra l'icona.

Assistenza gratuita online

La comunità di LibreOffice non si limita a sviluppare il software, ma offre anche un servizio di supporto gratuito fornito da volontari. Vedere la Tabella 1 e questa pagina web: http://www.libreoffice.org/get-help/ (https://it.libreoffice.org/supporto/)

Gli utenti possono ottenere un supporto completo in rete, da parte dei membri della comunità, tramite le mailing list. Sono inoltre presenti in rete altri siti web gestiti da utenti, che offrono gratuitamente consigli e tutorial. Il forum seguente fornisce supporto da parte della comunità per LibreOffice e altri programmi: http://user.services.openoffice.org/en/forum/

Supporto e formazione a pagamento

In alternativa, è possibile usufruire di servizi di supporto a pagamento. Contratti di assistenza possono essere acquistati presso un distributore o da una ditta di consulenza specializzata in LibreOffice.

Tabella 1: assistenza gratuita per gli utenti di LibreOffice

Assistenza gratuita per LibreOffice	
Domande frequenti	Risposte alle domande frequenti https://www.libreoffice.org/get-help/frequently-asked-questions/ https://it.libreoffice.org/supporto/domande-frequenti/ http://wiki.documentfoundation.org/Faq
Documentazione	Guide utente, how-to e altra documentazione. http://www.libreoffice.org/get-help/documentation/ https://it.libreoffice.org/supporto/documentazione/ https://wiki.documentfoundation.org/Documentation/Publications
Mailing list	Il supporto gratuito della comunità è offerto da una rete di utilizzatori esperti. http://www.libreoffice.org/get-help/mailing-lists/ https://it.libreoffice.org/supporto/mailing-list/
Supporto internazionale	Il sito web di LibreOffice nella vostra lingua. http://www.libreoffice.org/international-sites/ https://it.libreoffice.org/ Mailing list internazionali http://wiki.documentfoundation.org/Local_Mailing_Lists
Accesso facilitato	Informazioni relative all'accesso facilitato. http://www.libreoffice.org/get-help/accessibility/ https://it.libreoffice.org/supporto/accessibilita/

Differenze nelle immagini presenti nella guida

Illustrazioni

LibreOffice funziona su sistemi operativi Windows, Linux, e Mac OS X, ciascuno dei quali prevede diverse versioni e può essere personalizzato dagli utenti (tipo di carattere, colori, temi, gestori di finestre). Le illustrazioni di questa guida sono tratte da computer e sistemi operativi diversi. Alcune immagini, pertanto, non saranno esattamente uguali a quelle che vedete sul vostro computer.

Anche alcune delle finestre di dialogo potrebbero essere differenti a causa delle impostazioni selezionate in LibreOffice. È possibile utilizzare sia le finestre di dialogo del sistema operativo in uso (impostazione predefinita) sia le finestre di dialogo rese disponibili da LibreOffice. Per usare le finestre di dialogo di LibreOffice:

1) Su sistemi operativi Linux e Windows, accedete a **Strumenti > Opzioni > LibreOffice > Generale**, sulla barra dei menu principale, per aprire la finestra di dialogo delle opzioni generali.

2) Su sistema operativo Mac, accedete a **LibreOffice > Preferenze > Generale** , sulla barra dei menu principale, per aprire la finestra di dialogo delle opzioni generali.

3) Selezionate *Utilizza finestre di dialogo LibreOffice* nelle sezioni *Finestre di dialogo apri/salva* e/o *Finestre di dialogo di stampa* per visualizzare le finestre di dialogo di LibreOffice.

4) Fate clic su **OK** per salvare le vostre impostazioni e chiudere la finestra di dialogo.

Nota	Su sistema Windows è presente l'opzione *Mostra prima le finestre di dialogo ODMA DMS* nella sezione *Finestre di dialogo apri/salva*. Ciò vi permette di utilizzare Open Document Management API (ODMA, un'interfaccia standard dell'industria informatica) per la gestione dei documenti; in tal modo è possibile per gli utenti memorizzare, recuperare e condividere i documenti, effettuando anche un controllo di sicurezza e di versione, tramite un Sistema di gestione dei documenti (Document Management System - DMS).

Icone

Le icone utilizzate per illustrare alcuni dei molti strumenti disponibili in LibreOffice potrebbero essere diverse da quelle utilizzate in questa guida. Le icone in questa guida sono relative a una installazione di LibreOffice impostata per visualizzare il set di icone Galaxy.

Se lo desiderate, potete visualizzare le icone Galaxy in LibreOffice nel modo seguente:

1) Su sistemi operativi Linux e Windows, andate su **Strumenti > Opzioni > LibreOffice > Vista**, sulla barra dei menu principale, per aprire la finestra di dialogo delle opzioni di visualizzazione.

2) Su sistema operativo Mac, andate su **LibreOffice > Preferenze > Vista**, sulla barra dei menu principale, per aprire la finestra di dialogo delle opzioni di visualizzazione.

3) Nell'area *Interfaccia utente > Dimensione e stile dell'icona* selezionate *Galaxy* dalle opzioni disponibili nel menu a tendina.

4) Fate clic su **OK** per salvare le vostre impostazioni e chiudere la finestra di dialogo.

Nota	Alcuni sistemi operativi Linux, per esempio Ubuntu, includono LibreOffice come parte dell'installazione e potrebbero non includere il set di icone Galaxy. Dovreste comunque essere in grado di scaricare le icone Galaxy dal repository della vostra distribuzione Linux.

Utilizzo di LibreOffice su Mac

Alcuni tasti e voci di menu su Mac sono diversi da quelli utilizzati in ambiente Windows e Linux. La tabella che segue fornisce alcune sostituzioni comuni per le istruzioni di questo capitolo. Per un elenco più dettagliato consultate la Guida in linea dell'applicazione.

Windows o Linux	*Equivalente su Mac*	*Effetto*
Strumenti > Opzioni selezione del menu	**LibreOffice > Preferenze**	Accesso alle opzioni di configurazione
Clic con il pulsante destro del mouse	*Ctrl+clic* e/o *clic con il pulsante destro del mouse* a seconda delle impostazioni del computer	Apre un menu contestuale
Ctrl (Control)	⌘ *(Comando)*	Usato con altri tasti
F5	*Maiusc+⌘+F5*	Apre il Navigatore

Termini utilizzati

I termini utilizzati in LibreOffice per la maggior parte dell'*interfaccia utente* (le parti del programma che vedete e utilizzate, a differenza del codice non visibile che ne permette il funzionamento) sono gli stessi presenti in altri programmi.

Una *finestra di dialogo* è un tipo speciale di finestra. Il suo scopo è quello di informarvi di qualcosa, o richiedervi un input, o entrambe le cose. Fornisce dei controlli da utilizzare per indicare come eseguire un'azione. I nomi tecnici per i controlli più comuni sono mostrati in Figura 1; non viene invece mostrata la casella di riepilogo (dalla quale selezionate un elemento). Nella maggior parte dei casi in questo libro non vengono usati termini tecnici, ma può essere utile conoscerli perché si possono ritrovare frequentemente nella Guida in linea e in altre guide e manuali.

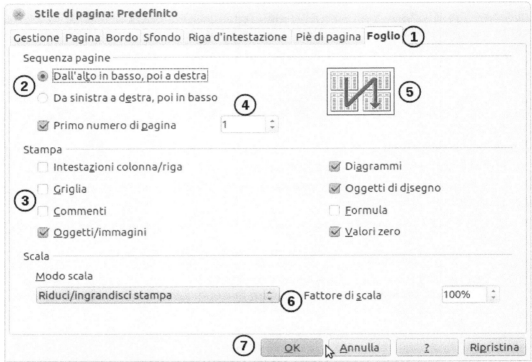

Figura 1: finestra di dialogo con i controlli più comuni

1) Pagina a schede (non un controllo in senso stretto).
2) Pulsanti Radio (permettono una singola scelta esclusiva).
3) Casella di controllo (permette scelte multiple).
4) Casella di selezione (fate clic sulle frecce su e giù per modificare il numero visualizzato nella casella di testo accanto ad esse oppure digitate nella casella di testo).
5) Miniatura o anteprima.
6) Menu a tendina dal quale selezionare una voce.
7) Pulsanti.

Generalmente, potete interagire solo con la finestra di dialogo (e non con il documento stesso) finché la finestra rimane aperta. Quando chiudete la finestra di dialogo dopo l'uso (normalmente, facendo clic su **OK** oppure su un altro pulsante, le vostre modifiche vengono salvate e la finestra di dialogo viene chiusa), potete di nuovo lavorare con il vostro documento.

Alcune finestre di dialogo possono rimanere aperte mentre lavorate, quindi potete spostarvi avanti e indietro tra la finestra di dialogo e il vostro documento. Un esempio di questo tipo è la finestra di dialogo Cerca e Sostituisci.

Autori

Questa guida è stata scritta dai volontari della comunità di LibreOffice. I guadagni derivanti dalla vendita dell'edizione stampata saranno devoluti alla comunità.

Riconoscimenti

Questa guida è un adattamento e aggiornamento della *Guida a OpenOffice.org Draw 3.3*. I collaboratori di quella Guida sono:

Agnes Belzunce	Daniel Carrera	Martin Fox
Thomas Hackert	Regina Henschel	Peter Hillier-Brook
Jared Kobos	Hazel Russman	Gary Schnabl
Bernd Schukat	Wolfgang Uhlig	Jean Hollis Weber
Claire Wood	Linda Worthington	

FAQ

Licenza di LibreOffice
LibreOffice è distribuito sotto la Lesser General Public License (LGPL), approvata dall'Open Source Initiative (OSI). La licenza LGPL è consultabile sul sito web di LibreOffice all'indirizzo: http://www.libreoffice.org/download/license/

È possibile distribuire LibreOffice a chiunque?
Sì.

Su quanti computer è possibile installarlo?
Su tutti quelli che volete.

È possibile venderlo?
Sì.

È possibile usare LibreOffice in un ambiente di lavoro?
Sì.

LibreOffice è disponibile nella mia lingua?
LibreOffice è stato tradotto (localizzato) in più di 40 lingue, quindi la vostra lingua è probabilmente supportata. Inoltre sono disponibili oltre 70 dizionari di *correzione ortografica*, *sillabazione*, e di *sinonimi* per le lingue e anche per i dialetti per i quali non è ancora disponibile un'interfaccia localizzata. I dizionari sono disponibili sul sito web di LibreOffice all'indirizzo: www.libreoffice.org (http://it.libreoffice.org/).

Come riuscite a fare tutto questo gratis?
LibreOffice è sviluppato e mantenuto da volontari ed è sostenuto da diverse organizzazioni.

Come si può contribuire a LibreOffice?
È possibile contribuire allo sviluppo e al supporto degli utenti di LibreOffice in molti modi, senza necessariamente essere un programmatore. Per iniziare, date uno sguardo alla pagina web: http://www.documentfoundation.org/contribution/

È possibile distribuire il file PDF di questa Guida, o stamparla e venderne delle copie?

Sì, a condizione che vengano rispettati i requisiti di una delle licenze citate nella dichiarazione di copyright all'inizio di questa Guida. Non è necessario richiedere un permesso speciale. Inoltre, vi chiediamo di condividere con il progetto parte dei profitti ottenuti dalla vendita delle Guide, in considerazione di tutto il lavoro svolto per produrle.

Capitolo 1
Introduzione a Draw

Introduzione

Draw è un programma di disegno basato sulla grafica vettoriale, sebbene possa anche eseguire alcune operazioni di grafica raster (pixel). Usando Draw, potete velocemente creare un'ampia varietà di immagini grafiche.

La grafica vettoriale memorizza e visualizza un'immagine come un insieme di semplici elementi geometrici, come linee, cerchi e poligoni, invece di un insieme di pixel (punti sullo schermo). Questo permette di semplificare la memorizzazione e supporta il ridimensionamento preciso degli elementi dell'immagine.

Draw è pienamente integrato in LibreOffice, e ciò semplifica lo scambio di immagini con tutti gli altri componenti della suite. Per esempio, per riutilizzare un'immagine creata in Draw in un documento Writer è sufficiente eseguire un copia e incolla. Potete anche disegnare direttamente in Writer o Impress, usando alcune delle funzioni e degli strumenti di Draw.

LibreOffice Draw possiede estese funzionalità e, anche se non è stato progettato per rivaleggiare con applicazioni grafiche più sofisticate, possiede una quantità di funzioni superiore a molti programmi di disegno integrati in altre suite per la produttività d'ufficio.

Alcuni esempi delle funzioni di disegno sono: gestione dei livelli, griglia magnetica, visualizzazione di dimensioni e misure, connettori per creare organigrammi, funzioni 3D per creare piccoli disegni tridimensionali (con trame ed effetti di luce), integrazione di disegni e stili di pagina, e le curve di Bézier.

La *Guida a Draw* non è un libro di studio che va letto dall'inizio alla fine. Si tratta piuttosto di un libro da usare come riferimento e da consultare per approfondire determinati argomenti.

Questa guida descrive solamente le funzioni associate con Draw. Alcuni concetti, come la gestione dei file o l'ambiente di lavoro di LibreOffice, sono qui solamente accennati; vengono affrontati in maniera approfondita nella *Guida Introduttiva*.

Lo spazio di lavoro di Draw

I principali componenti dell'interfaccia e dello spazio di lavoro di Draw sono mostrati nella Figura 2.

Nell'ampia area al centro della finestra potete creare i disegni. Intorno all'area di disegno potete disporre barre degli strumenti e aree informative. Il numero e la posizione degli strumenti visibili variano in relazione al lavoro che si sta eseguendo ed alle preferenze dell'utente. Di conseguenza le vostre impostazioni potrebbero apparire diverse. Per esempio, molti utenti posizionano la barra degli strumenti Disegno sul lato sinistro dell'area di lavoro e non nella parte inferiore, come mostrato nella Figura 2.

In Draw potete suddividere i disegni tra più pagine. I disegni su più pagine sono utilizzati principalmente nelle presentazioni. Il riquadro **Pagine**, sul lato sinistro dello spazio di lavoro di Draw in Figura 2 fornisce una panoramica della pagine che state creando. Se il riquadro **Pagine** non fosse visibile nelle vostre impostazioni, potete abilitarlo tramite **Visualizza > Riquadro pagina** nella barra dei menu principale. Per modificare l'ordine delle pagine è sufficiente trascinare e rilasciare una o più pagine.

In LibreOffice Draw la dimensione massima di una pagina di disegno è di 300 cm per 300 cm.

Righelli

Dovreste vedere i righelli (barre con numeri) sui lati superiore e sinistro dello spazio di lavoro. Se non sono visibili, potete abilitarli selezionando **Visualizza > Righello** dalla barra dei menu principale.

I righelli mostrano le dimensioni di un oggetto selezionato nella pagina usando le doppie linee (evidenziate in Figura 3). Quando nessun oggetto risulta selezionato, essi mostrano la posizione del puntatore del mouse, cosa che aiuta a posizionare più accuratamente gli oggetti disegnati.

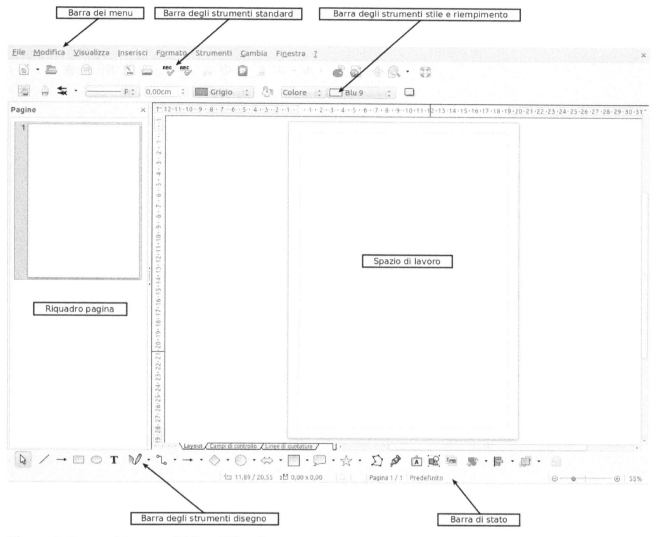

Figura 2: l'area di lavoro di LibreOffice Draw

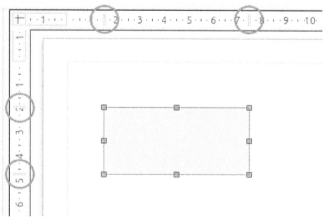

Figura 3: i righelli mostrano le dimensioni dell'oggetto selezionato

Potete anche utilizzare i righelli per gestire le maniglie e le linee guida di un oggetto, facilitandovi il posizionamento degli oggetti.

Sui righelli sono anche riportati i margini della pagina nell'area di disegno. Potete cambiare i margini direttamente dai righelli trascinandoli con il mouse. L'area del margine è indicata dall'area in grigio sui righelli, come mostrato in Figura 3.

Per modificare le unità di misura dei righelli, che possono essere definite indipendentemente, fate clic con il pulsante destro del mouse sul righello desiderato, come illustrato, per il righello orizzontale, in Figura 4.

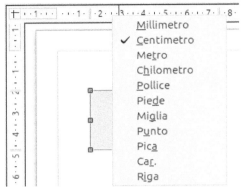

Figura 4: unità di misura dei righelli

La posizione predefinita dello zero per ciascun righello è situata nell'angolo in alto a sinistra della pagina, dove iniziano il margine superiore e quello sinistro. La posizione dello zero può essere modificata facendo clic nell'angolo in alto a sinistra dell'area di lavoro, dove i righelli orizzontale e verticale si incrociano, quindi trascinando in una nuova posizione.

Barra di stato

La Barra di stato è localizzata nella parte inferiore della finestra di Draw e include diversi campi specifici di Draw (Figura 5).

- Il campo *Area informazioni* mostra quale azione viene svolta, o quale tipo di oggetto è selezionato. I campi *Posizione* e *Dimensioni oggetto* mostrano informazioni differenti, a seconda che gli oggetti siano o meno selezionati.
- – Se nessun oggetto è selezionato, nel campo Posizione viene indicata la posizione corrente del cursore del mouse (coordinate X e Y).
- – Quando un oggetto viene selezionato e ridimensionato con il mouse, nel campo Dimensioni oggetto vengono indicate le dimensioni dell'oggetto (larghezza e altezza).

Nota	Le dimensioni sono espresse nell'unità di misura corrente (da non confondere con le unità di misura dei righelli). Questa unità è definita in **Strumenti > Opzioni > LibreOffice Draw > Generale**.

- – Se un oggetto viene selezionato, il campo Posizione indica le coordinate X e Y dell'angolo superiore sinistro dell'oggetto, mentre il campo Dimensioni oggetto indica le dimensioni dell'oggetto. I numeri mostrati non si riferiscono all'oggetto stesso, ma al contorno selezionato, che è costituito dal rettangolo più piccolo possibile in grado di contenere la parte o le parti visibili dell'oggetto; per ulteriori informazioni vedete il *Capitolo 3 (Lavorare con oggetti e punti oggetto)*.

- Se un oggetto è selezionato, un doppio clic in una qualsiasi di queste aree apre la finestra di dialogo **Posizione e dimensione**; vedete il *Capitolo 4 (Cambiare gli attributi di un oggetto)* per approfondire l'argomento.

Figura 5: barra di stato di Draw

- *Modifiche da salvare* sono indicate ogniqualvolta effettuate una modifica al documento senza salvare su disco.

- *Firma digitale* indica se il documento è stato firmato digitalmente. Facendo doppio clic in quest'area (oppure clic con il pulsante destro del mouse e scegliendo poi Firme digitali) si apre la finestra di dialogo Firme digitali. Un documento deve essere salvato almeno una volta per poter essere firmato digitalmente. Dopo che il documento è stato firmato digitalmente, in quest'area apparirà un indicatore.

- *Numero di pagina* mostra il numero sequenziale della pagina corrente e il numero totale di pagine create per il disegno. Se selezionate un oggetto, le informazioni contenute tra parentesi indicano su quale livello del disegno è posizionato l'oggetto. Nell'esempio mostrato in Figura 5, l'oggetto si trova sul livello Layout della Pagina 1 e vi è un totale di una pagina nel disegno.

- *Stile di pagina* mostra quale modello si sta usando per il disegno.

- *Cursore dello zoom* cambia la percentuale di ingrandimento del disegno sul display del computer. Facendo clic sul segno più (+) si aumenta lo zoom mentre con il segno meno (-) lo si diminuisce. Potete anche trascinare il cursore per aumentare o diminuire la percentuale di ingrandimento. La barra verticale nel mezzo del cursore dello *Zoom* rappresenta la percentuale di zoom del 100%.

- *Percentuale dello zoom* mostra il livello di zoom in percentuale. Facendo doppio clic sulla percentuale dello zoom si apre la finestra di dialogo **Zoom e layout visualizzazione**. Facendo clic con il pulsante destro del mouse sulla percentuale dello zoom si apre un menu tramite il quale potete selezionare un livello di zoom. Consultate il *Capitolo 3 (Lavorare con oggetti e punti oggetto)* per ulteriori informazioni sull'utilizzo delle funzioni di zoom.

Barre degli strumenti

Potete mostrare o nascondere le varie barre degli strumenti di Draw a seconda delle vostre necessità. Per mostrare o nascondere una barra degli strumenti fate clic su **Visualizza > Barre degli strumenti**. Nel menu che appare scegliete la barra da visualizzare.

Potete anche selezionare le icone o i pulsanti da mostrare nelle barre degli strumenti. Per cambiare le icone o i pulsanti visibili su una qualsiasi barra degli strumenti, fate clic sulla freccia all'estremità destra della barra degli strumenti e selezionate **Pulsanti visibili** dal menu a discesa. Le icone e i pulsanti visibili sono indicati da un contorno ombreggiato attorno all'icona. Icone e pulsanti non visibili sono indicati da semplici icone, come le tre mostrate nella parte inferiore della Figura 6. Fate clic su un'icona per nasconderla o mostrarla nella barra degli strumenti.

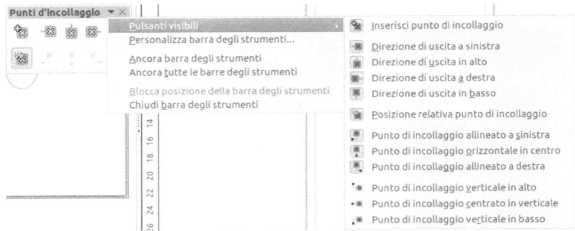

Figura 6: selezione delle icone visibili nella barra degli strumenti

Barra degli strumenti standard

La barra degli strumenti **Standard** è la stessa per tutti i componenti di LibreOffice ed è descritta in dettaglio nella *Guida Introduttiva*.

Figura 7: barra degli strumenti Standard

Barra degli strumenti Disegno

La barra degli strumenti **Disegno** è la barra degli strumenti più importante di Draw. Contiene tutte le funzioni necessarie per disegnare diverse forme, geometriche e a mano libera, e per poterle organizzare nel disegno. La barra è descritta in dettaglio nel *Capitolo 2 (Disegnare forme base)*.

Figura 8: barra degli strumenti Disegno

Barra degli strumenti Stile e riempimento

La barra degli strumenti **Stile e riempimento** vi permette di modificare le proprietà principali di un oggetto di disegno. Le icone e i menu a tendina variano, a seconda del tipo di oggetto selezionato. Ad esempio, per cambiare lo stile di una linea, fate clic sulle frecce verso l'alto e verso il basso per lo *Stile linea* e selezionate lo stile desiderato.

Le funzioni disponibili nella barra degli strumenti **Stile e riempimento** vi permettono di cambiare colore, stile, e larghezza della linea disegnata, il colore di riempimento e lo stile, e altre proprietà di un oggetto. L'oggetto deve prima essere selezionato tramite clic del mouse. Se l'oggetto selezionato è una casella di testo, la barra degli strumenti **Stile e riempimento** diviene la barra degli strumenti **Formattazione del testo** (Figura 10).

Figura 9: barra degli strumenti Stile e riempimento

Barra degli strumenti Formattazione del testo

La barra degli strumenti **Formattazione del testo** è molto simile alla barra degli strumenti di **Formattazione** presente in Writer. Una spiegazione più dettagliata delle funzioni di questa barra si trova nel *Capitolo 4 (Cambiare gli attributi degli oggetti)*. Per informazioni su come aggiungere e formattare il testo, vedete il *Capitolo 9 (Aggiunta e formattazione del testo)*.

Figura 10: barra degli strumenti Formattazione del testo

Barra dei colori

La **Barra** dei colori mostra la tavolozza dei colori corrente. Vi permette di selezionare rapidamente il colore dei vari oggetti (linee, aree ed effetti 3D) nel disegno. Il primo quadrato nel pannello corrisponde a invisibile (assenza di colore). Se la **Barra dei colori** non è visualizzata scegliete la voce **Visualizza > Barre degli strumenti > Barra dei colori**.

Figura 11: Barra dei colori

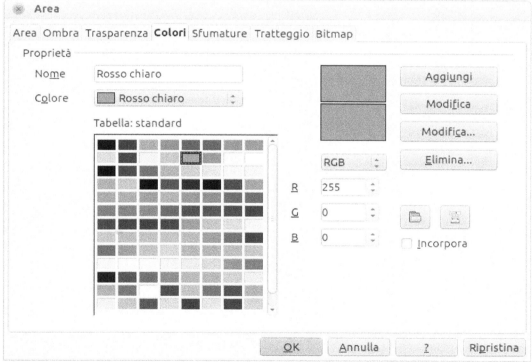

Figura 12: modifica della tavolozza dei colori

Scelta della tavolozza dei colori

In Draw è possibile accedere a diverse apposite tavolozze di colori, così come cambiare i singoli colori a piacimento. Ciò si può fare tramite la finestra di dialogo **Area** (Figura 12), selezionando

Formato > Area sulla barra dei menu principale oppure facendo clic sull'icona **Area** ![icona] sulla barra degli strumenti **Stile e riempimento** (Figura 9). Nella finestra di dialogo **Area**, selezionate la scheda **Colori**.

Per caricare un'altra tavolozza, fate clic sull'icona **Carica lista colori** . La finestra di dialogo del selettore dei file permette di scegliere una delle tavolozze colori predefinite di LibreOffice (questi file hanno estensione `*.soc`). Per esempio, `web.soc` è una tavolozza dei colori adatta a creare disegni da utilizzare nella realizzazione di pagine web. Questi colori saranno correttamente rappresentati su computer con schermi in grado di visualizzare almeno 256 colori.

Una descrizione più dettagliata dei colori e delle loro opzioni può essere trovata nel *Capitolo 10 (Tecniche di Draw avanzate)*.

Barra degli strumenti Opzioni

La barra degli strumenti **Opzioni** permette di attivare o disattivare varie opzioni di aiuto al disegno. La barra degli strumenti **Opzioni**, per impostazione predefinita, non è visualizzata. Per visualizzarla, selezionate **Visualizza > Barre degli strumenti > Opzioni**. Le opzioni sono sinteticamente descritte in Figura 14 e in maggior dettaglio in altri capitoli di questa *Guida a Draw*.

Figura 13: barra degli strumenti Opzioni

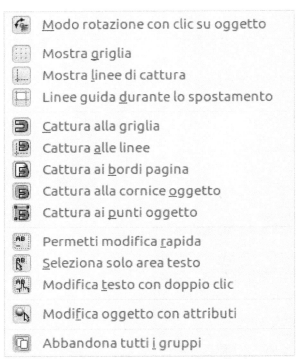

Figura 14: strumenti disponibili nella barra degli strumenti Opzioni

Griglia e linee guida

Draw offre una griglia e linee di cattura come aiuti per il disegno; questi possono essere attivati o disattivati facendo clic sulle icone **Mostra griglia** o **Mostra linee di cattura** nella barra degli strumenti Opzioni. I punti della griglia e le linee di cattura sono visualizzati esclusivamente sullo schermo; non vengono stampati e nemmeno visualizzati se il disegno viene utilizzato in un altro componente della suite LibreOffice. Il colore, la distanza e la risoluzione dei punti della griglia possono essere scelti individualmente per ogni asse. Questo argomento è descritto in maggior dettaglio nel *Capitolo 3 (Lavorare con oggetti e punti oggetto)*.

È possibile mostrare le linee guida mentre muovete gli oggetti, attivabili o disattivabili facendo clic sull'icona **Linee guida durante lo spostamento** sulla barra degli strumenti Opzioni. Visualizzare la collocazione dell'oggetto durante lo spostamento ne facilita notevolmente il posizionamento. Se questa funzionalità viene attivata, verranno visualizzate delle linee orizzontali e verticali che racchiudono l'oggetto mentre si effettua lo spostamento. Queste linee si estendono per tutta l'area di disegno. Questa funzione è descritta in dettaglio nel *Capitolo 3 (Lavorare con oggetti e punti oggetto)*.

Draw dispone anche di diverse opzioni di cattura, per aiutarvi a posizionare gli oggetti in modo più preciso nel disegno; queste funzionalità per la cattura sono descritte in dettaglio nel *Capitolo 3 (Lavorare con oggetti e punti oggetto)*.

Barre degli strumenti mobili

Strumenti disponibili

Molte icone hanno un triangolo o una piccola freccia che punta verso il basso posizionata sul lato destro dell'icona. Ciò indica che sono disponibili degli strumenti aggiuntivi. Fate clic sul triangolo per visualizzare tutti gli strumenti disponibili (Figura 15). È possibile separare questo set di strumenti, facendolo diventare una barra degli strumenti mobile. Fate clic nell'area al fondo del gruppo di strumenti, trascinatelo attraverso lo schermo in una posizione a vostra scelta, e rilasciate poi il pulsante del mouse.

Per chiudere una barra degli strumenti mobile, fate clic sulla X sul lato destro del titolo della barra.

Nota	Quando un set di strumenti viene trasformato in una barra degli strumenti mobile, l'icona sulla barra esistente rimane nella medesima barra degli strumenti, mostrando l'ultimo strumento usato. Questo implica che l'icona che vedete sullo schermo potrebbe differire dall'icona mostrata in questa guida.

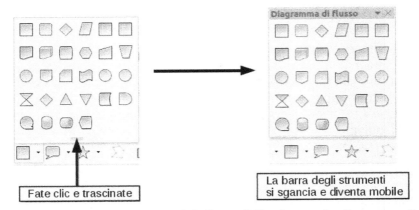

Figura 15: strumenti aggiuntivi disponibili e barra degli strumenti mobile

Barra degli strumenti Standard

All'apertura di Draw, le barre degli strumenti predefinite sono già ancorate o fissate nella loro posizione nella parte alta e bassa dello spazio di lavoro. Di questo gruppo di barre degli strumenti predefinite fanno normalmente parte le barre **Standard**, **Stile e riempimento**, e **Disegno**. Queste barre degli strumenti possono essere disancorate e divenire mobili.

Per disancorare una barra degli strumenti, portate il cursore del mouse all'estremità sinistra della barra, sopra la maniglia della barra (Figura 16). Il cursore cambierà, assumendo normalmente la forma di una mano; la forma dipende comunque dalle impostazioni della macchina e dal sistema operativo. Fate clic e trascinate la maniglia della barra per spostarla, fino a renderla mobile. È possibile creare barre fluttuanti in tutti i componenti di LibreOffice.

Per ancorare una barra fluttuante nella parte superiore dello spazio di lavoro di Draw, tenete premuto il tasto *Ctrl* mentre fate doppio clic sul titolo della barra degli strumenti. La barra si sposterà nello spazio disponibile, nella parte superiore dello spazio di lavoro di Draw.

Un metodo alternativo per effettuare l'ancoraggio di una barra degli strumenti è quello di fare clic sul titolo della barra e trascinare la barra nella posizione desiderata, che può essere la parte superiore, inferiore o uno dei lati dello spazio di lavoro di Draw.

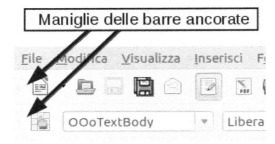

Figura 16: maniglie delle barre degli strumenti

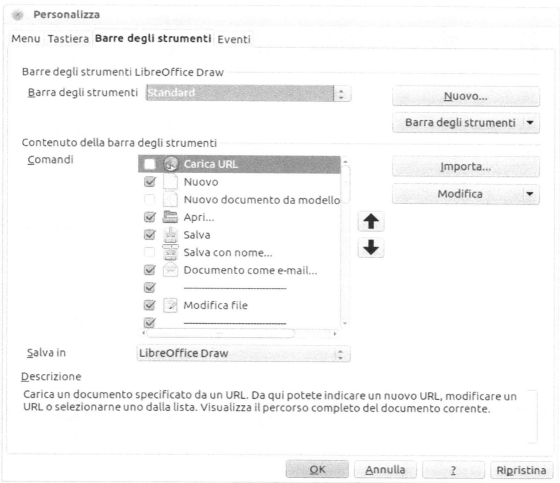

Figura 17: personalizzazione delle barre degli strumenti

Personalizzazione delle barre degli strumenti

Potete personalizzare le barre degli strumenti in vari modi. Per mostrare o nascondere le icone definite per una barra degli strumenti, vedete la Figura 6 a pagina 20.

Per aggiungere funzioni a una barra degli strumenti, spostare strumenti tra le varie barre, o creare nuove barre, selezionate **Visualizza > Barre degli strumenti > Personalizza**, quindi selezionate la scheda **Barre degli strumenti** (Figura 17) e la barra degli strumenti che desiderate modificare. Potete poi selezionare gli strumenti desiderati per tale barra.

Ogni barra ha una diversa lista di funzioni. Per dettagli, vedete la *Guida introduttiva*, nella quale è anche illustrato il procedimento per la personalizzazione dei menu.

Stampa rapida

Se desiderate stampare velocemente un documento o un disegno, fate clic sull'icona **Stampa direttamente il file** per inviare l'intero documento alla stampante predefinita del computer.

Nota	Potete modificare l'azione dell'icona **Stampa direttamente il file** per inviare il documento alla stampante definita per il documento invece che a quella predefinita del computer. Accedete alla voce **Strumenti > Opzioni > Carica/salva > Generale** e selezionate l'opzione **Carica le impostazioni della stampante assieme al documento**.

Controllo della stampa

Per avere un maggiore controllo sulle funzionalità di stampa, usate la finestra di dialogo **Stampa** (**File > Stampa** oppure *Ctrl+P*). La finestra di dialogo **Stampa** (Figura 18) ha quattro schede, tramite le quali potete scegliere diverse opzioni, descritte nelle sezioni seguenti.

Nota	Le opzioni selezionate nella finestra di dialogo **Stampa** vengono applicate solo alla stampa del documento corrente. Per specificare delle impostazioni di stampa predefinite per LibreOffice, andate su **Strumenti > Opzioni > LibreOffice > Stampa**.

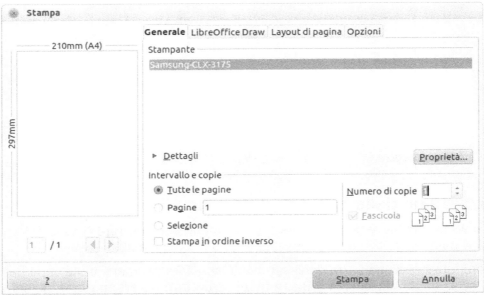

Figura 18: finestra di dialogo Stampa

Generale

Nella scheda *Generale* della finestra di dialogo **Stampa** (Figura 18) potete selezionare:

- Quale stampante usare tra quelle disponibili nella sezione *Stampante*.
- Quali pagine stampare, il numero di copie, se ordinare più copie, e l'ordine delle pagine per la stampa nella sezione *Intervallo e copie*.

Opzioni di stampa

Per accedere a ulteriori opzioni di stampa, fate clic sulla scheda *Opzioni* della finestra di dialogo **Stampa** (Figura 19). Queste opzioni di stampa sono autoesplicative.

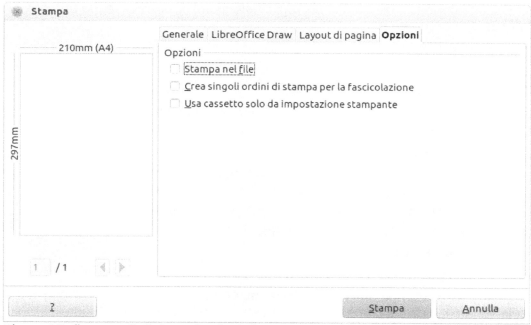

Figura 19: finestra di dialogo Opzioni di stampa

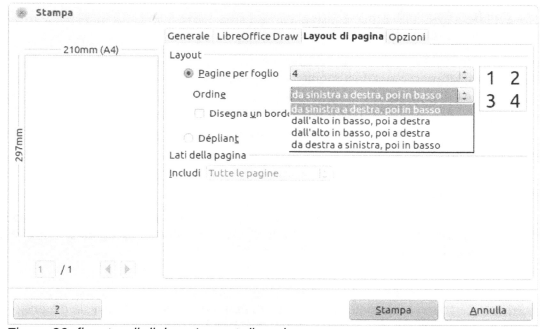

Figura 20: finestra di dialogo Layout di pagina

Stampa di più pagine su foglio singolo

Potete stampare più pagine di un documento su un unico foglio di carta. Per eseguire questa operazione:

1) Aprite la finestra di dialogo **Stampa** e selezionate la scheda *Layout di pagina* (Figura 20).
2) Nella sezione *Layout*, selezionate dall'elenco a discesa il numero di pagine da stampare per foglio. Il pannello di anteprima sulla destra mostra come verranno disposte le pagine nel documento stampato.
3) Quando stampate più di due pagine per foglio, potete scegliere l'ordine verticale e orizzontale in cui le pagine verranno stampate nel foglio dal menu a tendina *Ordine*.

4) Per distinguere le singole pagine sul foglio, spuntate l'opzione *Disegna un bordo intorno a ogni pagina*.

5) Fate clic sul pulsante **Stampa**.

Selezione delle pagine da stampare

Oltre a stampare un intero documento, potete scegliere se stampare singole pagine, un intervallo di pagine, o una selezione evidenziata all'interno di un documento.

Per stampare una singola pagina:

1) Scegliete **File > Stampa** dalla barra dei menu oppure usate la combinazione di tasti *Ctrl+P* e selezionate la scheda Generale nella finestra di dialogo **Stampa** (Figura 18).

2) Nella sezione *Intervallo e copie* selezionate l'opzione *Pagine*.

3) Inserite il numero della pagina da stampare.

4) Fate clic sul pulsante **Stampa**.

Per stampare un intervallo di pagine:

1) Scegliete **File > Stampa** dalla barra dei menu oppure usate la combinazione di tasti *Ctrl+P* e selezionate la scheda Generale nella finestra di dialogo **Stampa** (Figura 18).

2) Nella sezione *Intervallo e copie* selezionate l'opzione *Pagine*.

3) Inserite il numero di pagine da stampare (per esempio 1-4 o 1,3,7,11), o una combinazione delle due (per esempio: 1-4,5-9,10).

4) Fate clic sul pulsante **Stampa**.

Per stampare una selezione da una o più pagine:

1) Evidenziate, all'interno del documento, la o le sezioni di testo da stampare.

2) Scegliete **File > Stampa** dalla barra dei menu oppure usate la combinazione di tasti *Ctrl+P* e selezionate la scheda *Generale* nella finestra di dialogo **Stampa** (Figura 18).

3) Nella sezione *Intervallo e copie* spuntate l'opzione *Selezione*.

4) Fate clic sul pulsante **Stampa**.

Stampa di un dépliant o libretto

In Writer, Impress e Draw, potete stampare un documento con due pagine su ciascun lato del foglio, disposte in modo tale che, quando le pagine stampate vengono ripiegate a metà, le pagine sono nell'ordine corretto per formare un libretto o un dépliant.

Suggerimento	Organizzate il documento in modo che risulti adeguato a una stampa a dimensioni dimezzate; scegliete opportunamente i margini, la dimensione dei caratteri, etc. Potreste comunque aver bisogno di fare più prove.

Stampanti prive della funzione fronte-retro

Per stampare un dépliant o libretto su una stampante priva della funzione fronte-retro:

1) Scegliete **File > Stampa** e, nella finestra di dialogo **Stampa**, fate clic sul pulsante **Proprietà** per aprire la finestra di dialogo **Proprietà** (Figura 21).

Figura 21: finestra di dialogo Proprietà della stampante

2) Controllate che l'impostazione dell'orientamento (verticale o orizzontale) della stampante sia la stessa specificata nelle impostazioni di pagina del documento. Normalmente l'orientamento non è rilevante, ma lo è nel caso dei dépliant e dei libretti.

3) Fate clic su **OK** per ritornare alla finestra di dialogo **Stampa**.

4) Selezionate la scheda *Layout di pagina* nella finestra di dialogo **Stampa** (Figura 20).

5) Selezionate l'opzione **Dépliant** (Figura 22).

6) Nella sezione *Lati della pagina* selezionate l'opzione *Retro / pagine sinistre* dall'elenco a discesa.

7) Fate clic sul pulsante **Stampa**.

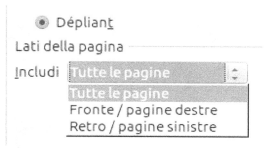

Figura 22: stampa di un dépliant o di un libretto

8) Estraete le pagine stampate dalla stampante, capovolgetele, e inseritele nuovamente nella stampante con l'orientamento corretto per stampare sul lato vuoto. Potreste aver bisogno di eseguire più prove per trovare la disposizione corretta per la vostra stampante.

9) Nella sezione *Lati della pagina*, selezionate l'opzione *Fronte / pagine destre* dal menu a tendina.

10) Fate clic sul pulsante **Stampa**.

Stampanti con funzione fronte retro

Per stampare un dépliant o un libretto su una stampante in grado di stampare fronte retro:

1) Scegliete **File > Stampa** e, nella finestra di dialogo **Stampa**, fate clic sul pulsante **Proprietà** per aprire la finestra di dialogo **Proprietà** (Figura 21).

2) Controllate che l'impostazione dell'orientamento (verticale o orizzontale) della stampante sia la stessa specificata nelle impostazioni di pagina del documento. Normalmente l'orientamento non è rilevante, ma lo è nel caso dei dépliant e dei libretti.

3) Dal menu a tendina *Duplex* selezionate la stampa a *Lato lungo* o *Lato corto*. Le opzioni disponibili per la stampa fronte retro dipendono dal modello della stampante e dal sistema operativo in uso.

4) Fate clic su **OK** per ritornare alla finestra di dialogo **Stampa**.

5) Selezionate la scheda *Layout di pagina* nella finestra di dialogo **Stampa** (Figura 20).

6) Selezionate l'opzione **Dépliant** (Figura 22).

7) Nella sezione *Lati della pagina* selezionate l'opzione *Tutte le pagine* dal menu a tendina.

8) Fate clic sul pulsante **Stampa**.

Stampa in bianco e nero o in toni di grigio

A volte potreste avere la necessità di stampare documenti in bianco e nero o in toni di grigio su una stampante a colori. In ogni caso, alcune stampanti a colori potrebbero consentire solamente la stampa a colori, a prescindere dalle impostazioni scelte. Al riguardo potete reperire informazioni più dettagliate nella documentazione della vostra stampante.

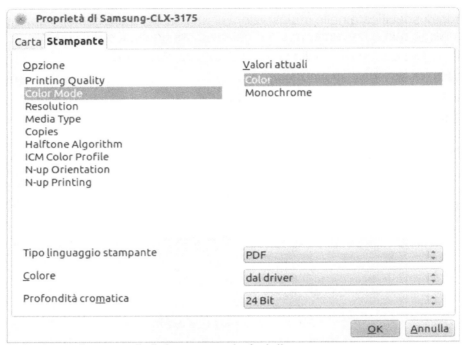

Figura 23: finestra di dialogo Proprietà della stampante

Per cambiare le impostazioni della stampante, per stampare in bianco e nero o in toni di grigio:

1) Scegliete **File > Stampa** per aprire la finestra di dialogo **Stampa** (Figura 18).

2) Fate clic sul pulsante **Proprietà** per aprire la finestra di dialogo **Proprietà** della stampante. Le opzioni disponibili dipendono dal modello della stampante e dal sistema operativo presente sul computer, ma dovreste comunque essere in grado di trovare facilmente le opzioni per le impostazioni del colore. Un esempio di ciò che potreste vedere è mostrato in Figura 23.

3) Le scelte del colore potrebbero includere *bianco e nero* o *toni di grigio*. Scegliete le impostazioni desiderate.

4) Fate clic su **OK** per confermare le vostre scelte e ritornare alla finestra di dialogo **Stampa**.

5) Fate clic sul pulsante **Stampa** per stampare il documento.

Suggerimento	L'opzione toni di grigio è quella migliore se avete immagini o testi colorati nel documento. I colori verranno stampati in tonalità di grigio, garantendo un maggiore dettaglio. Stampando un documento a colori in bianco e nero alcuni di questi dettagli potrebbero andare persi.

Per cambiare le impostazioni di LibreOffice e stampare tutti i testi e le immagini a colori in toni di grigio:

1) Scegliete **Strumenti > Opzioni > LibreOffice > Stampa**.
2) Selezionate l'opzione **Converti i colori in sfumature di grigio**. Fate clic su **OK** per salvare la modifica.
3) Aprite la finestra di dialogo **Stampa** (**File > Stampa**).
4) Fate clic sul pulsante **Stampa** per stampare il documento.

Per cambiare le impostazioni di Draw in modo da stampare tutti i testi e le immagini a colori in bianco e nero o in toni di grigio:

1) Scegliete **Strumenti > Opzioni > LibreOffice Draw > Stampa**.
2) Nella sezione *Qualità stampa*, selezionate l'opzione **Toni di grigio** oppure l'opzione **Bianco e nero**.
3) Fate clic su **OK** per salvare la modifica.
4) Aprite la finestra di dialogo **Stampa** (**File > Stampa**).
5) Fate clic sul pulsante **Stampa** per stampare il documento.

Esportazione in PDF

Con LibreOffice è possibile esportare file in PDF (Portable Document Format). Questo formato standard è ideale per l'invio di file che potranno essere aperti usando Adobe Acrobat Reader o altri visualizzatori PDF. I processi e le finestre di dialogo sono gli stessi per Writer, Calc, Impress e Draw, con alcune differenze menzionate in questa sezione.

Esportazione diretta come file PDF

Fate clic sull'icona **Esporta direttamente come file PDF** sulla barra degli strumenti **Standard** per esportare l'intero documento usando le impostazioni PDF predefinite. Vi verrà chiesto di inserire il nome del file e il percorso per il file PDF, ma non avrete la possibilità di scegliere un intervallo di pagine, la compressione delle immagini, o altre opzioni.

Controllo del contenuto e della qualità dei documenti PDF

Per un maggior controllo sul contenuto e sulla qualità del PDF risultante, andate su **File > Esporta nel formato PDF** per aprire la finestra di dialogo **Opzioni PDF**. In questa finestra di dialogo potete selezionare varie opzioni, tramite le schede *Generale*, *Visualizzazione iniziale*, *Interfaccia utente*, *Collegamenti*, e *Sicurezza*. Una volta selezionate le impostazioni appropriate, fate clic su **Esporta**. Nella finestra di dialogo successiva, inserite il percorso e il nome del file PDF da creare, quindi fate clic su **Salva** per esportare il file. Consultate la *Guida introduttiva* per ulteriori informazioni.

Esportazione in altri formati

LibreOffice usa il termine "esporta" per alcune operazioni sui file che comportano una modifica del tipo di file. Se non riuscite a trovare quello che desiderate in **File > Salva con nome**, cercate anche in **File > Esporta**. LibreOffice può esportare i file in diversi formati, che sono elencati nel menu a tendina del *Formato file*. Vedete il *Capitolo 6 (Modificare immagini)* per maggiori informazioni sull'esportazione delle immagini.

Per esportare un file in un altro formato:

1) Specificate un nome file per il documento esportato nella casella di testo *Nome file*.
2) Selezionate il formato desiderato dal menu a tendina *Formato file*.

3) Fate clic sul pulsante **Esporta**.

Nota	Il contenuto del file esportato dipenderà dagli elementi selezionati nella pagina. Se nessun elemento è selezionato verrà esportata l'intera immagine. Per la maggior parte dei formati di esportazione verrà esportata solo l'immagine nella pagina corrente.

Esportazione di documenti di Draw come pagine web

Per esportare un documento di Draw composto da più pagine in una serie di pagine web, scegliete **File > Esporta**, selezionate **Documento HTML** come tipo di file e si aprirà la procedura guidata per l'Esportazione in HTML. Seguite le istruzioni per creare le pagine web. Se lo desiderate, la procedura guidata può generare un aiuto alla navigazione per lo spostamento da una pagina all'altra.

Invio di documenti tramite posta elettronica

LibreOffice offre svariati modi per inviare documenti velocemente e facilmente come allegati di posta elettronica in formato OpenDocument (il formato predefinito di LibreOffice), oppure come PDF.

Nota	I documenti possono essere inviati dal menu di LibreOffice solo se è stato impostato un profilo di posta elettronica.

Per inviare via e-mail il documento corrente in formato OpenDocument:

1) Scegliete **File > Invia > Documento come e-mail**. LibreOffice aprirà il programma di posta predefinito con il documento in allegato.

2) Nel vostro programma di posta elettronica inserite il destinatario, l'oggetto e ogni parte di testo che volete aggiungere, quindi inviate la e-mail.

Per inviare tramite e-mail il documento corrente come file PDF, scegliete **File > Invia > Via e-mail come PDF**. LibreOffice crea un file PDF usando le impostazioni PDF predefinite, quindi apre il vostro programma di posta elettronica con il file PDF in allegato.

Potete inviare un documento via e-mail a diversi destinatari. Per maggiori informazioni, consultate la *Guida introduttiva*.

Capitolo 2
Disegnare forme base

Creazione di disegni semplici

Draw consente di creare oggetti 2D e 3D. In questo capitolo viene illustrato come disegnare oggetti 2D semplici. Nei capitoli seguenti viene descritta la procedura per l'utilizzo e la modifica di tali oggetti. Per ulteriori informazioni sugli oggetti 3D, consultate il *Capitolo 7 [Lavorare con oggetti tridimensionali (3D)]* di questa guida.

Tutte le forme, che si tratti di linee, rettangoli o forme più complesse, vengono definite *oggetti*. Questa è peraltro notazione comune nei programmi di grafica vettoriale.

Gli strumenti di disegno si trovano nella barra degli strumenti Disegno (Figura 24).

Come descritto nel *Capitolo 1 (Introduzione a Draw)*, la barra degli strumenti Disegno è solitamente situata nella parte inferiore della finestra. Se non fosse visibile, potete attivarla tramite il menu **Visualizza > Barre degli strumenti**. Come per tutti i componenti di LibreOffice, potete disancorare la barra degli strumenti Disegno e posizionarla ovunque a piacimento, all'interno della finestra di Draw, come una barra strumenti mobile. Potete, inoltre, personalizzare le barre degli strumenti aggiungendone, spostandone, nascondendone o eliminandone le icone.

Figura 24: barra degli strumenti Disegno

Quando disegnate una forma, oppure ne selezionate una per modificarla, o aggiungete testo, il campo Informazioni che compare nella barra di stato (Figura 25) riflette le azioni intraprese o in corso. Consultate il *Capitolo 1 (Introduzione a Draw)* per ulteriori informazioni riguardo alla barra di stato.

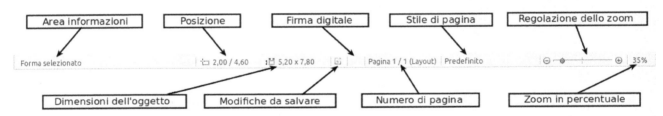

Figura 25: barra di stato di Draw

Forme personalizzate

Draw offre anche la possibilità di creare *forme personalizzate*, corrispondenti alle A*utoshape* di Microsoft Office. Le forme personalizzate differiscono per proprietà e sono trattate separatamente nei relativi capitoli di questa guida. Le principali differenze riguardano il comportamento degli oggetti 3D e la gestione del testo. Le cornici di testo in Draw possiedono un loro peculiare formato geometrico.

Disegnare forme base

Le forme base, compreso il testo, vengono in Draw considerate come oggetti. I vari strumenti disponibili per il disegno di forme base, da sinistra a destra sulla barra degli strumenti Disegno, sono riportati nella Tabella 2.

Notate che alcune delle icone presenti nella barra degli strumenti Disegno si modificano in base alla forma selezionata. Gli strumenti disponibili sono segnalati da un piccolo triangolo o una freccia a destra dell'icona. Consultate la sezione "Disegnare forme geometriche", a pagina 45, per informazioni sulle forme disponibili.

Tabella 2: strumenti base di disegno

Icona	Nome dello strumento	Icona	Nome dello strumento	Icona	Nome dello strumento	Icona	Nome dello strumento
	Seleziona		Linea		Linea con freccia terminale		Rettangolo
	Ellisse	T	Testo		Testo verticale		Curva
	Connettore	→	Linee e frecce		Forme base		Forme simboli
	Frecce blocchi		Diagrammi di flusso		Legende		Stelle

Disegnare linee rette

Il primo passo consiste nel disegno dell'elemento più semplice — una linea retta.

Fate clic sull'icona **Linea** e posizionate il puntatore del mouse nel punto in cui volete iniziare la linea (Figura 26). Trascinate il mouse mentre tenete premuto il pulsante. Rilasciate il pulsante del mouse nel punto in cui volete terminare la linea. Una maniglia di selezione apparirà a ciascuna estremità della linea, ad indicare che questo è l'oggetto correntemente selezionato. La maniglia di selezione in corrispondenza del punto iniziale della linea è leggermente più grande rispetto all'altra.

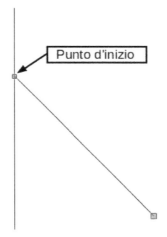

Figura 26: disegnare una linea retta

Tenendo premuto il tasto *Maiusc* mentre disegnate una linea viene limitato l'angolo di disegno della linea a un multiplo di 45 gradi (0, 45, 90, 135, e così via).

Questo è il comportamento predefinito del tasto *Maiusc*. Tuttavia, se è selezionata l'opzione *Nella creazione e nel movimento*, all'interno dell'area *Posizione aggancio* in **Strumenti > Opzioni > LibreOffice Draw > Griglia**, l'azione del tasto *Maiusc* produce l'effetto opposto. Le linee verranno automaticamente disegnate a multipli di 45 gradi, *a meno che* non venga premuto il tasto *Maiusc*.

Tenendo premuto il tasto *Ctrl* mentre disegnate una linea, la parte terminale della linea verrà agganciata al punto più vicino della griglia.

Questo è il comportamento predefinito del tasto *Ctrl*. Tuttavia, se è selezionata l'opzione **Cattura alla griglia** nel menu **Visualizza > Griglia**, il tasto *Ctrl* disattiva la funzione di cattura alla griglia.

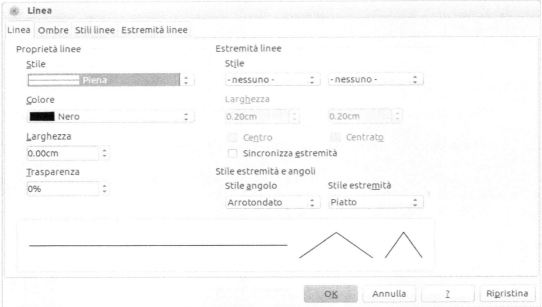

Figura 27: finestra di dialogo Linea

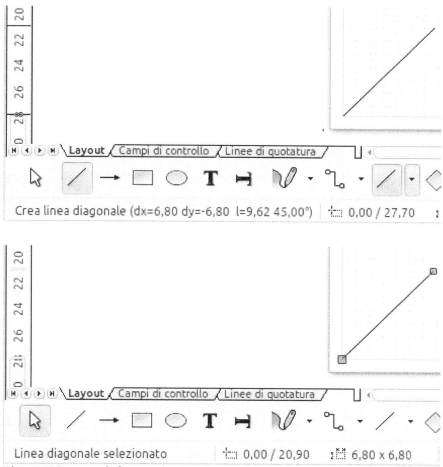

Figura 28: area informazioni nella barra di stato

È possibile regolare la spaziatura (risoluzione) dei punti della griglia scegliendo **Strumenti > Opzioni > LibreOffice Draw > Griglia**. Consultate il *Capitolo 3 (Lavorare con oggetti e punti oggetto)* per ulteriori informazioni.

Tenendo premuto il tasto *Alt* mentre disegnate una linea, la stessa si estenderà verso l'esterno, simmetricamente e in entrambe le direzioni, dal punto iniziale. Ciò consente di disegnare una linea a partire dalla sua metà.

Una volta tracciata, la linea assume attributi predefiniti. Per modificare gli attributi fate clic sulla linea selezionandola, quindi *fate clic con il pulsante destro* del mouse e scegliete la voce **Linea** per aprire la finestra di dialogo Linea (Figura 27). Lo stile, la larghezza e il colore della linea possono essere modificati anche mediante i controlli sulla barra degli strumenti Stile e riempimento, nella parte superiore dello spazio di lavoro.

Mentre lavorate con le linee (o con qualsiasi altro elemento), potete avvalervi del campo di informazioni presente nella barra di stato per tenere sotto controllo l'attività. Qui è visibile una descrizione della selezione o dell'attività in corso, quando si lavora con gli elementi. La Figura 28 ne raffigura due esempi.

Disegnare frecce

Le frecce si disegnano come le linee. Infatti in Draw le *frecce* vengono classificate come un sottogruppo di linee, cioè linee con estremità a freccia. Il campo informazioni sulla barra di stato le indica solo come linee. Fate clic sull'icona **Linea con freccia terminale** → per disegnare una freccia. L'estremità a forma di freccia compare nel punto finale della freccia quando rilasciate il pulsante del mouse.

Disegnare vari tipi di linee e frecce

Fate clic sul piccolo triangolo o freccia alla destra dell'icona **Linee e frecce** → sulla barra degli strumenti Disegno per aprire una barra degli strumenti a comparsa, contenente dieci strumenti per il disegno di linee e frecce. In alternativa, selezionate la voce **Visualizza > Barre degli strumenti > Frecce** per aprire la barra Frecce come barra strumenti mobile (Figura 29 e Tabella 3). L'icona dell'ultimo strumento utilizzato comparirà nella barra degli strumenti Disegno per agevolarne l'utilizzo successivo.

Dopo avere disegnato la linea, potete cambiare lo stile della freccia facendo clic sull'icona **Stile estremità linea** ⇇, sulla barra degli strumenti Stile e riempimento, e selezionando poi le opzioni relative alle estremità della freccia.

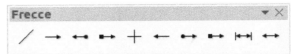

Figura 29: barra degli strumenti Frecce

Tabella 3: strumenti della barra Frecce

Icona	Nome dello strumento	Icona	Nome dello strumento	Icona	Nome dello strumento	Icona	Nome dello strumento
╱	Linea	→	Linea con freccia terminale	⇠	Linea con freccia/cerchio	⇠	Linea con freccia/quadrato
⊾	Linea (45°)	←	Linea con freccia iniziale	⟷	Linea con cerchio/freccia	⇢	Linea con quadrato/freccia
⟝⟞	Linea di quotatura	↔	Linea con frecce terminali				

Disegnare rettangoli o quadrati

Disegnare un rettangolo è simile a disegnare una linea retta. Fate clic sull'icona **Rettangolo** ▭ situata nella barra degli strumenti Disegno. Non appena disegnate il rettangolo con il puntatore del mouse, potrete visualizzarne l'angolo inferiore destro agganciato al puntatore.

I quadrati sono rettangoli con tutti i lati di uguale lunghezza. Per disegnare un quadrato, fate clic sull'icona **Rettangolo** ▭ e tenete premuto il tasto *Maiusc* mentre tracciate il quadrato.

Nota	Se è selezionata l'opzione *Nella creazione e nel movimento* in **Strumenti > Opzioni > LibreOffice Draw > Griglia**, l'azione del tasto *Maiusc* è invertita: se viene selezionato lo strumento Rettangolo sarà tracciato un quadrato. Per disegnare un rettangolo, dovete premere il tasto *Maiusc* mentre disegnate. La stessa inversione della funzione con il tasto *Maiusc* si applica inoltre al disegno di ellissi e cerchi, descritto nella sezione "Disegnare ellissi e cerchi" a pagina 39.

Per disegnare un rettangolo o un quadrato a partire dal suo centro, invece che dall'angolo inferiore destro, posizionate il cursore sul disegno, premete il pulsante del mouse contemporaneamente al tasto *Alt* durante la fase di trascinamento. Il rettangolo, o il quadrato, utilizza il punto iniziale (la posizione in cui avete fatto clic precedentemente con il pulsante del mouse) come centro.

Mantenendo attiva la selezione del rettangolo o del quadrato potete modificare rapidamente lo stile del bordo, lo spessore del tratto, il colore e il tipo di colore di riempimento, oppure lo stile di riempimento, mediante gli strumenti della barra Stile e riempimento. Per ulteriori informazioni sulla modifica degli attributi di un rettangolo o di un quadrato consultate il *Capitolo 4 (Cambiare gli attributi degli oggetti)*.

Disegnare ellissi e cerchi

Per disegnare un ellisse (anche detta ovale), fate clic sull'icona **Ellisse**  nella barra degli strumenti Disegno. Un cerchio è un ellisse con entrambi gli assi della stessa lunghezza. Per disegnare un cerchio, fate clic sull'icona **Ellisse** e tenete premuto il tasto *Maiusc* finché tracciate il cerchio.

Per disegnare un ellisse o un cerchio a partire dal suo centro, posizionate il cursore sul disegno, premete il pulsante del mouse e tenete premuto il tasto *Alt* mentre trascinate con il cursore. L'ellisse, o il cerchio, utilizza il punto iniziale (la posizione in cui avete fatto clic precedentemente con il pulsante del mouse) come centro.

Mantenendo attiva la selezione dell'ellisse o del cerchio potete modificare rapidamente lo stile del bordo, lo spessore del tratto, il colore e il tipo di colore di riempimento, oppure lo stile di riempimento, mediante gli strumenti della barra Stile e riempimento. Per ulteriori informazioni sulla modifica degli attributi di un'ellisse o di un cerchio consultate il *Capitolo 4 (Cambiare gli attributi degli oggetti)*.

Nota	Se tenete premuto il tasto *Ctrl* facendo clic su una delle icone Linea, Rettangolo, Ellisse o Testo, al centro dell'area di lavoro verrà automaticamente disegnato un oggetto con valori predefiniti. I suoi attributi possono essere in seguito modificati mediante la barra degli strumenti Stile e riempimento, oppure ricorrendo alle informazioni contenute nel *Capitolo 4 (Cambiare gli attributi degli oggetti)*. Questo è possibile solo se l'icona non è associata ad alcuna barra degli strumenti; cioè se non è visibile alcun triangolo o freccia sul suo lato destro.

Aggiungere strumenti per archi e segmenti alla barra degli strumenti Disegno

Per tracciare archi o segmenti (cerchi parziali o ellissi), potete aggiungere la barra Cerchi ed ellissi (Figura 30) alla barra degli strumenti Disegno. La barra degli strumenti Cerchi ed ellissi è opzionale e funzionale alla personalizzazione della barra degli strumenti Disegno.

Figura 30: barra degli strumenti Cerchi ed ellissi

1) Selezionate la voce **Visualizza > Barre degli strumenti > Personalizza** per aprire la finestra di dialogo **Personalizza** (Figura 31). In alternativa, fate clic con il pulsante destro del mouse su un'icona nella barra degli strumenti Disegno e scegliete la voce **Personalizza barra degli strumenti**.

2) Una volta aperta la scheda **Barre degli strumenti** della finestra di dialogo Personalizza, selezionate la voce **Disegno** nel campo *Barra degli strumenti* e fate clic sul pulsante **Importa**.

3) Nella finestra di dialogo **Aggiungi comandi** (Figura 32) selezionate la voce **Disegno** dall'elenco *Categoria*.

4) Selezionate la prima voce **Ellisse** dall'elenco *Comandi*. L'area *Descrizione*, nella parte inferiore della finestra di dialogo, segnalerà la selezione del comando per l'apertura della barra degli strumenti Cerchi ed ellissi.

5) Fate clic su **Aggiungi**, quindi su **Chiudi**.

6) Nella finestra di dialogo Personalizza, assicuratevi che sia selezionata la casella di controllo accanto al nuovo comando Ellisse.

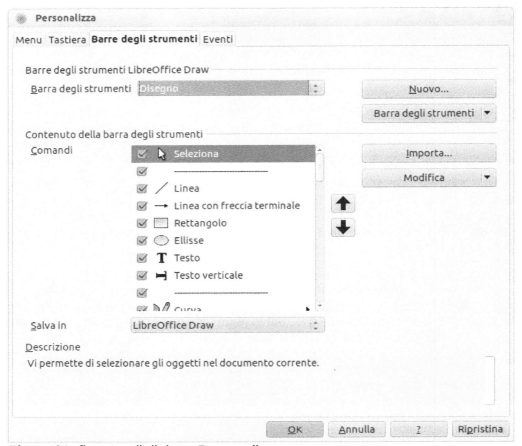

Figura 31: finestra di dialogo Personalizza

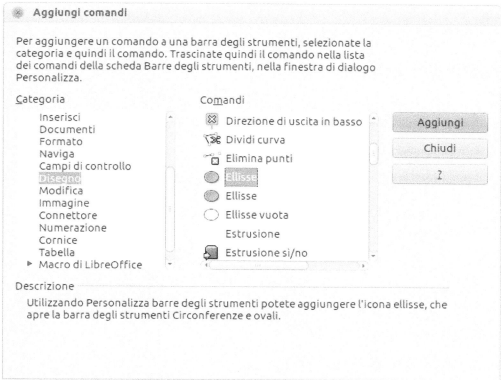

Figura 32: finestra di dialogo Aggiungi comandi

7) Selezionate il nuovo comando Ellisse e utilizzate i pulsanti freccia su e giù per spostarlo nella posizione desiderata sulla barra degli strumenti Disegno.

8) Terminata la personalizzazione, fate clic su **OK** per salvare la barra degli strumenti Disegno modificata.

La nuova icona **Ellisse** sarà visibile nella barra degli strumenti Disegno, con un piccolo triangolo o una freccia alla sua destra. Fate clic su questo triangolo o freccia per aprire la barra degli strumenti Cerchi ed ellissi (Figura 30). Per disancorare questa barra degli strumenti trascinatela nell'area di lavoro.

Per eliminare l'icona standard Ellisse dalla barra degli strumenti Disegno, aprite la finestra di dialogo Personalizza e deselezionatela nell'elenco *Comandi*. In alternativa, selezionate il comando Ellisse, fate clic sul pulsante **Modifica** scegliendo la voce Elimina dal menu a discesa.

Per ripristinare le impostazioni predefinite della barra strumenti Disegno aprite la finestra di dialogo Personalizza. Fate clic sul pulsante **Barra degli strumenti**, selezionate la voce **Ripristina le impostazioni predefinite** dall'elenco a discesa e fate clic sul pulsante **Sì** per reimpostare la barra degli strumenti.

Disegnare archi o segmenti

1) Per disegnare un arco o un segmento, selezionate la relativa icona nella barra degli strumenti Cerchi ed ellissi (Figura 30).

2) Fate clic e trascinate il cursore del mouse per creare un cerchio o un'ellisse guida, quindi rilasciate il pulsante del mouse.

3) Portate il cursore in corrispondenza del punto di inizio desiderato dell'arco o del segmento. La barra di stato indicherà l'angolo espresso in gradi.

4) Fate clic su questo punto per iniziare a tracciare l'arco o il segmento.

5) Spostate il cursore per creare l'arco o il segmento. La barra di stato indicherà l'angolo espresso in gradi.

6) Una volta terminato di tracciare l'arco o il segmento desiderato, completate l'operazione con un ultimo clic del mouse.

Disegnare curve o poligoni

Per tracciare una curva o un poligono fate clic sull'icona **Curva** ✎ situata nella barra degli strumenti Disegno. Fate clic sul triangolo o freccia alla destra dell'icona per aprire la barra contenente gli strumenti disponibili (Figura 33 e Tabella 4).

Nota	Passando il puntatore del mouse su questa icona comparirà il suggerimento *Curva*. Invece il nome della barra degli strumenti mobile, una volta aperta, è *Linee*, come mostrato nella Figura 33.

Figura 33: barra degli strumenti Curve (Linee)

Tabella 4: strumenti curva e poligono

Icona	Nome dello strumento	Icona	Nome dello strumento	Icona	Nome dello strumento	Icona	Nome dello strumento
	Curva piena		Poligono pieno		Poligono 45° pieno		Linea a mano libera piena
	Curva		Poligono		Poligono 45°		Curva a mano libera

Spostando il cursore del mouse sopra una delle icone, verrà visualizzato un suggerimento indicante la funzione associata. Per una descrizione più dettagliata delle curve di Bézier, consultate il *Capitolo 10 (Tecniche di Draw avanzate)*.

Curve

Fate clic e tenete premuto il pulsante sinistro del mouse per creare il punto iniziale della curva, quindi, sempre mantenendo premuto il pulsante, trascinate dal punto iniziale per tracciare una linea. Rilasciate il pulsante sinistro del mouse e continuate a trascinare il cursore per ottenere una curva. Fate clic per impostare il punto finale della curva e fissare la linea sulla pagina. Per continuare la linea, trascinate il cursore del mouse per disegnare una linea retta. Ogni clic del mouse genera un angolo e consente di continuare a tracciare un'altra linea retta partendo dall'angolo. Facendo doppio clic si terminerà il disegno della linea.

In una curva piena, l'ultimo e il primo punto della curva verranno uniti automaticamente a formare la figura, che presenterà il colore di riempimento corrente. Una curva senza riempimento non si chiuderà automaticamente a tracciamento ultimato.

Poligoni

Iniziate a disegnare la prima linea dal punto iniziale facendo clic e tenendo premuto il pulsante sinistro del mouse. Al rilascio del pulsante, viene tracciata una linea tra il primo e il secondo punto. Spostate il cursore per tracciare la linea successiva. Ogni clic del mouse genera un angolo e consente di tracciare un'altra linea. Un doppio clic termina l'operazione.

In un poligono pieno, l'ultimo e il primo punto del poligono verranno uniti automaticamente a formare la figura, che presenterà il colore di riempimento corrente. Un poligono senza riempimento non si chiuderà automaticamente a tracciamento ultimato.

Poligoni 45°

Alla stregua dei poligoni normali, anche questi sono costituiti da linee, che formano però angoli di 45 o 90 gradi.

Nota	Tenendo premuto il tasto *Maiusc* mentre tracciate linee con gli strumenti Curva o Poligono, gli angoli tra le linee verranno limitati a 45 o 90 gradi.

Curve a mano libera

L'utilizzo dello strumento Curva a mano libera è simile al disegno su carta con una matita. Tenete premuto il pulsante sinistro del mouse e trascinate il cursore per ottenere la forma desiderata. Per terminare di tracciare la linea non è necessario fare doppio clic; è sufficiente rilasciare il pulsante del mouse.

Selezionando lo strumento Linea a mano libera piena, il primo e l'ultimo punto verranno uniti automaticamente e l'oggetto verrà riempito con il colore appropriato.

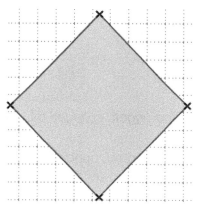

Figura 34: punti di incollaggio

Figura 35: barra degli strumenti Punti d'incollaggio

Punti di incollaggio e connettori

Punti di incollaggio

In Draw tutti gli oggetti sono dotati di punti di incollaggio, che normalmente non vengono mostrati.

Essi diventano visibili se viene selezionata l'icona **Connettori** nella barra degli strumenti Disegno.

La maggior parte degli oggetti presenta quattro punti di incollaggio (Figura 34). Potete aggiungerne altri e personalizzarli tramite la barra degli strumenti **Punti d'incollaggio** (Figura 35). Selezionate la voce **Visualizza > Barre degli strumenti > Punti d'incollaggio** per aprire la barra.

I punti di incollaggio sono diversi dalle maniglie di selezione di un oggetto. Le maniglie servono per spostare o modificare la forma di un oggetto, come descritto nel *Capitolo 3 (Lavorare con oggetti e punti oggetto)*. La funzione dei punti di incollaggio è quella di agganciare o incollare un connettore a un oggetto, in modo tale che il connettore rimanga agganciato all'oggetto quando quest'ultimo viene mosso. Per una descrizione più dettagliata sull'uso dei punti di incollaggio, consultate il *Capitolo 8 (Connessioni, diagrammi di flusso e organigrammi)*.

Connettori

I connettori sono linee o frecce le cui estremità si agganciano automaticamente a un punto di incollaggio di un oggetto; sono particolarmente utili nel disegno di organigrammi, diagrammi di flusso e mappe mentali. Quando gli oggetti vengono spostati o riordinati, i connettori restano agganciati a un punto di incollaggio. La Figura 36 mostra un esempio di due oggetti collegati da un connettore.

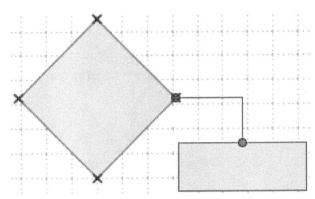

Figura 36: due oggetti collegati da un connettore

Draw dispone di una serie di connettori differenti, nonché di diverse funzioni per i connettori. Fate clic sulla freccia accanto all'icona **Connettore** per aprire la barra degli strumenti Connettori (Figura 37 e Tabella 5).

Per una descrizione più dettagliata dell'uso dei connettori, consultate il *Capitolo 8 (Connessioni, diagrammi di flusso e organigrammi)*.

Figura 37: barra degli strumenti Connettori

Tabella 5: strumenti connettori

Icona	Nome dello strumento	Icona	Nome dello strumento	Icona	Nome dello strumento	Icona	Nome dello strumento
	Connettore		Connettore con freccia terminale		Connettore con frecce		Connettore lineare
	Connettore lineare con freccia terminale		Connettore lineare con frecce		Connettore diretto		Connettore diretto con freccia terminale
	Connettore diretto con frecce		Connettore curvo		Connettore curvo con freccia terminale		Connettore curvo con frecce

Disegnare forme geometriche

Le icone per il disegno di forme geometriche si trovano sulla barra degli strumenti Disegno e ciascuna forma geometrica viene illustrata nelle sezioni seguenti. Fate clic sul triangolo o freccia alla destra dell'icona per aprire la barra strumenti mobile contenente gli strumenti relativi alla forma geometrica desiderata.

Suggerimento	L'uso degli strumenti per le forme geometriche è analogo all'uso degli strumenti per il disegno di rettangoli e quadrati. Per ulteriori informazioni, consultate la sezione "Disegnare rettangoli o quadrati" a pagina 38.

Nota	Le icone delle forme geometriche mostrate sulla barra degli strumenti Disegno cambiano forma in base all'ultimo strumento selezionato e utilizzato per disegnare un oggetto.

Forme base

Fate clic sul triangolo o freccia alla destra dell'icona **Forme base** per aprire la relativa barra degli strumenti. Questa barra include anche uno strumento Rettangolo identico a quello presente sulla barra degli strumenti Disegno.

Figura 38: barra degli strumenti Forme base

Forme simboli

Fate clic sul triangolo o freccia alla destra dell'icona **Forme simboli**  per aprire la relativa barra degli strumenti.

Figura 39: barra degli strumenti Forme simboli

Frecce blocchi

Fate clic sul triangolo o freccia alla destra dell'icona **Frecce blocchi** 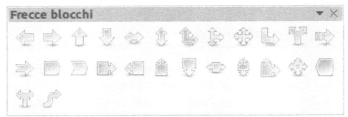 per aprire la relativa barra degli strumenti.

Figura 40: barra degli strumenti Frecce blocchi

Diagrammi di flusso

Fate clic sul triangolo o freccia alla destra dell'icona **Diagrammi di flusso** 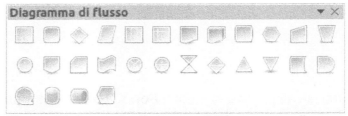 per aprire la relativa barra degli strumenti contenente i simboli. La creazione di diagrammi di flusso, organigrammi e simili strumenti di pianificazione è descritta più approfonditamente nel *Capitolo 8 (Connessioni, diagrammi di flusso e organigrammi)*.

Figura 41: barra degli strumenti Diagramma di flusso

Legende

Fate clic sul triangolo o freccia alla destra dell'icona **Legende**  per aprire la relativa barra degli strumenti.

Figura 42: barra degli strumenti Legende

Stelle e decorazioni

Fate clic sul triangolo o freccia alla destra dell'icona **Stelle** ☆ per aprire la barra degli strumenti Stelle e decorazioni.

Figura 43: barra degli strumenti Stelle e decorazioni

Aggiungere testo a disegni e oggetti

In Draw potete aggiungere, inserire e formattare testo a un disegno, a oggetti e forme nel modo seguente:

- Come una cornice di testo dinamica, poiché il programma lo considera un oggetto indipendente che si espande progressivamente all'inserimento di testo all'interno della cornice.

- Come testo all'interno di un oggetto disegnato in precedenza. Il testo viene integrato nell'oggetto e posizionato nel rettangolo di delimitazione che circonda l'oggetto. Questo rettangolo non è dinamico, quindi è necessario porre particolare attenzione a che il testo non fuoriesca dai contorni dell'oggetto.

- Per ulteriori informazioni sulle modalità di aggiunta, inserimento e formattazione di testo all'interno di un disegno o di oggetti di disegno, consultate il *Capitolo 9 (Aggiunta e formattazione del testo)*.

Capitolo 3
Lavorare con oggetti e punti oggetto

Introduzione

Questo capitolo tratta degli strumenti e delle funzioni che consentono di modificare disegni già realizzati. Tutte le funzioni si applicano a un oggetto o a un gruppo di oggetti selezionati, individuabili dalle maniglie di selezione posizionate su una cornice rettangolare sufficientemente estesa da contenerli. Se vengono selezionati più oggetti, la loro cornice corrisponde al rettangolo più piccolo in grado di contenerli. Questa cornice è denominata rettangolo di selezione.

Nota	Il colore e la forma delle maniglie di selezione cambia a seconda dello strumento e della funzione scelti per modificare le proprietà degli oggetti. Il colore dipende inoltre dal sistema operativo in uso e dalle sue impostazioni.

Selezionare gli oggetti

Selezione diretta

Il metodo più semplice per selezionare un oggetto è fare clic direttamente su di esso. Per selezionare oggetti privi di riempimento, fate clic sul loro contorno. Un singolo clic seleziona l'oggetto; un secondo clic lo deseleziona. Per selezionare o deselezionare più oggetti, tenete premuto il tasto Maiusc mentre fate clic.

Selezione tramite cornice

Potete anche selezionare più oggetti contemporaneamente trascinando il puntatore del mouse intorno a essi, in modo da racchiuderli con un rettangolo; verranno selezionati solo quelli che si trovano totalmente al suo interno.

Per selezionare più oggetti tramite cornice, l'icona Selezione presente nella barra degli strumenti Disegno deve essere attiva.

Nota	Quando trascinate il puntatore del mouse per selezionare più oggetti, il rettangolo di selezione che viene tracciato si configura come un riquadro tratteggiato.

Selezionare oggetti nascosti

Anche gli oggetti in secondo piano rispetto agli altri, e quindi non visibili, possono essere selezionati. Tenete premuto il tasto *Alt* e fate clic sull'oggetto dietro il quale si trova l'oggetto nascosto, quindi nuovamente clic per selezionare l'oggetto nascosto. In caso di più oggetti nascosti, tenete premuto il tasto *Alt* e fate clic fino a raggiungere l'oggetto desiderato. Per spostarvi tra gli oggetti in ordine inverso, premete i tasti *Alt+Maiusc* e fate clic.

Quando fate clic sull'oggetto selezionato, il suo contorno apparirà brevemente attraverso gli oggetti che lo nascondono.

Nota	Il metodo che prevede l'utilizzo del tasto *Alt* è compatibile con i sistemi operativi Windows o Mac. Su computer con sistema operativo Linux è necessario applicare il metodo che prevede l'utilizzo del tasto *Tab*, descritto di seguito.

Per selezionare tramite tastiera un oggetto nascosto da un altro, premete il tasto *Tab* per passare da un oggetto all'altro, e arrestatevi poi a quello da selezionare. Per spostarvi tra gli oggetti in ordine inverso, premete la combinazione di tasti *Maiusc+Tab*. Si tratta di un metodo rapido per arrivare a un oggetto, ma potrebbe rivelarsi poco pratico se nel disegno è presente un numero consistente di oggetti.

Disporre gli oggetti

In un disegno complesso, diversi oggetti potrebbero essere sovrapposti. Per modificare l'ordine di sovrapposizione, spostandoli in primo o in secondo piano, selezionate un oggetto, fate clic sulla voce **Cambia > Disponi** nella barra dei menu principale, quindi selezionate **Porta avanti** o **Porta indietro**. In alternativa, fate clic con il pulsante destro del mouse sull'oggetto, selezionate la voce **Disponi** dal menu contestuale, quindi **Porta avanti** o **Porta indietro**.

Queste opzioni sono disponibili anche facendo clic sul piccolo triangolo o freccia a destra dell'icona Disponi ▭ sulla barra degli strumenti Disegno. In tal modo si apre la barra degli strumenti Posizione che consente l'accesso alle varie opzioni di disposizione.

Posizionare e ridimensionare gli oggetti

Utilizzare lo zoom

La funzione Zoom consente la disposizione e l'adattamento degli oggetti, ingrandendo e riducendo la visualizzazione del disegno corrente. Per esempio, potete ingrandire per facilitare il posizionamento di un oggetto; la riduzione della percentuale di zoom, invece, consente una visualizzazione d'insieme del disegno. Esistono tre metodi per controllare lo zoom: barra di stato, finestra di dialogo Zoom, o barra degli strumenti Zoom.

Nota	Lo zoom è gestito in modo diverso nei sistemi operativi Unix, Linux e Windows. Un documento salvato con un fattore di zoom del 100% in Windows viene visualizzato con un fattore di zoom maggiore in Unix/Linux.

Barra di stato

I controlli dello zoom sono posizionati sul lato destro della barra di stato (Figura 44) e sono pensati per consentire un rapido e agevole accesso allo zoom.

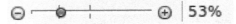

Figura 44: area dello zoom sulla barra di stato

- Fate clic sul segno meno per ridurre il fattore di zoom.
- Fate clic sul segno più per aumentare il fattore di zoom.
- Fate clic sul cursore e, tenendolo premuto, spostatelo per aumentare o diminuire il fattore di zoom.
- Fate clic con il pulsante destro del mouse sulla percentuale di zoom e selezionate un fattore di zoom dal menu contestuale.

Figura 45: finestra di dialogo Zoom e layout visualizzazione

- Fate doppio clic sulla percentuale di ingrandimento per aprire la finestra di dialogo **Zoom e layout visualizzazione**, da cui potete selezionare un fattore di zoom (Figura 45).

Finestra di dialogo layout zoom

Accedete alla voce **Visualizza > Zoom** sulla barra principale dei menu per aprire la finestra di dialogo **Zoom e layout visualizzazione** (Figura 45), dove potete incrementare o ridurre il fattore di zoom. La percentuale di zoom in uso è visualizzata sulla barra di stato (Figura 44).

Fattore di zoom

Imposta il fattore di zoom in cui visualizzare il documento attivo e tutti i documenti dello stesso tipo che verranno aperti in seguito.

- *Ottimale* – consente di ridimensionare la visualizzazione per adattare la larghezza del testo nel documento.
- *Adatta larghezza e altezza* – consente la visualizzazione dell'intera pagina sullo schermo.
- *Adatta alla larghezza* – consente la visualizzazione dell'intera pagina del documento nella sua ampiezza. I bordi superiore e inferiore della pagina potrebbero non essere visibili.
- *100%* – consente la visualizzazione del documento nella sua dimensione effettiva.
- *Variabile* – consente di inserire il fattore di zoom in cui visualizzare il documento. Inserite una percentuale nella casella di testo.

Barra degli strumenti Zoom

Accedete al menu **Visualizza > Barre degli strumenti > Zoom** per aprire la barra degli strumenti **Zoom** (Figura 46), i cui strumenti disponibili sono illustrati nella Figura 47.

- **Ingrandisci** – consente di visualizzare la pagina raddoppiandone le dimensioni attuali. Selezionate lo strumento, quindi spostate il puntatore sull'oggetto e fate nuovamente clic. Potete anche selezionare lo strumento **Ingrandisci** e tracciare un riquadro rettangolare intorno all'area da ingrandire.
- **Riduci** – consente di visualizzare il disegno dimezzandone le dimensioni ogni volta che lo strumento viene selezionato.
- **Zoom 100%** – consente di visualizzare il disegno nelle sue dimensioni originali.
- **Visualizzazione precedente** – consente di ripristinare la visualizzazione del disegno al fattore di zoom precedente. Potete anche ricorrere alla combinazione di tasti *Ctrl +, (virgola)*.
- **Visualizzazione successiva** – consente di annullare l'effetto ottenuto dal comando **Visualizzazione precedente**. Potete anche ricorrere alla combinazione di tasti *Ctrl +. (punto)*.

- **Pagina intera** – consente di visualizzare su schermo il disegno nella sua interezza.
- **Larghezza pagina** – consente la visualizzazione dell'intero disegno nella sua ampiezza. I bordi superiore e inferiore della pagina potrebbero non essere visibili.
- **Ottimale** – consente di ridimensionare la visualizzazione per includere tutti gli oggetti della pagina.
- **Zoom sugli oggetti** – consente di ridimensionare la visualizzazione per adattarla agli oggetti selezionati.
- **Maiusc** – consente di spostare i disegni all'interno dello spazio di lavoro di Draw. Posizionate il puntatore sul disegno e trascinatelo per spostarlo. Rilasciando il pulsante, l'ultimo strumento utilizzato viene automaticamente selezionato.

Figura 46: barra degli strumenti Zoom

Figura 47: strumenti della barra Zoom

Spostare e modificare le dimensioni di un oggetto

Se spostate un oggetto o ne modificate le dimensioni, tenete sotto controllo l'area visibile sulla sinistra della barra di stato, nella parte inferiore della finestra di Draw (Figura 48). Questa visualizza, da sinistra a destra rispettivamente, quale oggetto è selezionato, la sua posizione nel disegno espressa in coordinate X/Y e le dimensioni dell'oggetto. Le unità di misura sono quelle selezionate in **Strumenti > Opzioni > LibreOffice Draw > Generale**.

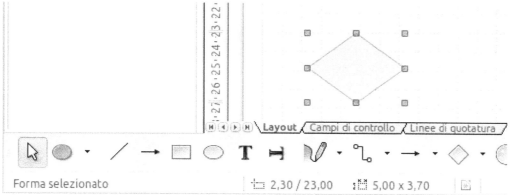

Forma selezionato   ⌗ 2,30 / 23,00   ⌗ 5,00 x 3,70   ⊡

Figura 48: lato sinistro della barra di stato durante lo spostamento o la regolazione di un oggetto

Spostare oggetti

Per spostare un oggetto (o un gruppo di oggetti), selezionatelo e fate clic all'interno dei bordi, quindi trascinate tenendo premuto il pulsante sinistro del mouse. Durante lo spostamento la forma dell'oggetto presenta una linea tratteggiata per facilitarne il riposizionamento (Figura 49). Per collocare l'oggetto nella nuova posizione rilasciate il pulsante del mouse.

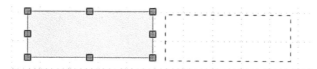

Figura 49: spostare un oggetto

Ridimensionare un oggetto

Per cambiare le dimensioni di un oggetto selezionato (o di un gruppo di oggetti), posizionate il puntatore del mouse su una delle maniglie di selezione. Il puntatore del mouse cambierà forma ad indicare la direzione di movimento per quella maniglia di selezione. Non appena modificate le dimensioni dell'oggetto, questo verrà visualizzato con un contorno ombreggiato (Figura 50). Una volta ottenute le dimensioni desiderate rilasciate il pulsante del mouse.

Il risultato dipende dalla maniglia di selezione utilizzata. Per ridimensionare un oggetto lungo un solo asse, utilizzate una maniglia laterale. Per ridimensionarlo lungo entrambi gli assi, utilizzate una maniglia d'angolo.

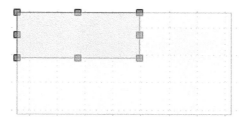

Figura 50: ridimensionare un oggetto

Modificare un arco

La dimensione di un arco può essere modificata calibrando la posizione dei punti di inizio e fine dell'arco. Selezionate un arco e fate clic sull'icona **Punti** 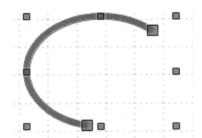 sulla barra degli strumenti Disegno. Compariranno due maniglie di maggiori dimensioni all'inizio e alla fine dell'arco (Figura 51). Posizionando il puntatore del mouse sopra una di queste, esso cambierà forma, consentendo di modificare la collocazione dell'inizio o della fine dell'arco.

Figura 51: modificare un arco

Ruotare e inclinare un oggetto

Ruotare un oggetto

Per ruotare un oggetto (o un gruppo di oggetti), selezionatelo, quindi accedete alla modalità rotazione, tramite uno dei seguenti metodi:

- Fate nuovamente clic sull'oggetto. Non fate doppio clic, perché ciò annullerebbe la selezione dell'oggetto.

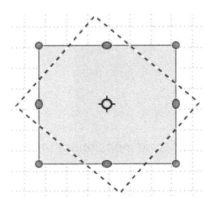

Figura 52: rotazione di un oggetto

- Fate clic sull'icona Ruota sulla barra degli strumenti Disegno.

- Accedete al menu **Visualizza > Barre degli strumenti > Modo** e selezionate l'icona Ruota 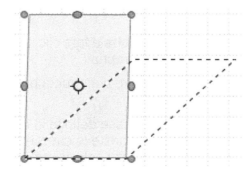.

Le maniglie di selezione cambieranno forma e colore (Figura 52). Al centro dell'oggetto apparirà inoltre un punto con la funzione di fulcro di rotazione. Il puntatore del mouse cambia forma se viene spostato sulle maniglie. Le maniglie d'angolo servono per ruotare un oggetto; le maniglie superiori, inferiori e laterali per metterlo di taglio o inclinarlo.

Portate il puntatore del mouse su una maniglia d'angolo ed esso assumerà la forma di un arco con una freccia a ogni estremità. Fate clic e tenete premuto il pulsante del mouse, quindi iniziate a spostare il puntatore per ruotare l'oggetto. Ciò determina la comparsa di una linea tratteggiata intorno all'oggetto, il cui angolo corrente di rotazione è mostrato nella barra di stato.

Nota	La rotazione degli oggetti 3D funziona in modo leggermente diverso perché interessa uno spazio tridimensionale. Consultate il *Capitolo 7 [Lavorare con oggetti tridimensionali (3D)]* per maggiori informazioni.

Il punto di rotazione è normalmente situato al centro di un oggetto. Per spostare il punto di rotazione, fate clic sull'oggetto e trascinatelo nella posizione ritenuta ottimale per il punto di rotazione. Il punto di rotazione può anche essere situato al di fuori dell'oggetto.

Nota	Se premete il tasto *Maiusc* mentre ruotate un oggetto, la rotazione verrà limitata a movimenti di 15 gradi di ampiezza.
	Si tratta dell'impostazione predefinita del tasto *Maiusc*. Tuttavia se viene selezionata l'opzione *Nella creazione e nel movimento* presente in **Strumenti > Opzioni > LibreOffice Draw > Griglia**, l'azione del tasto *Maiusc* produce l'effetto opposto, cioè la rotazione verrà limitata a movimenti di 15° *a condizione che non venga premuto* il tasto *Maiusc*.

Inclinare un oggetto

Per inclinare un oggetto selezionato, usate le maniglie situate nei punti intermedi, in alto, in basso e ai lati dell'oggetto. Il puntatore del mouse cambia quando viene portato sopra una delle maniglie poste in corrispondenza dei punti intermedi. L'asse di inclinazione dell'oggetto è costituito dal bordo situato esattamente all'opposto della maniglia intermedia utilizzata per inclinare l'oggetto. Se trascinate il puntatore del mouse, questo asse si mantiene fisso, a differenza degli altri lati che si muovono rispetto a esso.

Fate clic e tenete premuto il pulsante del mouse, quindi iniziate a spostare il puntatore per inclinare l'oggetto. Ciò determina la comparsa di una linea tratteggiata intorno all'oggetto (Figura 53), il cui angolo corrente di inclinazione è indicato nella barra di stato.

Figura 53: inclinare un oggetto

Nota	Se premete il tasto *Maiusc* mentre inclinate un oggetto, l'inclinazione verrà limitata a movimenti di 15 gradi di ampiezza. Si tratta dell'impostazione predefinita del tasto *Maiusc*. Tuttavia se viene selezionata l'opzione *Nella creazione e nel movimento* presente in **Strumenti > Opzioni > LibreOffice Draw > Griglia**, l'azione del tasto *Maiusc* produce l'effetto opposto, cioè l'inclinazione verrà limitata a movimenti di 15° *a condizione che non venga premuto* il tasto *Maiusc*.

Impostare dimensioni e posizione esatte

È possibile posizionare e ridimensionare gli oggetti tramite mouse; questo però non è un metodo preciso. Per posizionare e ridimensionare un oggetto in modo più accurato accedete alla voce **Formato > Posizione e dimensione** nella barra dei menu, oppure fate clic con il pulsante destro del mouse su un oggetto e selezionate la voce **Posizione e dimensione** dal menu contestuale, oppure ancora premete il tasto *F4*. In tal modo si aprirà la finestra di dialogo **Posizione e dimensione** (Figura 54).

Figura 54: finestra di dialogo Posizione e dimensione

Posizione e dimensione

Aprite la finestra di dialogo **Posizione e dimensione** e fate clic sulla scheda *Posizione e dimensione* (Figura 54) per impostare i valori appropriati.

La posizione è definita dalle coordinate X/Y relative a un punto base. Modificate le coordinate X/Y tramite le caselle di testo dell'area *Posizione*.

La larghezza e l'altezza di un oggetto sono anch'esse definite in relazione a un punto base. Modificate la larghezza e l'altezza di un oggetto tramite le caselle di testo dell'area *Dimensione*. Per mantenere le proporzioni tra larghezza e altezza selezionate l'opzione *Mantieni rapporto*.

Le unità di misura usate per le coordinate X/Y e per la larghezza e l'altezza degli oggetti sono quelle impostate in **Strumenti > Opzioni > LibreOffice Draw > Generale**.

La posizione predefinita dei punti base relativi a posizione e dimensione è situata nell'angolo superiore sinistro dell'area di disegno. Per semplificare l'operazione di posizionamento o ridimensionamento potete temporaneamente modificare i punti base con un clic sul pulsante di opzione corrispondente al punto base al quale fare riferimento. La modifica del punto base è valida solo temporaneamente; il punto base viene ripristinato alla posizione predefinita, nell'angolo in alto a sinistra, quando chiudete la finestra di dialogo Posizione e dimensione.

Per impedire la modifica accidentale di posizione e dimensione, selezionate le opzioni appropriate nell'area *Proteggi*.

Ruotare un oggetto

Per ruotare un oggetto in modo preciso fate clic sulla scheda **Rotazione** della finestra di dialogo **Posizione e dimensione** (Figura 55), che vi consentirà di specificare l'angolo di rotazione e la posizione del perno di rotazione.

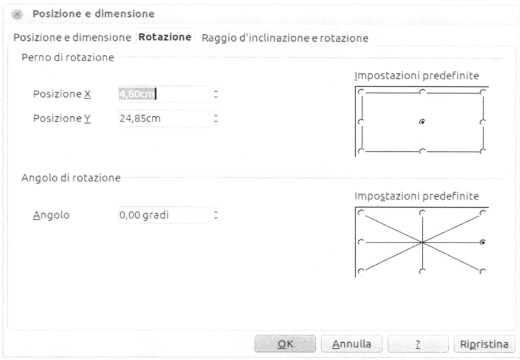

Figura 55: rotazione di un oggetto

Il perno di rotazione viene posizionato tramite le coordinate X/Y relative alla posizione originale del perno stesso. La posizione predefinita del perno di rotazione è il centro dell'oggetto. Per spostare il perno fate clic su uno dei pulsanti di opzione all'interno delle *Impostazioni predefinite*.

Per impostare in modo preciso l'angolo di rotazione ricorrete alla casella di testo presente nell'area *Angolo di rotazione*. Per ruotare rapidamente un oggetto a incrementi di 45 gradi, fate clic su uno dei pulsanti di opzione all'interno delle *Impostazioni predefinite*. L'impostazione predefinita di rotazione è di zero gradi.

La modifica del perno e/o dell'angolo di rotazione di un oggetto è valida solamente per un utilizzo temporaneo; l'angolo e il perno di rotazione vengono ripristinati alle proprie impostazioni predefinite alla chiusura della finestra di dialogo Posizione e dimensione.

Inclinazione e raggio d'angolo

Per impostare in modo preciso il raggio dell'angolo o l'angolo di inclinazione di un oggetto, fate clic sulla scheda **Raggio d'inclinazione e rotazione**, nella finestra di dialogo **Posizione e dimensione** (Figura 56).

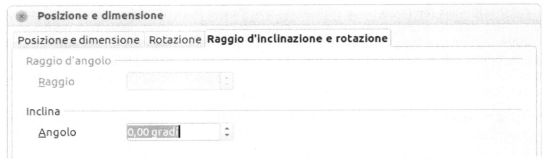

Figura 56: impostazione dell'angolo di inclinazione e del raggio d'angolo

Un raggio d'angolo può essere applicato a un qualunque oggetto dotato di angoli acuti, come un rettangolo, un quadrato o una casella di testo. Se l'area *Raggio d'angolo* viene visualizzata in grigio (non attiva), non è consentito impostare un raggio d'angolo. Più elevato è il valore del raggio d'angolo impostato nella casella di testo *Raggio*, più arrotondati saranno gli angoli dell'oggetto.

Un angolo di inclinazione fa riferimento al grado di pendenza o inclinazione di un oggetto rispetto alla propria consueta posizione verticale nel disegno. Per una modifica più precisa dell'angolo di inclinazione, inserite il numero di gradi direttamente nella casella di testo *Angolo*.

Uso delle funzioni griglia e cattura

In Draw potete anche posizionare gli oggetti in modo più preciso e armonico tramite i punti griglia, i punti di cattura e le linee, le cornici oggetto, i singoli punti situati sugli oggetti, o i bordi della pagina. Questa funzione è denominata *Cattura*.

È più facile utilizzare la funzione di cattura con valori di zoom più elevati, per una visualizzazione più chiara del disegno. Si possono utilizzare contemporaneamente due diverse funzioni di cattura; ad esempio cattura alle linee guida e al bordo pagina. È tuttavia consigliabile attivare solo le funzioni di cattura effettivamente necessarie.

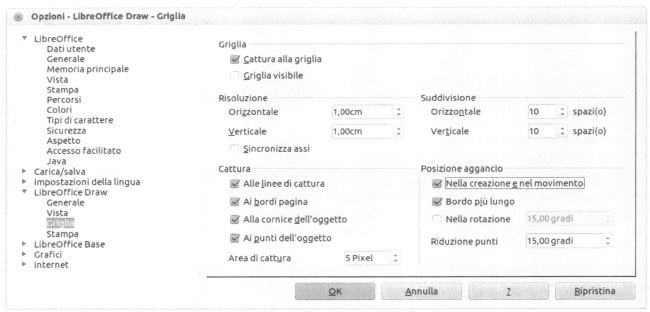

Figura 57: finestra di dialogo Opzioni - LibreOffice Draw - Griglia

Figura 58: barra degli strumenti Opzioni

Configurazione delle funzioni griglia e cattura

Per configurare le funzioni griglia e cattura, accedete al menu **Strumenti > Opzioni > LibreOffice Draw > Griglia** per visualizzare la finestra di dialogo **Griglia** (Figura 57). Le funzioni di griglia e cattura possono essere visualizzate, attivate e disattivate tramite questa finestra di dialogo, tramite le opzioni presenti nel menu contestuale che si apre con un clic destro sul disegno, oppure usando le icone visibili nella barra degli strumenti **Opzioni** (Figura 58). Se non visualizzate la barra degli strumenti Opzioni, accedete al menu **Visualizza > Barre degli strumenti > Opzioni**.

Griglia

- *Cattura alla griglia* – consente lo spostamento di cornici, elementi di disegno e campi di controllo unicamente tra i punti griglia. Per modificare lo stato dell'opzione di cattura solo per l'azione corrente, trascinate un oggetto tenendo premuto il tasto Ctrl.

- *Griglia visibile* – consente di attivare o disattivare la visualizzazione della griglia. Un metodo alternativo per l'attivazione o disattivazione consiste nel selezionare la voce **Griglia > Mostra griglia** dal menu contestuale che si apre facendo clic con il pulsante destro del mouse nella pagina di disegno. Inoltre, dallo stesso menu contestuale, potete selezionare la voce **Griglia > Griglia davanti** per visualizzare la griglia in primo piano.

Risoluzione

- *Orizzontale* – consente di specificare l'unità di misura per la distanza tra i punti della griglia sull'asse X.

- *Verticale* – consente di specificare la distanza tra i punti della griglia sull'asse Y nell'unità di misura desiderata.

Suddivisione

- *Orizzontale* – consente di specificare il numero di spazi intermedi tra i punti della griglia sull'asse X.

- *Verticale* – consente di specificare il numero di spazi intermedi tra i punti della griglia sull'asse Y.

- *Sincronizza assi* – l'opzione permette di specificare se la modifica alle impostazioni attuali della griglia debba essere applicata in modo simmetrico. Risoluzione e suddivisione degli assi X e Y rimangono invariate.

Cattura

- *Alle linee di cattura* – consente di ancorare il bordo di un oggetto in fase di trascinamento alla linea di cattura più vicina, quando viene rilasciato il pulsante del mouse. Un metodo alternativo consiste nel selezionare l'icona **Cattura alle linee** sulla barra degli strumenti Opzioni.

- *Ai bordi pagina* – consente di impostare l'allineamento del contorno dell'oggetto grafico al margine di pagina più vicino, a condizione che il puntatore o una linea di contorno dell'oggetto si trovino all'interno dell'area di cattura. Un metodo alternativo consiste nel selezionare l'icona **Cattura ai bordi pagina** sulla barra degli strumenti Opzioni.

- *Alla cornice dell'oggetto* – consente di impostare l'allineamento del contorno dell'oggetto grafico al bordo dell'oggetto più vicino, a condizione che il puntatore o una linea di contorno dell'oggetto si trovino all'interno dell'area di cattura. Un metodo alternativo consiste nel

selezionare l'icona **Cattura alla cornice oggetto** sulla barra degli strumenti Opzioni.

- *Ai punti dell'oggetto* – consente di impostare l'allineamento del contorno dell'oggetto grafico ai punti dell'oggetto grafico più vicino, a condizione che il puntatore o una linea di contorno dell'oggetto si trovino all'interno dell'area di cattura. Un metodo alternativo consiste nel

selezionare l'icona **Cattura ai punti oggetto** sulla barra degli strumenti Opzioni.

- *Area di cattura* – consente di definire la distanza di cattura tra il puntatore del mouse e il contorno dell'oggetto. L'ancoraggio a un punto di cattura ha effetto se il puntatore del mouse si trova a una distanza inferiore a quella selezionata.

Posizione aggancio

- *Nella creazione e nel movimento* – consente di produrre una limitazione verticale, orizzontale o diagonale (di 45°) degli oggetti grafici durante le operazioni di creazione o di spostamento. Questa impostazione può essere temporaneamente disattivata premendo il tasto *Maiusc*.

- *Bordo più lungo* – consente di tracciare un quadrato avente come base il lato più lungo di un rettangolo, premendo il tasto *Maiusc* prima di rilasciare il pulsante del mouse. La stessa funzione viene applicata alle ellissi, con la creazione di un cerchio basato sul diametro più lungo dell'ellisse. Se l'opzione *Bordo più lungo* non è selezionata, verranno creati un quadrato o un cerchio basati sul lato o sul diametro più corto.

- *Nella rotazione* – consente di limitare l'angolo di rotazione degli oggetti grafici al valore selezionato. Per ruotare un oggetto oltre il valore definito per l'angolo di rotazione, premete il tasto *Maiusc* durante la rotazione. Rilasciate il tasto una volta raggiunto il valore desiderato per l'angolo di rotazione.

- *Riduzione punti* – consente di definire l'angolo per la riduzione dei punti. Operando sui poligoni, può essere utile ridurne i punti di modifica.

Cattura alla griglia

Utilizzare Cattura alla griglia

La funzione di **Cattura alla griglia** consente di posizionare un oggetto in modo preciso su un punto della griglia e può essere attivata o disattivata in tre modi:

7) Accedendo al menu **Visualizza > Griglia > Cattura alla griglia**.

8) Selezionando la voce **Griglia > Cattura alla griglia** dal menu contestuale dopo un clic con il pulsante destro del mouse sul disegno.

9) Selezionando l'icona **Cattura alla griglia** nella barra degli strumenti Opzioni.

Visualizzare la griglia

È possibile visualizzare o nascondere la griglia in quattro diversi modi:

1) Accedendo al menu **Visualizza > Griglia > Mostra griglia.**

2) Selezionando l'icona **Mostra griglia** sulla barra degli strumenti Opzioni.

3) Selezionando la voce **Griglia > Mostra griglia** dal menu contestuale dopo aver fatto clic con il pulsante destro del mouse sul disegno.

4) Selezionando l'opzione *Griglia visibile* nella finestra di dialogo Griglia (Figura 57 a pagina 59).

Modificare il colore dei punti griglia

Per impostazione predefinita i punti griglia sono di colore grigio e non sempre sono facilmente identificabili, in base alla configurazione dello schermo e del computer in uso. Accedete al menu **Strumenti > Opzioni > LibreOffice > Aspetto** per aprire la finestra di dialogo **Aspetto** (Figura 59). Nella sezione *Disegno/presentazione* modificate il colore dei punti griglia selezionando quello per voi più indicato dall'elenco a discesa.

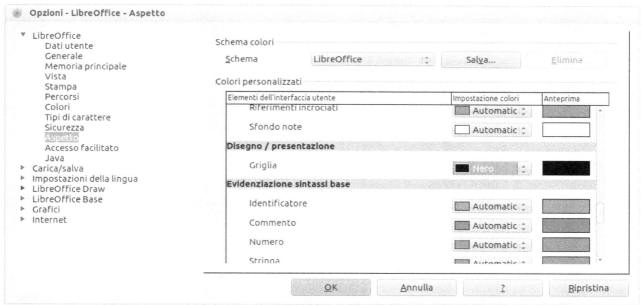

Figura 59: finestra di dialogo Opzioni - LibreOffice - Aspetto

Punti e linee di cattura

Diversamente dalla griglia, i punti e le linee di cattura vengono inseriti manualmente allo scopo di posizionare un oggetto in un punto specifico. Le linee di cattura si possono disporre orizzontalmente o verticalmente e si presentano come linee tratteggiate. I punti di cattura hanno l'aspetto di piccole croci tratteggiate. Punti e linee di cattura non compaiono su stampa.

Potete inserirli in due modi:

- Tramite il comando **Inserisci punto/linea di cattura**.
- Tramite i righelli orizzontale e verticale (solo per le linee di cattura).

Inserire punti e linee di cattura

Per inserire un punto o una linea di cattura accedete al menu **Inserisci > Inserisci punto/linea di cattura**, oppure fate clic con il pulsante destro del mouse sul disegno e selezionate la voce **Inserisci punto/linea di cattura** dal menu contestuale per aprire la finestra di dialogo **Nuovo oggetto cattura** (Figura 60).

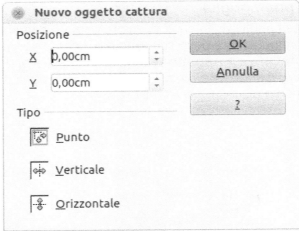

Figura 60: finestra di dialogo Nuovo oggetto cattura

- **Posizione** – consente di impostare la posizione di un punto o una linea di cattura con riferimento all'angolo superiore sinistro della pagina.
  - *Asse X* – consente di inserire il valore relativo allo spazio desiderato tra il punto o la linea di cattura e il margine sinistro della pagina.
  - *Asse Y* – consente di inserire il valore relativo allo spazio desiderato tra il punto o la linea di cattura e il margine superiore della pagina.

- **Tipo** – consente di determinare il tipo di oggetto di cattura da inserire.
  - *Punto* – consente di inserire un punto di cattura.
  - *Verticale* – consente di inserire una linea di cattura verticale.
  - *Orizzontale* – consente di inserire una linea di cattura orizzontale.

Inserire linee di cattura tramite i righelli

I righelli verticali e orizzontali consentono di inserire esclusivamente linee di cattura. Se i righelli non sono visibili accedete al menu **Strumenti > Opzioni > LibreOffice Draw > Vista** e spuntate l'opzione *Righelli visibili*.

Per inserire una linea di cattura spostate il puntatore su un righello, quindi fate clic e trascinate una linea di cattura nella posizione desiderata.

Visualizzare punti e linee di cattura

I metodi per attivare o disattivare la visualizzazione dei punti e delle linee di cattura sono tre:

1) Accedendo al menu **Visualizza > Linee di cattura > Mostra linee di cattura.**

2) Selezionando l'icona **Mostra linee di cattura** sulla barra degli strumenti Opzioni.

3) Selezionando la voce **Linee di cattura > Mostra linee di cattura** dal menu contestuale, dopo aver fatto clic con il pulsante destro del mouse sul disegno.

Modificare punti e linee di cattura

Per modificare un punto di cattura, fate clic con il pulsante destro del mouse sul punto e selezionate la voce **Modifica punto di cattura** per aprire l'omonima finestra di dialogo; in alternativa trascinatelo in una diversa posizione.

Per modificare una linea di cattura, fate clic con il pulsante destro del mouse sulla linea e selezionate la voce **Modifica linea di cattura** per aprire l'omonima finestra di dialogo; in alternativa trascinatela in una diversa posizione.

Eliminare punti e linee di cattura

Per eliminare un punto di cattura trascinatelo sopra un righello oppure selezionate la voce **Elimina punto di cattura** dal menu contestuale visibile facendo clic con il pulsante destro del mouse sul punto stesso.

Per eliminare una linea di cattura trascinatela sopra un righello oppure selezionate la voce **Elimina linea di cattura** dal menu contestuale visibile facendo clic con il pulsante destro del mouse sulla linea stessa.

Configurare un'area di cattura

Per configurare l'area di cattura necessaria per l'ancoraggio di un oggetto a una posizione, accedete al menu **Strumenti > Opzioni > LibreOffice Draw > Griglia** (Figura 57 a pagina 59) e inserite nella casella *Area di cattura* il numero di pixel occorrenti a definire la vicinanza richiesta affinché un oggetto venga ancorato alla posizione di cattura. L'impostazione predefinita è 5 pixel.

Uso delle linee guida

Le linee guida rappresentano un'altra funzione per agevolare il posizionamento degli oggetti. Si possono visualizzare durante lo spostamento dell'oggetto e si estendono dai bordi dell'oggetto ai righelli sul lato superiore e sinistro del disegno; sono prive di funzioni di cattura (Figura 61).

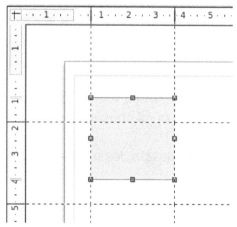

Figura 61: utilizzo delle linee guida

Per attivare le linee guida, accedete al menu **Strumenti > Opzioni > LibreOffice Draw > Vista** e selezionate l'opzione *Linee di cattura durante lo spostamento* oppure fate clic sull'icona **Linee guida durante lo spostamento** visibile sulla barra degli strumenti Opzioni.

Modifica del contorno delle forme regolari

Quando si disegnano determinate forme regolari, uno o più punti vengono visualizzati in un colore diverso da quello assunto dalle maniglie di selezione di un oggetto. Posizionando il puntatore del mouse su uno di questi punti, esso cambia forma. Facendo clic su uno di questi punti e trascinandolo si modificherà la forma dell'oggetto. Per esempio, potete incrementare il raggio d'angolo di un rettangolo arrotondato o di un quadrato, modificare l'ampiezza dell'angolo di un arco, ecc.

Questi punti svolgono funzioni differenti in base alla forma selezionata; le funzioni disponibili sono elencate di seguito:

Forme base

- Rettangoli e quadrati arrotondati: il punto consente di modificare il raggio della curva che sostituisce gli angoli di un rettangolo o di un quadrato.
- Settore di cerchio: i punti consentono di modificare le dimensioni del settore pieno.
- Triangolo isoscele: il punto consente di modificare il tipo di triangolo.
- Trapezio, parallelogramma, esagono od ottagono: il punto consente di modificare l'angolo tra i lati.
- Croce: il punto consente di modificare lo spessore dei quattro bracci.
- Anello: il punto consente di modificare il diametro interno dell'anello.
- Arco a tutto sesto: il punto consente di modificare sia il diametro interno, sia la dimensione dell'area di riempimento.
- Cilindro e cubo: il punto consente di modificare la prospettiva.
- Angolo ripiegato: il punto consente di modificare la dimensione dell'angolo ripiegato.
- Cornice: il punto consente di modificare lo spessore della cornice.

Forme simboli

- Faccina: il punto consente di modificare il sorriso della faccina.
- Sole, luna, cuore: il punto consente di modificare la forma del simbolo.
- Simbolo "Proibito": il punto consente di modificare lo spessore dell'anello e della barra diagonale.
- Doppia parentesi quadra, parentesi quadra aperta e chiusa, doppia parentesi graffa: il punto consente di modificare la curvatura della parentesi.
- Parentesi graffa aperta e chiusa: i punti consentono di modificare la curvatura della parentesi e la posizione del punto.
- Quadrato smussato, ottagono smussato, losanga smussata: il punto consente di modificare lo spessore della smussatura.

Frecce blocchi

- Frecce: il punto consente di modificare la forma e lo spessore delle frecce.
- Pentagono, parentesi angolare chiusa: il punto consente di modificare l'ampiezza dell'angolo tra i lati.
- Legende a frecce: i punti consentono di modificare la forma e lo spessore delle legende.
- Freccia ad arco: i punti consentono di modificare lo spessore e l'area della freccia.

Legende

- Legende: il punto consente di modificare la lunghezza, la posizione e l'angolo del puntatore.

Stelle

- Stella a 4 punte, a 8 punte, a 24 punte: il punto consente di modificare lo spessore e la forma delle punte.
- Pergamena verticale, pergamena orizzontale: il punto consente di modificare la larghezza e la forma della pergamena.
- Targa: il punto consente di modificare la curvatura interna degli angoli.

Curve e poligoni

Curva di Bézier

La modifica delle curve si basa sui modelli matematici delle curve di Bézier[1], la cui spiegazione esula dagli obiettivi della presente guida e di cui verranno trattate solo le basi. Consultate il *Capitolo 10 (Tecniche di Draw avanzate)* per ulteriori informazioni riguardo alla creazione e alla modifica delle curve di Bézier.

La modifica di una curva di Bézier consiste nel principio di spostamento di punti o di tangenti che intersecano questi punti. Ogni tangente è dotata di un punto di controllo alle proprie estremità e di un punto di giunzione in corrispondenza dell'area di intersezione con la curva. L'angolo relativo e la distanza tra i punti di controllo determinano la forma della curva. La Figura 62 illustra ciò che avviene iniziando dalla modifica di un solo punto in una forma base come quella di un cerchio.

Si possono generare molte forme diverse spostando lo stesso punto di giunzione, oppure una sola o entrambe le maniglie rotonde poste alle estremità della tangente. Il programma offre ulteriori possibilità se ricorrete alle funzioni presenti nella barra degli strumenti Modifica punti.

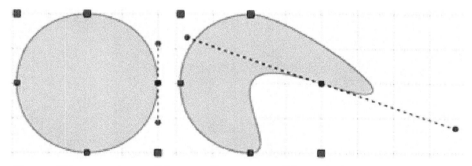

Figura 62: creazione di forme diverse modificando la tangente

Convertire in curva o poligono

Prima di modificare i punti di un oggetto, è necessario convertirlo in curva o poligono, in base al tipo di effetto da riprodurre.

Dopo aver selezionato un oggetto, accedete al menu **Cambia > Converti** e scegliete la voce **In curva** o **In poligono**. In alternativa, selezionate la voce **Converti > In curva** oppure la voce **Converti > In poligono** dal menu contestuale che compare dopo aver fatto clic con il pulsante destro del mouse sull'oggetto.

Dopo la conversione di un oggetto in una curva o in un poligono, fate clic sull'icona Punti ⬚ sulla barra degli strumenti Disegno per aprire la barra Modifica punti. In alternativa potete aprire

---

1   La curva di Bézier fu creata da Pierre Bézier, un ingegnere della casa automobilistica Renault, il quale sviluppò questa tecnica negli anni Sessanta. Questa tecnologia aveva lo scopo di semplificare il processo di modellazione applicato alle superfici dei veicoli.

quest'ultima barra tramite la voce **Visualizza > Barre degli strumenti > Modifica punti**, dalla barra dei menu principale.

Noterete che le maniglie situate agli angoli del rettangolo di selezione non saranno più visibili dopo la conversione. Si tratta di un comportamento normale poiché le maniglie utilizzate con gli strumenti della barra Modifica punti sono situate lungo il contorno o la traccia dell'oggetto.

Barra degli strumenti Modifica punti

Potete aprire la barra degli strumenti Modifica punti (Figura 63) accedendo alla voce **Visualizza > Barre degli strumenti > Modifica punti**, sulla barra dei menu principale. Essa comparirà a ogni successiva selezione contemporanea di un oggetto avente la forma di una curva o di un poligono e dell'icona Modifica punti sulla barra degli strumenti Disegno. L'accessibilità degli strumenti sulla barra Modifica punti dipende dall'oggetto e dal punto oggetto selezionati.

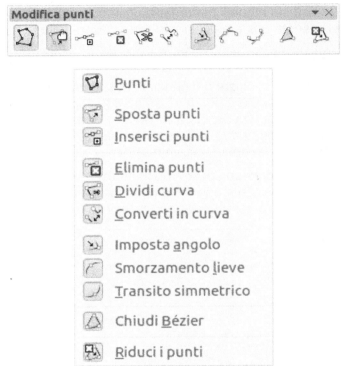

Figura 63: barra degli strumenti Modifica punti

Tangenti

Nota	Le tangenti sono utilizzabili solo con le curve. Se un oggetto è stato convertito in poligono e viene aggiunta una tangente, esso verrà automaticamente convertito in curva.

Transito simmetrico

Fate clic sull'icona **Transito simmetrico** per utilizzare una tangente simmetrica (Figura 64). Ogni spostamento di una maniglia della tangente viene trasmesso simmetricamente all'altra maniglia.

Figura 64: transito simmetrico

Smorzamento lieve

Fate clic sull'icona **Smorzamento lieve** per regolare in modo indipendente la lunghezza di ciascun lato della tangente e consentire di variare il grado di curvatura. Verrà generata una tangente asimmetrica sul cui lato più lungo la curva risulterà più piatta (Figura 65).

Figura 65: smorzamento lieve

Impostazione angolo

È possibile modificare in modo indipendente l'angolo relativo a ogni lato di una tangente usando il punto centrale della tangente come punto angolo. Selezionate un punto di giunzione sulla curva,

quindi fate clic sull'icona **Imposta angolo** per generare un punto angolo dal punto di giunzione selezionato (Figura 66). Una volta creato il punto angolo, potete modificare l'ampiezza dell'angolo relativo a ogni lato della tangente per realizzare picchi e flessioni della curva.

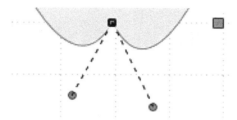

Figura 66: impostazione di un angolo

Rotazione della tangente

Potete modificare l'angolo formato da una tangente alla curva facendo clic su uno dei punti finali della tangente e ruotandolo con il puntatore del mouse. La forma della curva si modifica conseguentemente alle variazioni dell'angolo della tangente (Figura 67).

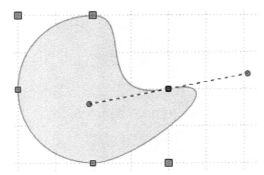

Figura 67: rotazione della tangente

Punti

Spostamento di punti

Fate clic sull'icona **Sposta punti** per spostare uno qualsiasi dei punti, dopo la conversione di un oggetto in curva o in poligono. Se l'icona è attiva il puntatore del mouse cambia forma quando viene posizionato sopra un punto. Lo spostamento di un punto si esegue con un semplice trascinamento. La Figura 68 illustra come creare una forma ovoidale a partire da un cerchio, trascinando il punto di giunzione alla circonferenza verso destra.

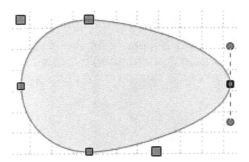

Figura 68: spostamento di punti

Inserimento di punti

Fate clic sull'icona **Inserisci punti** per aggiungere un altro punto a una curva o un poligono. Fate clic sul contorno dell'oggetto all'altezza del punto da inserire. Il tipo di tangente associata al nuovo punto dipende dalla collocazione del punto sul contorno dell'oggetto. La Figura 69 illustra l'aggiunta di un nuovo punto all'estremità superiore destra di una forma ovoidale.

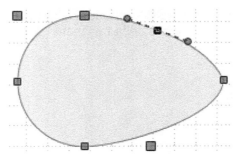

Figura 69: inserimento di punti

Eliminazione di punti

Facendo clic sull'icona **Elimina punti** 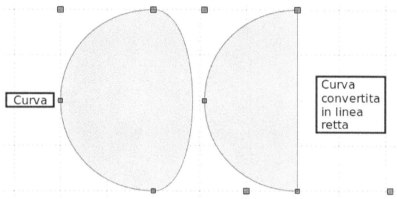 si elimina un punto dal contorno di un oggetto. Ciò produrrà l'effetto di modificare automaticamente la forma della curva lungo i punti restanti. La Figura 70 illustra ciò che accade eliminando da un cerchio il punto sulla destra. Potete selezionare più punti tenendo premuto il tasto *Maiusc*, quindi facendo clic sull'icona Elimina punti. In alternativa selezionate dei punti ed eliminateli con il tasto *Canc*.

Se avete convertito una curva in linea (vedere "Convertire curve o linee" a pagina 71) e avete selezionato ed eliminato dei punti, il risultato sarà una linea retta che collega i due punti posti alle rispettive estremità di quelli eliminati.

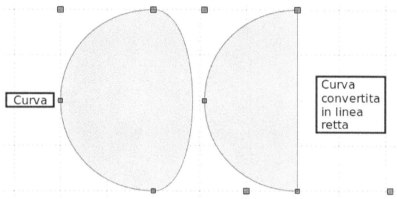

Figura 70: eliminazione di punti

Riduzione dei punti

L'icona **Riduci i punti** ha effetto solo su linee con più punti. Esse vengono create quando una curva viene convertita in linea tramite l'icona **Converti in curva** presente sulla barra degli strumenti Modifica punti (vedere "Convertire curve o linee" a pagina 71).

Il procedimento di riduzione dei punti da una linea per creare una retta è mostrato nella Figura 71.

1) Selezionate una linea contenente più punti e fate clic sull'icona Punti nella barra degli strumenti Disegno. Si aprirà la barra degli strumenti Modifica punti. In caso contrario accedete alla voce **Visualizza > Barre degli strumenti > Modifica punti** per renderla visibile.

2) Selezionate con il cursore del mouse il punto da eliminare dalla linea. Il punto selezionato verrà evidenziato.

3) Assicuratevi che l'icona **Riduci i punti** sia attiva; l'area circostante all'icona appare ombreggiata quando la stessa è selezionata. Se non è attiva fate clic sull'icona.

4) Posizionate con precisione il puntatore del mouse sul punto selezionato, quindi fate clic tenendo premuto il pulsante del mouse e trascinate. Durante lo spostamento comparirà una linea tratteggiata di collegamento tra i due punti più prossimi.

5) Quando la linea tratteggiata viene visualizzata come una retta tra i due punti più vicini rilasciate il pulsante del mouse. Il punto selezionato viene eliminato e viene generata una linea retta tra i due punti più prossimi.

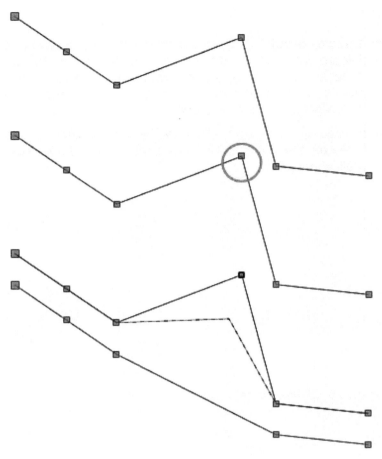

Figura 71: riduzione dei punti

Convertire curve o linee

È possibile convertire agevolmente curve in linee (e viceversa) grazie all'icona **Converti in curva** presente sulla barra degli strumenti Modifica punti. Se una curva viene convertita in linea, si genera una retta tra due punti selezionati su una curva. Se una linea viene convertita in curva, si genera una curva tra due punti selezionati su una linea.

È sufficiente selezionare una curva o una linea, quindi i relativi punti in corrispondenza dei quali desiderate effettuare la conversione. Fate clic sull'icona **Converti in curva** e la curva o la linea verranno convertite (Figura 72).

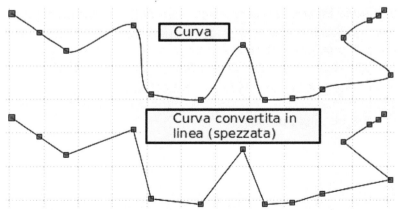

Figura 72: conversione di curve e linee

Dividere una curva

Fate clic sull'icona **Dividi curva** per suddividere o spezzare una curva in corrispondenza del punto selezionato. Se l'oggetto è pieno, verrà svuotato, poiché la curva che costituiva il suo contorno non è più chiusa (Figura 73).

Il punto di suddivisione è ora più grande degli altri punti visibili sulla curva (a eccezione del punto iniziale della curva, anch'esso di maggiori dimensioni rispetto agli altri).

Potete separare una curva in diversi punti contemporaneamente. Tenete premuto il tasto *Maiusc* mentre selezionate tutti i punti in corrispondenza dei quali effettuare la suddivisione, poi fate clic sull'icona **Dividi curva**. Deselezionate la curva, quindi trascinatene i segmenti allontanandoli dalla curva originale.

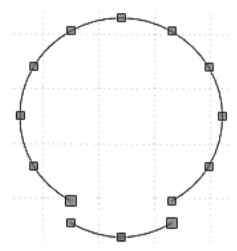

Figura 73: divisione di una curva

Chiudere le curve

Per chiudere una curva aperta, prima selezionatela, poi passate a selezionare il suo punto iniziale. Esso si presenta di maggiori dimensioni rispetto agli altri punti visibili sulla curva. Fate clic sull'icona **Chiudi Bézier** per chiudere la curva (Figura 74).

Se si tratta di una curva aperta che in origine era chiusa e piena, la nuova chiusura ne ripristinerà il colore di riempimento iniziale.

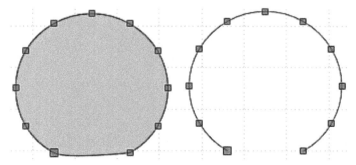

Figura 74: chiusura di una curva

Ruotare e distorcere le curve

Per ruotare e deformare una curva, dapprima selezionatela, quindi fate clic sull'icona Ruota ⟳ sulla barra degli strumenti Modo. Se la barra degli strumenti Modo non fosse visibile, accedete al menu **Visualizza > Barre degli strumenti > Modo**, oppure fate clic sul piccolo triangolo o freccia a destra dell'icona **Effetti**, sulla barra degli strumenti Disegno. I punti visibili sulla curva cambieranno colore e forma (Figura 75).

Selezionatene uno e spostatelo trascinando il puntatore del mouse. Il movimento sarà limitato al bordo originario della curva.

Selezionate uno dei punti di controllo situati alle estremità della retta tangente e ruotate la curva deformata trascinando il puntatore del mouse. La curva deformata ruoterà intorno al centro di rotazione.

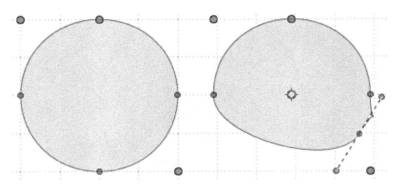

Figura 75: rotazione e distorsione di una curva

Capitolo 4
Cambiare gli attributi degli oggetti

Barre degli strumenti e menu

Per cambiare gli attributi di un oggetto, come il colore, la larghezza del bordo, ecc., usate la barra degli strumenti Stile e riempimento, la barra di Formattazione del testo, oppure il menu contestuale.

Barra degli strumenti Stile e riempimento

Se non visualizzate la barra degli strumenti Stile e riempimento, andate su **Visualizza > Barre degli strumenti > Stile e riempimento** (Figura 76). I più comuni attributi di un oggetto possono essere modificati tramite questa barra. Per accedere a ulteriori opzioni di formattazione potete aprire la finestra di dialogo Linea facendo clic sull'icona Linea ⬛ e la finestra di dialogo Area facendo clic sull'icona Area ⬛.

Figura 76: barra degli strumenti Stile e riempimento

Nella Figura 77 vengono mostrati da sinistra a destra gli strumenti disponibili nella barra Stile e riempimento.

Figura 77: strumenti disponibili nella barra Stile e riempimento

Barra degli strumenti Formattazione del testo

Quando selezionate del testo, la barra degli strumenti Stile e riempimento cambia automaticamente, mostrando la barra degli strumenti Formattazione del testo (Figura 78). Potete comunque aprire la barra Formattazione del testo selezionando **Visualizza > Barre degli strumenti > Formattazione del testo**. Gli strumenti presenti in questa barra non sono attivi se non viene selezionato del testo.

Figura 78: barra degli strumenti Formattazione del testo

Nella Figura 79 vengono mostrati da sinistra a destra gli strumenti disponibili nella barra Formattazione del testo.

Figura 79: strumenti disponibili nella barra Formattazione del testo

Menu contestuale

Quando fate clic con il pulsante destro del mouse su un oggetto selezionato, appare un menu contestuale relativo all'oggetto (Figura 80). Questo menu contestuale fornisce l'accesso alle opzioni disponibili e permette di modificare gli attributi dell'oggetto senza dover aprire una finestra di dialogo. Le voci del menu con una piccola freccia sul lato destro contengono un sottomenu.

Figura 80: menu contestuale

Formattazione delle linee

In LibreOffice il termine *linea* indica sia un segmento di retta (linea), sia il margine esterno di una forma (bordo), sia una freccia. Nella maggior parte dei casi le proprietà della linea che potete modificare sono il suo stile (linea continua, tratteggiata, invisibile, e così via), il suo spessore e il suo colore.

Per modificare le opzioni più comuni, evidenziate in Figura 81, selezionate la linea da formattare e poi utilizzate i controlli della barra degli strumenti Stile e riempimento.

Figura 81: proprietà comuni delle linee (stile, colore, spessore)

Se avete la necessità di regolare nei minimi dettagli l'aspetto di una linea, scegliete **Formato > Linea** dalla barra dei menu, oppure fate clic con il pulsante destro del mouse sulla linea e

selezionate **Linea** dal menu contestuale, oppure ancora selezionate l'icona **Linea** dalla barra degli strumenti Stile e riempimento. Tutti questi metodi consentono di aprire la finestra di dialogo Linea (Figura 82), dove potete impostare le proprietà della linea. Questa finestra di dialogo è composta da quattro schede: *Linea*, *Ombreggiatura*, *Stili linee*, e *Estremità linee*.

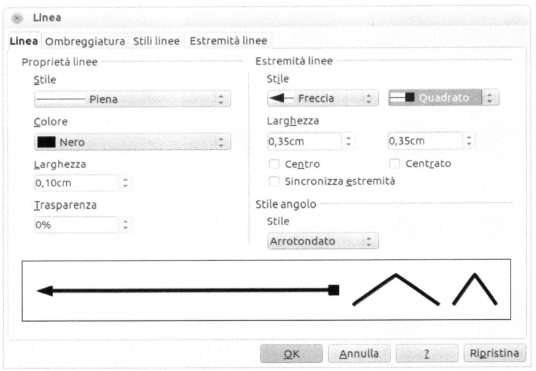

Figura 82: finestra di dialogo Linea

Proprietà della linea

La scheda *Linea* permette di impostare i parametri di base della linea ed è divisa in quattro sezioni, come mostrato di seguito.

Sezione Proprietà linee

La sezione *Proprietà Linee* sul lato sinistro permette di impostare i seguenti parametri:

- **Stile linea**: dall'elenco a discesa sono disponibili diversi stili di linea; è inoltre possibile, se necessario, definirne altri.
- **Colore**: scegliete uno dei colori predefiniti dall'elenco a discesa oppure create un nuovo colore.
- **Larghezza**: specifica lo spessore della linea.
- **Trasparenza**: imposta la trasparenza della linea. La Figura 83 mostra l'effetto di diverse percentuali dei livelli di trasparenza delle linee quando queste vengono sovrapposte a un oggetto.

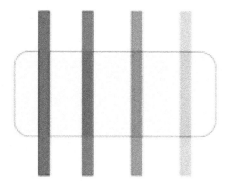

Figura 83: effetto della trasparenza sulle linee (0%, 25%, 50%, 75% da sinistra a destra)

Sezione Estremità linee

La sezione *Estremità linee* della finestra di dialogo *Linea* è utilizzabile solo su linee singole e non può essere usata per linee che fanno parte dei bordi di una forma.

- **Stile**: permette di impostare lo stile delle due estremità della linea. L'elenco a discesa di sinistra serve per l'estremità iniziale della linea, mentre quello a destra serve per l'estremità alla fine della linea.
- **Larghezza**: consente di specificare lo spessore delle estremità
- **Centro**: permette di fare coincidere il centro delle estremità con il punto finale della linea. La Figura 84 mostra l'effetto di questa opzione.
- **Sincronizza estremità**: rende identiche le due estremità della linea.

Figura 84: estremità predefinite (a sinistra) ed estremità centrate (a destra)

Estremità linea

Un modo rapido per impostare le estremità di una linea selezionata è quello di fare clic sull'icona

Stile estremità linea ![icona] nella barra degli strumenti Stile e riempimento. In tal modo si aprirà il menu *Estremità linea* (Figura 85), dal quale potete selezionare uno dei tanti stili di estremità preimpostati per la parte iniziale e la parte finale della linea selezionata.

Nota	Le estremità linea possono essere usate solo per le linee; non hanno effetto sul bordo di un oggetto.

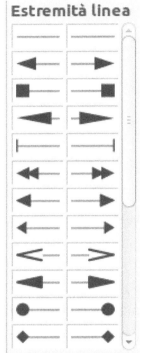

Figura 85: menu Estremità linea

Sezione Stile angolo

Lo stile d'angolo determina l'aspetto della connessione tra due segmenti. Nel menu a comparsa sono disponibili quattro opzioni. Per apprezzare la differenza tra gli stili d'angolo, scegliete uno stile linea con una linea spessa e osservate i cambiamenti nell'anteprima.

Sezione di anteprima

La parte inferiore della scheda *Linea* mostra l'anteprima dello stile applicato a una linea e ai suoi angoli, in modo che sia possibile valutare la selezione dello stile d'angolo.

Ombreggiatura della linea

Utilizzate la scheda *Ombreggiatura* (Figura 86) della finestra di dialogo *Linea* per aggiungere e formattare l'ombra della linea. Le impostazioni presenti in questa scheda sono le stesse di quelle per le ombre applicate ad altri oggetti e sono descritte nella sezione "Formattazione delle ombre" a pagina 98.

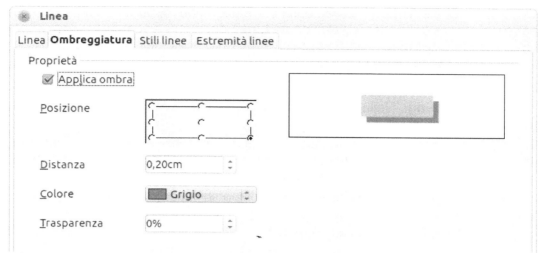

Figura 86: scheda Ombreggiatura della finestra di dialogo Linea

Un modo più veloce per applicare l'ombra a una linea consiste nell'usare l'icona **Ombra**
presente nella barra degli strumenti Stile e riempimento. Lo svantaggio principale, usando l'icona **Ombra**, è che l'aspetto dell'ombra sarà vincolato alle impostazioni dell'ombra dello stile grafico predefinito.

Stili di linea

Per creare nuovi stili di linea, così come per caricare stili di linea precedentemente salvati, usate la scheda *Stili linee* (Figura 87) della finestra di dialogo Linea. Normalmente è preferibile creare nuovi stili, piuttosto che modificare quelli preimpostati.

Figura 87: creazione di stili di linea

Creazione di stili di linea

Per creare un nuovo stile di linea:

1) Scegliete la voce **Formato > Linea** dalla barra dei menu, oppure fate clic con il pulsante destro del mouse sulla linea e selezionate **Linea** dal menu a comparsa, oppure ancora selezionate l'icona **Linea** dalla barra degli strumenti Stile e riempimento.

2) Fate clic sulla scheda **Stili linee**.

3) Selezionate dal menu a comparsa **Stile linea** uno stile simile a quello che volete creare.

4) Fate clic su **Aggiungi**. Nella finestra di dialogo che compare digitate un nome per il nuovo stile di linea e fate clic su **OK**.

5) Ora definite il nuovo stile. Iniziate selezionando il tipo di linea per il nuovo stile. Per alternare due tipi di linea (ad esempio, trattini e puntini) all'interno di una sola linea, selezionate tipi differenti nei due riquadri **Tipo**.

6) Specificate il **Numero** e la **Lunghezza** (non disponibile per lo stile a punti) di ciascuno dei tipi di linea selezionati.

7) Impostate la **Spaziatura** tra i vari elementi.

8) Se necessario, selezionate l'opzione **Adatta a spessore linea**, in modo che il nuovo stile si adatti allo spessore della linea selezionata.

9) Il nuovo stile di linea è disponibile solo nel documento corrente. Se desiderate utilizzare lo stile di linea in altri documenti, fate clic sull'icona **Salva file stili linea** 🖫 e digitate un nome file univoco nella finestra di dialogo *Salva con nome* che si apre. Gli stili salvati hanno l'estensione file .sod.

10) Per utilizzare stili di linea salvati precedentemente, fate clic sull'icona **Carica file stili linea** 🗁 e selezionate uno stile dall'elenco di stili salvati. Fate clic su **Apri** per caricare lo stile nel documento.

11) Se necessario, fate clic sul pulsante **Modifica** per cambiare il nome dello stile.

Usate la scheda *Estremità linee* (Figura 88) della finestra di dialogo Linea per creare nuovi stili per le estremità, modificarne di esistenti, oppure per caricare stili per le estremità precedentemente salvati.

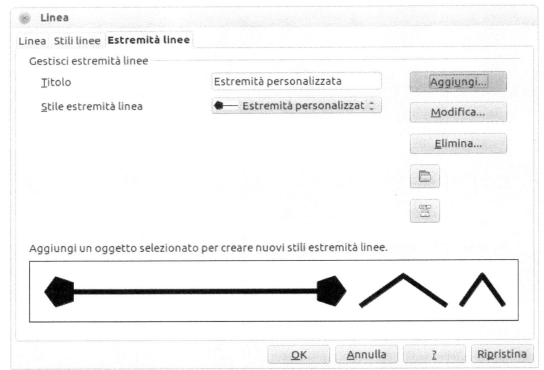

Figura 88: creazione di stili per le estremità di linea

Creazione di stili per le estremità di linea

Per creare un nuovo stile per le estremità delle linee:

1) Per prima cosa disegnate una curva nella forma che desiderate utilizzare per l'estremità, oppure create una forma e convertitela in una curva. La parte superiore della forma deve essere rivolta verso l'alto, come mostrato in Figura 89, perché questa diventa il punto dell'estremità.

Figura 89: utilizzo di forme per gli stili delle estremità

Nota	L'estremità della linea deve essere una curva, da intendersi come qualcosa che potete disegnare senza sollevare la matita dal foglio. Ad esempio, una stella ☆ può essere una curva, mentre una faccina "smiley" ☺ non può essere una curva.

2) Selezionate la forma e, se necessario, fate clic con il pulsante destro del mouse e scegliete **Converti > In curva** per convertire la forma in una curva. Se la forma è già una curva, l'opzione **In curva** non sarà disponibile.

3) Con le maniglie di selezione visualizzate, selezionate **Formato > Linea** dalla barra dei menu, oppure fate clic con il pulsante destro del mouse e scegliete **Linea** dal menu contestuale.

4) Passate alla scheda *Estremità linee*, fate clic sul pulsante **Aggiungi**, digitate un nome per il nuovo stile di estremità, quindi fate clic su **OK**. Il nuovo stile di estremità di linea verrà mostrato nell'anteprima.

5) Ora potete accedere al nuovo stile dall'elenco Stile estremità linea. Quando selezionate il nome del nuovo stile, questo viene visualizzato nella parte inferiore della finestra di dialogo.

6) Il nuovo stile di estremità di linea è disponibile solo nel documento corrente. Se volete usare questo stile di estremità di linea in altri documenti, fate clic sull'icona **Salva file estremità linee** 🖫 e digitate un nome di file univoco nella finestra di dialogo *Salva con nome* che si apre. Gli stili salvati hanno l'estensione file .soe.

7) Per usare gli stili di estremità precedentemente salvati, fate clic sull'icona **Carica file estremità linee** 🗁 e selezionate uno stile dall'elenco di stili salvati. Fate clic su **Apri** per caricare lo stile nel documento.

8) Se necessario fate clic sul pulsante **Modifica** per cambiare il nome dello stile.

Formattazione dell'area di riempimento

Il termine **riempimento dell'area** si riferisce all'interno di un oggetto, che può essere un colore uniforme, una sfumatura, un tratteggio, o una bitmap (Figura 90). Il riempimento dell'area può essere parzialmente o totalmente trasparente e può proiettare un'ombra.

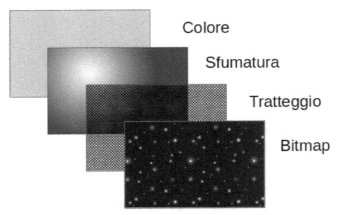

Figura 90: differenti tipi di riempimento d'area

La barra degli strumenti Stile e riempimento contiene la maggior parte degli strumenti normalmente usati per formattare oggetti grafici. Se questa barra non è visualizzata, scegliete la voce **Visualizza > Barre degli strumenti > Stile e riempimento** dalla barra dei menu. Potete anche ricorrere alla finestra di dialogo Area, come descritto nella sezione "Uso della finestra di dialogo Area" a pagina 86.

Per formattare l'area di un oggetto selezionatelo, così da fare comparire le maniglie di selezione. Dalla barra degli strumenti Stile e riempimento è disponibile un ampio numero di riempimenti predefiniti (Figura 91). Selezionate dal menu a discesa Colore il tipo di riempimento desiderato (Figura 92). Se non desiderate alcun riempimento, selezionate *Invisibile*.

Una volta deciso un riempimento predefinito o personalizzato, potete rifinire ulteriormente aggiungendo un'ombra o una trasparenza.

Figura 91: opzioni comuni di riempimento evidenziate

Figura 92: tipi di riempimento d'area

Riempimento area con il colore

Per modificare il riempimento area di un oggetto utilizzando un colore (Figura 93):

1) Selezionate l'oggetto che volete modificare.
2) Sulla barra degli strumenti Stile e riempimento, selezionate **Colore** dall'elenco a discesa.
3) Selezionate un colore dall'elenco a discesa.

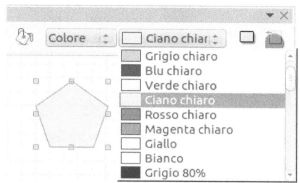

Figura 93: riempimento area con il colore

Riempimento area con una sfumatura

Un riempimento sfumato fornisce una transizione morbida da un colore all'altro. La sequenza di transizione può variare da una semplice transizione lineare a una più complessa transizione radiale. Per modificare il riempimento d'area di un oggetto con una sfumatura (Figura 94) procedete seguendo questi passaggi:

1) Selezionate l'oggetto che volete modificare.
2) Sulla barra degli strumenti Stile e riempimento selezionate **Sfumatura** dall'elenco a discesa.
3) Selezionate una sfumatura dall'elenco a discesa.

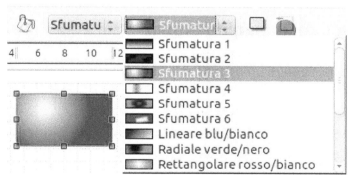

Figura 94: riempimento area con una sfumatura

Riempimento area con tratteggio o linea

Quando viene applicato un riempimento con tratteggio, questo copre tutta l'area dell'oggetto selezionato. Per cambiare il riempimento d'area di un oggetto con un tratteggio (Figura 95) procedete come segue:

1) Selezionate l'oggetto che volete modificare.
2) Sulla barra degli strumenti Stile e riempimento selezionate **Tratteggio** dall'elenco a discesa.
3) Selezionate un riempimento tratteggiato dall'elenco a discesa.

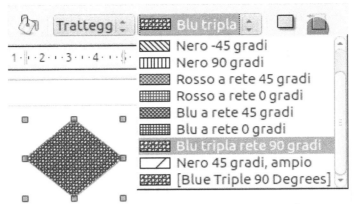

Figura 95: riempimento area con un tratteggio

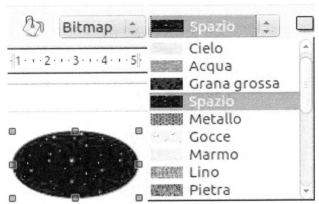

Figura 96: riempimento area con un'immagine bitmap

Riempimento area con immagine bitmap

È possibile riempire un oggetto solo con un'immagine bitmap, non con un'immagine vettoriale. Per cambiare il riempimento dell'area di un oggetto sostituendolo con un'immagine bitmap (Figura 96) seguite questi passaggi:

1) Selezionate l'oggetto che volete modificare.
2) Sulla barra degli strumenti Stile e riempimento selezionate **Bitmap** dall'elenco a discesa.
3) Selezionate un riempimento bitmap dall'elenco a discesa.

Uso della finestra di dialogo Area

Oltre a utilizzare la barra degli strumenti Stile e riempimento, è possibile ricorrere alla finestra di dialogo Area per applicare riempimenti d'area esistenti o creare il proprio riempimento d'area. Per

aprirla, scegliete la voce **Formato > Area** dalla barra dei menu, o fate clic sull'icona Area sulla barra degli strumenti Stile e riempimento, oppure ancora fate clic con il pulsante destro del mouse sull'oggetto e selezionate **Area**.

Potete utilizzare la scheda *Area* per applicare i riempimenti predefiniti, sia quelli forniti da LibreOffice che quelli da voi creati.

Usate le schede *Colori*, *Sfumature*, *Tratteggio* e *Bitmap* per definire nuovi riempimenti, come descritto nella sezione "Creazione di nuovi riempimenti area" a pagina 89. La scheda *Trasparenza* è discussa nella sezione "Formattazione della trasparenza" a pagina 98. Per fare in modo che l'oggetto proietti un'ombra, vedete "Formattazione delle ombre" a pagina 98.

Per applicare un riempimento di area, prima selezionate nell'elenco a discesa in alto a sinistra il tipo di riempimento desiderato. La scheda cambia per mostrare, nella sezione centrale, l'elenco degli stili predefiniti per quel tipo di riempimento.

Nota	Nella finestra di dialogo Area, l'opzione per non utilizzare alcun riempimento è *Nessuno* invece di *Invisibile*.

Quando si utilizza la scheda Area della finestra di dialogo Area, alcune opzioni aggiuntive potrebbero diventare disponibili dopo aver selezionato il tipo di riempimento e uno degli stili di riempimento disponibili.

- Per i riempimenti con il colore, selezionate **Colore** dall'elenco a discesa e poi selezionate il colore desiderato dalla lista dei colori disponibili (Figura 97). Fate clic sul pulsante **OK** e il colore di riempimento apparirà nella forma selezionata.

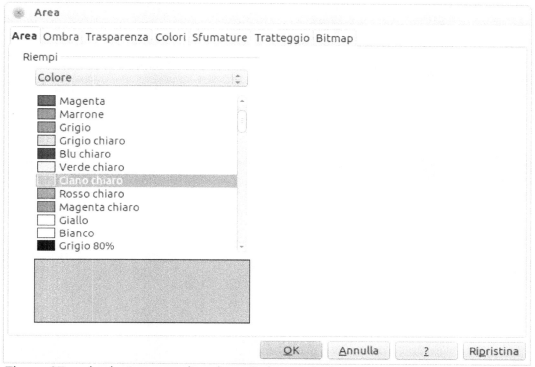

Figura 97: scheda Area con l'opzione Colore selezionata

- Per i riempimenti con una sfumatura, selezionate **Sfumatura** dall'elenco a discesa e poi selezionate la sfumatura desiderata fra quelle disponibili nella lista (Figura 98). Fate clic sul pulsante **OK** e la sfumatura di riempimento apparirà nella forma selezionata. È possibile cambiare il numero di passaggi (incrementi) da applicare alla transizione della sfumatura. Per fare ciò, deselezionate l'opzione **Automatico** nell'area *Incrementi* e poi inserite il numero di passaggi desiderati nella casella a destra.

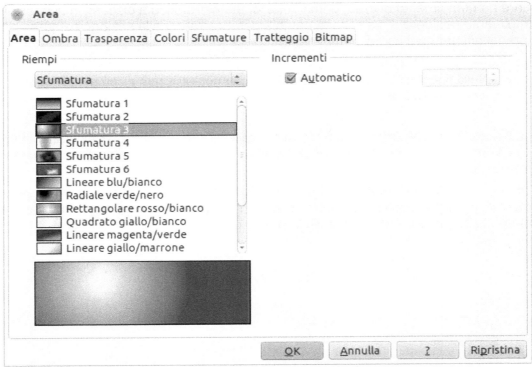

Figura 98: scheda Area con l'opzione Sfumatura selezionata

- Per i riempimenti con un tratteggio, selezionate **Tratteggio** dall'elenco a discesa, quindi il tratteggio desiderato dalla lista dei tratteggi disponibili (Figura 99). Fate clic sul pulsante **OK** e il tratteggio di riempimento apparirà nella forma selezionata. È possibile applicare un diverso colore di sfondo selezionando l'opzione **Colore di sfondo** e scegliendo il colore dal menu a discesa.

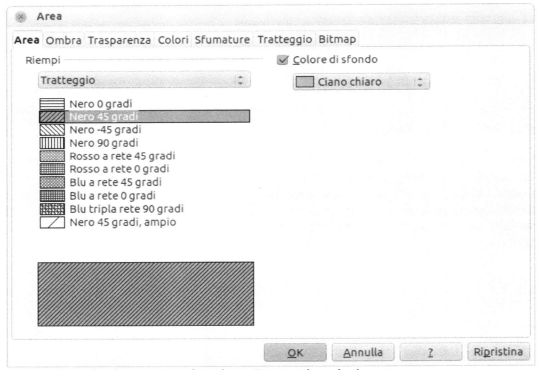

Figura 99: scheda Area con l'opzione Tratteggio selezionata

- Per i riempimenti con un'immagine bitmap, selezionate **Bitmap** dall'elenco a discesa, quindi l'immagine bitmap desiderata dalla lista di immagini disponibili (Figura 100). Fate clic sul pulsante **OK** e l'immagine bitmap di riempimento apparirà nella forma selezionata. È possibile personalizzare un gran numero di parametri. Per ulteriori informazioni fate riferimento a "Lavorare con i riempimenti bitmap" a pagina 94.

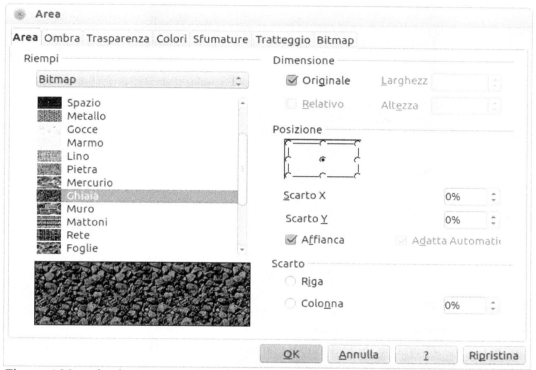

Figura 100: scheda Area con l'opzione Bitmap selezionata

Creazione di nuovi riempimenti area

Le seguenti sezioni descrivono come creare nuovi riempimenti e come applicarli.

Sebbene sia possibile modificare le caratteristiche di un riempimento esistente e poi fare clic sul pulsante **Modifica**, si raccomanda di creare nuovi riempimenti o modificare riempimenti personalizzati, piuttosto che alterare quelli predefiniti, poiché questi potrebbero essere ripristinati quando aggiornate LibreOffice.

Creare colori personalizzati

Nella scheda *Colori* (Figura 101), potete modificare i colori esistenti o crearne di vostri. Potete inoltre specificare un nuovo colore, sia come combinazione dei tre colori primari rosso, verde e blu (notazione RGB), sia come percentuali di ciano, magenta, giallo e nero (notazione CMYK).

Per creare un nuovo colore:

1) Inserite il nome del colore nella casella *Nome*.
2) Scegliete se definire il colore in RGB o CMYK. Per RGB specificate le componenti di rosso (R), verde (G) e blu (B) in una scala da 0 a 255. Per CMYK specificate le componenti di ciano (C), magenta (M), giallo (Y) e nero (K) da 0% a 100%.
3) Fate clic sul pulsante **Aggiungi**. Il colore viene così aggiunto all'elenco a discesa *Colore*.

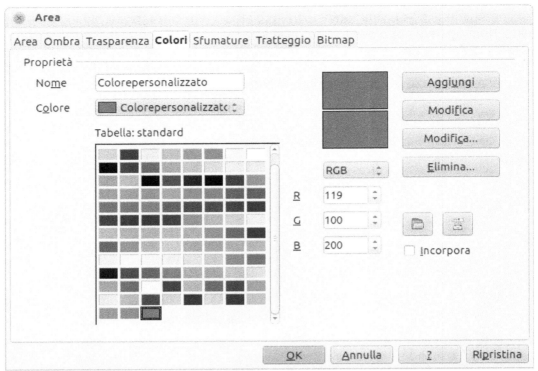

Figura 101: creazione di un nuovo colore

Per modificare un colore:

1) Selezionate dall'elenco il colore da modificare.
2) Inserite i nuovi valori che definiscono il colore in RGB o CMYK.
3) Modificate il nome come desiderate.
4) Fate clic sul pulsante **Modifica**.

In alternativa, per modificare un colore:

1) Fate clic sul pulsante **Modifica...** per aprire la finestra di dialogo Selettore di colore (Figura 102).

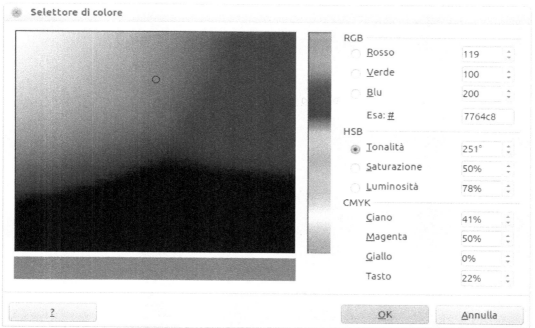

Figura 102: modifica di un colore

2) Modificate le componenti del colore come desiderate, utilizzando RGB, CMYK o HSB (Hue, Saturation, Brightness - Tonalità, Saturazione, Luminosità).

3) Fate clic su **OK** per uscire dalla finestra di dialogo Selettore di colore.

4) Fate clic sul pulsante **Modifica** nella scheda Colore, quindi fate clic sul pulsante **OK**.

Il nuovo colore creato è disponibile solo nel documento corrente. Se volete usare questo colore in altri documenti, fate clic sull'icona **Salva lista colori** 🖫 e digitate un nome file univoco nella finestra di dialogo **Salva con nome** che si apre. La lista di colori salvata ha estensione file .soc.

Per utilizzare una lista di colori salvata precedentemente, fate clic sull'icona **Carica lista colori** 🗁 e selezionate il file dalla finestra di dialogo Apri file. Fate clic su **Apri** per caricare l'elenco di colori in Draw.

Suggerimento	Potete anche aggiungere colori personalizzati usando **Strumenti > Opzioni > LibreOffice > Colori**. Utilizzando questo metodo il colore viene reso disponibile in tutti i componenti di LibreOffice.

Creare sfumature personalizzate

Per creare una nuova sfumatura o per modificarne una esistente, selezionate la scheda Sfumature nella finestra di dialogo Area (Figura 103). Diversi tipi di sfumature sono predefiniti e nella maggior parte dei casi modificare i colori dagli elenchi a discesa *Da* e *A* sarà sufficiente per ottenere il risultato desiderato.

È opportuno creare una nuova sfumatura anche se volete solo cambiare i due colori, piuttosto che modificare le sfumature predefinite, che dovrebbero essere usate solo come punto di partenza.

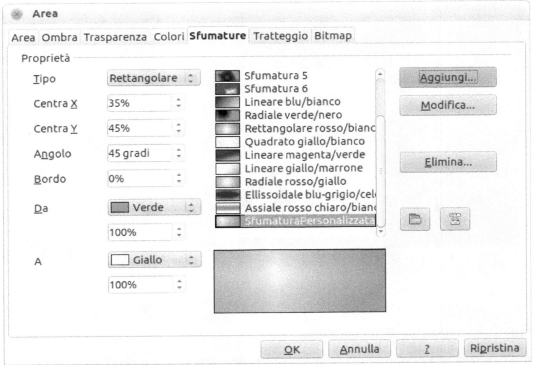

Figura 103: creazione di una nuova sfumatura

Per creare una nuova sfumatura:

1) Per prima cosa scegliete i colori dagli elenchi a discesa *Da* e *A*.

2) Scegliete poi un tipo di sfumatura dal menu a tendina: Lineare, Assiale, Radiale, Ellissoidale, Quadrato o Rettangolare.

3) Sotto l'elenco delle sfumature disponibili, al centro della finestra di dialogo, viene mostrata un'anteprima del tipo di sfumatura.

4) A seconda del tipo scelto alcune opzioni saranno disattivate. Impostate tutte le proprietà secondo le vostre esigenze (molto spesso i valori predefiniti andranno bene). Le proprietà da impostare per creare una sfumatura sono riassunte nella Tabella 6.

5) Fate clic sul pulsante **Aggiungi** per aggiungere la sfumatura appena creata all'elenco.

La nuova sfumatura creata è disponibile solo nel documento corrente. Se desiderate utilizzare questa sfumatura in altri documenti, fate clic sull'icona **Salva lista sfumature** 🖫 e digitate un nome file univoco nella finestra di dialogo **Salva con nome** che si apre. La lista delle sfumature salvata ha estensione file .sog.

Per utilizzare un elenco di sfumature precedentemente salvato, fate clic sull'icona **Carica lista sfumature** 🗁 e selezionate il file dalla finestra di dialogo Apri file. Fate clic su **Apri** per caricare la lista delle sfumature salvate in Draw.

Tabella 6: proprietà sfumature

Proprietà	Significato
Centra X	Per sfumature Radiali, Ellissoidali, Quadrate e Rettangolari, modificate questi valori per impostare lo spostamento orizzontale del centro della sfumatura.
Centra Y	Per sfumature Radiali, Ellissoidali, Quadrate e Rettangolari, modificate questi valori per impostare lo spostamento verticale del centro della sfumatura.
Angolo	Per tutti i tipi di sfumatura, specifica l'angolo dell'asse della sfumatura.

Proprietà	Significato
Bordo	Aumentate questo valore per spostare l'inizio della sfumatura più lontano dal bordo della forma.
Da	Il colore di partenza per la sfumatura. Nella casella di modifica sottostante immettete l'intensità del colore: 0% corrisponde al nero, 100% al colore pieno.
A	Il colore di arrivo per la sfumatura. Nella casella di modifica sottostante immettete l'intensità del colore: 0% corrisponde al nero, 100% al colore pieno.

Creare modelli di tratteggio personalizzati

Per creare nuovi modelli di tratteggio o modificare quelli esistenti, selezionate la scheda *Tratteggio* della finestra di dialogo Area (Figura 104). Come per le sfumature e i colori, è preferibile creare un nuovo modello di tratteggio anziché modificarne uno predefinito. Le proprietà che possono essere impostate per un modello di tratteggio sono mostrate nella Tabella 7.

Per creare un nuovo modello di tratteggio:

1) Selezionate come punto di partenza un modello simile a quello da creare.

2) Modificate le proprietà delle linee che formano il modello. Nella finestra sottostante i modelli disponibili viene visualizzata un'anteprima.

3) Fate clic sul pulsante **Aggiungi** e scegliete un nome per il tratteggio appena creato.

Il nuovo modello di tratteggio creato è disponibile solo nel documento corrente. Se desiderate utilizzare questo modello in altri documenti, fate clic sull'icona **Salva lista tratteggi** 💾 e digitate un nome file univoco nella finestra di dialogo **Salva con nome** che si apre. La lista dei tratteggi salvata ha l'estensione file .soh.

Per utilizzare un elenco di tratteggi precedentemente salvato, fate clic sull'icona **Carica lista tratteggi** 📂 e selezionate il file dalla finestra di dialogo Apri file. Fate clic su **Apri** per caricare la lista dei tratteggi salvati in Draw.

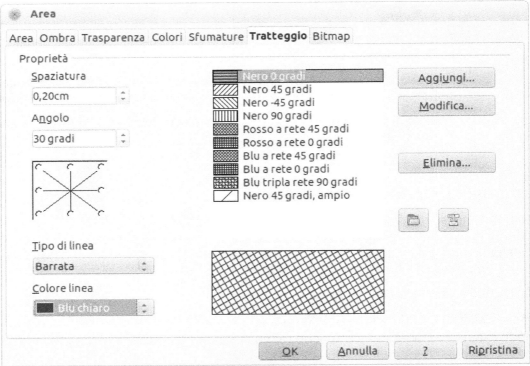

Figura 104: creazione di un nuovo modello di tratteggio

Tabella 7: proprietà dei modelli di tratteggio

Proprietà	Significato
Spaziatura	Consente di determinare la spaziatura tra due linee del modello. Non appena il valore cambia la finestra di anteprima viene aggiornata.
Angolo	Utilizzate la piccola mappa sotto il valore numerico per impostare rapidamente l'angolo formato dalla linea a multipli di 45 gradi. Se l'angolo desiderato non è un multiplo di 45 gradi, inserite solamente il valore nella casella di modifica.
Tipo di linea	Impostate una linea singola, barrata o tripla per lo stile del modello.
Colore linea	Utilizzate l'elenco per selezionare il colore delle linee che formeranno il modello.

Lavorare con i riempimenti bitmap

Nella scheda Area scegliete *Bitmap* dall'elenco a discesa. Selezionate dall'elenco di immagini bitmap quella da utilizzare per riempire l'area. Notate che qualsiasi immagine bitmap importata sarà disponibile nell'elenco.

Impostate le dimensioni, la posizione e i parametri di spostamento (a seconda dei casi) sul lato destro della scheda, poi fate clic su **OK** per chiudere la finestra di dialogo.

Come mostra la Figura 105, ci sono diversi parametri da configurare quando si utilizza un riempimento con un'immagine bitmap. Questi sono descritti nella Tabella 8.

Figura 105: formattazione avanzata per riempimento con immagini bitmap

Tabella 8: proprietà riempimento con immagini bitmap

Proprietà	Significato
Dimensione – Originale	Selezionate questa casella per mantenere le dimensioni originali dell'immagine bitmap.
Dimensione – Relativa	Per ridimensionare l'oggetto deselezionate Originale e selezionate Relativo. Le caselle di modifica Larghezza e Altezza vengono abilitate.
Dimensione – Larghezza	Quando è selezionato Relativo, 100% significa che la larghezza originale dell'immagine bitmap verrà ridimensionata per occupare l'intera larghezza dell'area di riempimento, 50% significa che la larghezza dell'immagine bitmap sarà la metà di quella dell'area di riempimento.
Dimensione – Altezza	Quando è selezionato Relativo, 100% significa che l'altezza originale dell'immagine bitmap verrà ridimensionata per occupare l'intera altezza dell'area di riempimento, 50% significa che l'altezza dell'immagine bitmap sarà la metà di quella dell'area di riempimento.
Posizione – Mappa ancoraggio	Selezionate dalla mappa la posizione, all'interno dell'area, a cui l'immagine bitmap deve essere ancorata.
Posizione – Affianca	Quando questa opzione è selezionata, l'immagine bitmap verrà affiancata per riempire l'area. Le dimensioni dell'immagine bitmap utilizzata per l'affiancamento è determinata dalle impostazioni delle dimensioni.
Posizione – Scarto X	Quando l'opzione Affianca è abilitata, inserite in questa casella lo spostamento per la larghezza dell'immagine bitmap in valori percentuali. Uno scarto del 50% significa che la parte centrale dell'immagine bitmap verrà posizionata nel punto di ancoraggio, iniziando l'affiancamento da tale punto.
Posizione – Scarto Y	Questo parametro ha un effetto simile allo scarto X, ma influisce sull'altezza dell'immagine bitmap.

Proprietà	Significato
Posizione – Adatta automaticamente	Allunga l'immagine bitmap per riempire l'intera area. Selezionando questa opzione verranno disabilitate tutte le impostazioni relative alle dimensioni.
Scarto – Riga	Se l'opzione Affianca è abilitata, corregge le righe delle immagini bitmap affiancate della percentuale immessa nella casella, in modo che due righe successive non siano allineate.
Scarto – Colonna	Se l'opzione Affianca è abilitata, corregge le colonne delle immagini bitmap affiancate della percentuale immessa nella casella, in modo che due colonne successive non siano allineate.

Il modo migliore per comprendere il funzionamento di questi parametri è di usarli. La Figura 106 mostra alcuni esempi di riempimenti con immagini bitmap e i parametri utilizzati.

Figura 106: esempi di riempimento con immagini bitmap

Creare e importare immagini bitmap

È possibile aggiungere (importare) nuove immagini bitmap da usare come riempimento, o creare un proprio modello su una griglia 8x8 usando la scheda *Bitmap* della finestra di dialogo Area (Figura 107).

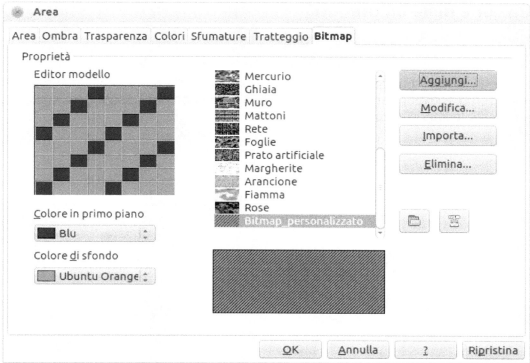

Figura 107: creazione di una nuova immagine bitmap

Per creare un'immagine bitmap di riempimento:

1) Iniziate con il tipo di immagine bitmap **Vuoto** in cima all'elenco per attivare l'**Editor modello**.

2) Selezionate il **Colore in primo piano** e il **Colore di sfondo**.

3) Iniziate a creare il modello facendo clic con il pulsante sinistro del mouse sui quadrati (pixel) che volete nel colore di primo piano. Utilizzate il pulsante destro del mouse per applicare il colore di sfondo. Controllate la finestra di anteprima per verificare se state ottenendo l'effetto desiderato.

4) Al termine fate clic su **Aggiungi** per salvare il modello.

Per importare un'immagine bitmap creata in un altro programma:

1) Fate clic sul pulsante **Importa**.

2) Verrà visualizzata una finestra di selezione file che mostra un elenco di tipi di file compatibili. Navigate fino alla cartella contenente il file dell'immagine bitmap e selezionatelo, quindi fate clic su **Apri**.

3) Digitate un nome per l'immagine bitmap importata e fate clic su **OK**.

La nuova immagine bitmap è disponibile solo nel documento corrente. Se desiderate usare questa immagine bitmap in altri documenti, fate clic sull'icona **Salva lista bitmap** e digitate un nome file univoco nella finestra di dialogo **Salva con nome** che si apre. L'elenco di immagini bitmap salvato ha l'estensione file .sob.

Per utilizzare un elenco di immagini bitmap precedentemente salvato, fate clic sull'icona **Carica lista bitmap** e selezionate il file dalla finestra di dialogo Apri file. Fate clic su **Apri** per caricare l'elenco delle immagini bitmap in Draw.

Formattazione delle ombre

L'ombreggiatura può essere applicata a linee, forme e testo.

Per applicare rapidamente un'ombreggiatura solamente a una linea o a una forma, selezionate prima la linea o la forma e poi fate clic sull'icona **Ombra** ![icona] sulla barra degli strumenti Stile e riempimento. L'ombreggiatura applicata con questo metodo non può essere personalizzata; vengono applicate le impostazioni predefinite.

Figura 108: personalizzazione di un'ombreggiatura

Per applicare in modo più flessibile un'ombreggiatura a una linea, forma o testo, selezionate prima l'oggetto, quindi selezionate **Formato > Area** per aprire la finestra di dialogo Area. Fate clic sulla linguetta **Ombra** per aprire la relativa scheda (Figura 108). Questo vi permetterà di impostare le seguenti proprietà per l'ombreggiatura.

- **Posizione**: consente di selezionare il punto che determina la direzione in cui l'ombra viene proiettata.
- **Distanza**: permette di determinare la distanza tra l'oggetto e l'ombra.
- **Colore**: permette di impostare il colore dell'ombra.
- **Trasparenza**: permette di determinare l'entità della trasparenza per l'ombra.

Formattazione della trasparenza

La trasparenza è applicabile sia agli oggetti che alle ombre. Per applicare la trasparenza alle linee, fate riferimento alla sezione "Formattazione delle linee" a pagina 78; per le ombre, fate riferimento alla sezione "Formattazione delle ombre" a pagina 98.

Per applicare la trasparenza agli oggetti, selezionate l'oggetto e poi selezionate il menu **Formato > Area** per aprire la finestra di dialogo Area. Fate clic sulla linguetta **Trasparenza** per aprire la relativa scheda (Figura 109).

Sono disponibili due tipi di trasparenza: *trasparenza uniforme* e *trasparenza sfumata*.

Per creare una trasparenza uniforme, selezionate **Trasparenza** e impostate poi la percentuale di trasparenza desiderata.

Per creare una trasparenza sfumata (in modo che l'area diventi gradualmente trasparente) selezionate **Sfumatura** e poi impostate i relativi parametri. Fate riferimento alla Tabella 9 per una descrizione delle proprietà.

Potete trovare ulteriori informazioni sulla trasparenza sfumata, incluso un esempio di come combinare sfumature di colore con trasparenze sfumate, nella sezione "Controlli avanzati sulla sfumatura" a pagina 100.

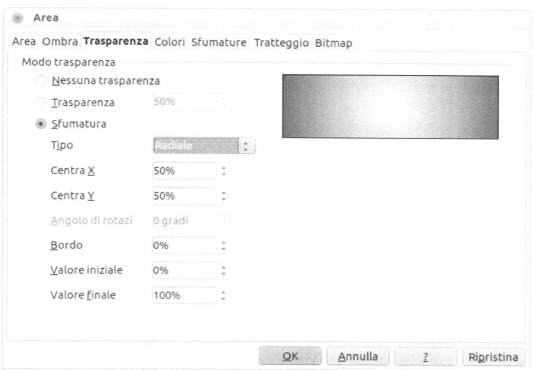

Figura 109: impostazione della trasparenza di un oggetto

Tabella 9: proprietà della trasparenza con sfumature

Proprietà	Significato
Centra X	Per le sfumature Radiale, Ellissoidale, Quadratico e Quadrato, cambiate questi valori per impostare lo spostamento orizzontale del centro della sfumatura.
Centra Y	Per le sfumature Radiale, Ellissoidale, Quadratico e Quadrato, cambiate questi valori per impostare lo spostamento verticale del centro della sfumatura.
Angolo	Per le sfumature Lineare, Assiale, Ellissoidale, Quadratico e Quadrato, permette di specificare l'angolo dell'asse della sfumatura.
Bordo	Aumentate questo valore per spostare l'inizio della sfumatura più lontano dal bordo dell'oggetto.
Valore iniziale	Valore di partenza per la sfumatura della trasparenza. 0% indica l'opacità totale, 100% significa completamente trasparente.
Valore finale	Valore di arrivo per la sfumatura della trasparenza. 0% indica l'opacità totale, 100% significa completamente trasparente.

Controlli avanzati sulla sfumatura

Come discusso nella sezione "Creare sfumature personalizzate" a pagina 91, le proprietà della sfumatura possono essere configurate tramite le proprietà indicate nella finestra di dialogo mostrata nella Figura 103 e nella Tabella 6.

Per utilizzare questo strumento, selezionate un oggetto con una sfumatura, poi fate clic sull'icona

Sfumatura  nella barra degli strumenti **Modo** (Figura 110). Verrà così visualizzata una linea tratteggiata che collega due quadrati colorati. I colori mostrati sono gli stessi dei campi **Da** e **A**, usati per la sfumatura selezionata (Figura 111).

- Per **sfumature lineari**: spostate il quadrato corrispondente al colore *Da* per cambiare il punto in cui inizia la sfumatura (valore bordo). Spostate il quadrato corrispondente al colore *A* per cambiare l'orientamento (valore angolo).

- Per **sfumature assiali**: potete spostare solo il colore *A* per modificare sia le proprietà del bordo che quelle dell'angolo della sfumatura.

Figura 110: barra degli strumenti Modo

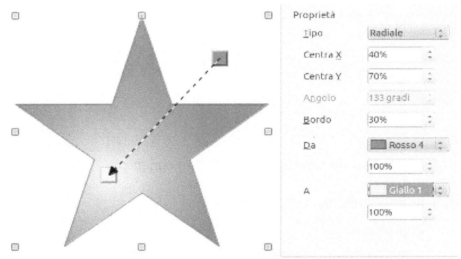

Figura 111: sfumatura da Rosso 4 a Giallo 1

- Per **sfumature radiali**: spostate il colore *Da* per modificare la proprietà relativa al bordo e impostare così la larghezza della sfumatura circolare. Spostate il colore *A* per cambiare il punto in cui la sfumatura finisce (Valori Centro X e Centro Y).

- Per **sfumature ellissoidali**: spostate il colore *Da* per modificare la proprietà relativa al bordo e impostare così le dimensioni della sfumatura ellissoidale. Spostate il colore *A* per modificare l'angolo dell'asse dell'ellissoide e l'asse stesso.

- Per sfumature **quadrate e rettangolari**: spostate il colore *Da* per modificare il bordo e impostare così le dimensioni della sfumatura quadrata o rettangolare e l'angolo della forma della sfumatura. Spostate il colore *A* per cambiare il centro della sfumatura.

Nota	Spostando i quadrati si otterranno effetti diversi a seconda del tipo di sfumatura. Ad esempio, per una sfumatura lineare, i quadrati iniziale e finale della sfumatura saranno sempre situati su entrambi i lati del punto centrale dell'oggetto.

Uso degli stili

Supponete di voler applicare lo stesso riempimento di area, spessore della linea e bordo a un gruppo di oggetti. Questa operazione ripetitiva può essere semplificata con l'utilizzo degli stili. Gli stili permettono di definire un modello di formattazione (uno stile) e successivamente di applicare quello stile a più oggetti. Per maggiori informazioni, consultate il *Capitolo 6 (Introduzione agli stili)* nella *Guida a Writer*.

Fate clic sull'icona **Stili e formattazione** ⬚ sulla barra degli strumenti **Stile e riempimento**, oppure premete il tasto *F11* per aprire la finestra di dialogo Stili e formattazione, quindi fate clic sull'icona Stili immagini ⬚ nell'angolo in alto a sinistra della finestra di dialogo (Figura 112). In questo modo verrà visualizzato un elenco degli stili disponibili per essere applicati agli elementi grafici.

Figura 112: finestra di dialogo Stili e formattazione

Stili grafici collegati

Gli stili grafici supportano l'ereditarietà; vale a dire, uno stile può essere collegato a un altro stile (originario), in modo che ne erediti tutte le relative impostazioni di formattazione. È possibile utilizzare questa proprietà per creare famiglie di stili.

Ad esempio, se avete bisogno di più caselle diverse per colore, ma per il resto formattate in maniera identica, il modo migliore di procedere è quello di definire uno stile generico per la casella, che comprenda i bordi, l'area di riempimento, il tipo di carattere, ecc., quindi creare una serie di stili gerarchicamente dipendenti, diversi solo nell'attributo del colore di riempimento. Se avete bisogno in seguito di modificare le dimensioni del carattere o lo spessore del bordo, è sufficiente cambiare lo stile principale (originario) e tutti gli altri stili collegati cambieranno di conseguenza.

Creazione di stili grafici

È possibile creare un nuovo stile grafico in due modi:

- Tramite la finestra di dialogo Stili e formattazione
- Tramite una selezione

Tramite la finestra di dialogo Stili e formattazione

Fate clic sull'icona Stili immagini 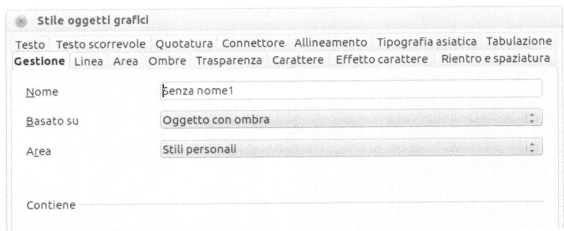 nella parte superiore sinistra della finestra di dialogo Stili e formattazione.

Per collegare un nuovo stile con uno stile esistente:

1) Selezionate lo stile che volete usare nella finestra di dialogo Stili e formattazione (Figura 112).

Figura 113: finestra di dialogo Stile oggetti grafici

2) Fate clic con il pulsante destro del mouse e selezionate **Nuovo** per aprire la finestra di dialogo Stile oggetti grafici (Figura 113).
3) Assegnate al nuovo stile grafico un nome facile da ricordare.
4) Potete utilizzare le diverse schede e caselle di testo nella finestra di dialogo Stile oggetti grafici per formattare e categorizzare il nuovo stile.
5) Al termine fate clic sul pulsante **OK** per salvare il nuovo stile grafico.

La finestra di dialogo Stile oggetti grafici è costituita da diverse schede che possono essere raggruppate come segue:

- La scheda Gestione contiene una sintesi dello stile e della sua posizione gerarchica.
- Le schede Carattere, Effetto carattere, Rientro e spaziatura, Allineamento, Tabulazione e Tipografia asiatica permettono di impostare le proprietà del testo inserito in una casella di testo o in un oggetto grafico.
- La scheda Quotatura viene utilizzata per impostare lo stile delle linee di quotatura.
- Le schede Testo, Testo scorrevole, Connettore, Linea, Area, Ombre e Trasparenza permettono di determinare la formattazione di un oggetto grafico.

Nota	Quando gli stili sono collegati, cambiando ad esempio il colore in uno stile verrà cambiato anche il colore in tutti gli stili ad esso collegati. A volte questo potrebbe essere esattamente ciò che desiderate; altre volte potreste non volere che le modifiche vengano applicate a tutti gli stili collegati. È consigliabile valutare preventivamente l'opportunità di collegare gli stili.

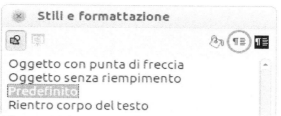

Figura 114: nuovo stile da selezione

Figura 115: assegnazione di un nome a un nuovo stile creato da una selezione

Lavorare con un oggetto selezionato

È possibile creare un nuovo stile da un oggetto che è già stato formattato. Potrebbe trattarsi di testo o di oggetti grafici:

1) Selezionate l'oggetto che volete usare per creare il nuovo stile.
2) Aprite la finestra di dialogo Stili e formattazione e fate clic sull'icona **Nuovo stile dalla selezione** (Figura 114).
3) Nella finestra di dialogo Crea stile (Figura 115) digitate un nome per il nuovo stile. L'elenco mostra gli stili personalizzati esistenti tra quelli disponibili.
4) Fate clic su **OK** per salvare il nuovo stile.

Modificare uno stile grafico

Per modificare uno stile esistente, fate clic con il pulsante destro del mouse sullo stile nella finestra di dialogo Stili e formattazione e scegliete la voce **Modifica** dal menu a comparsa. La finestra di dialogo per la modifica di uno stile grafico è la stessa usata per la creazione di un nuovo stile grafico (Figura 113). Apportate le modifiche necessarie allo stile e poi fate clic su **OK** per salvarle.

Aggiornamento da una selezione

Per aggiornare uno stile da un oggetto selezionato:

1) Selezionate un oggetto che usa la formattazione da adottare come stile.
2) Nella finestra di dialogo Stili e formattazione, selezionate lo stile che volete aggiornare, poi fate clic sull'icona **Aggiorna stile** (evidenziata nella Figura 116).

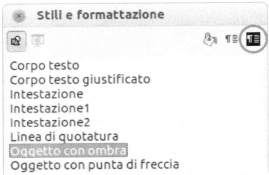

*Figura 116: aggiornamento di uno stile
da una selezione*

Applicazione degli stili grafici

È possibile applicare uno stile grafico in due modi utilizzando la finestra di dialogo Stili e formattazione. In primo luogo assicuratevi che gli stili grafici siano visibili (Figura 112), quindi effettuate una delle seguenti operazioni:

- Selezionate l'oggetto a cui desiderate applicare uno stile grafico e fate doppio clic sul nome dello stile che volete applicare.

- Fate clic sull'icona **Modo riempimento** e il puntatore del mouse assumerà la forma di questa icona. Posizionate l'icona sull'oggetto grafico a cui applicare lo stile e fate clic con il pulsante del mouse. Questa modalità rimane attiva fino a quando non la disattivate; in tal modo è possibile applicare lo stesso stile a più oggetti. Per disattivare la modalità riempimento, fate di nuovo clic sull'icona **Modo riempimento** oppure premete il tasto *Esc*.

- Quando la modalità riempimento è attiva, facendo clic con il pulsante destro del mouse in un qualsiasi punto del documento verrà annullata l'ultima operazione di riempimento. Prestate attenzione a non premere accidentalmente il pulsante destro del mouse per evitare di annullare operazioni corrette.

Suggerimento	Nella parte inferiore della finestra Stili e formattazione è presente un elenco a comparsa. È possibile scegliere di visualizzare tutti gli stili o gruppi di stili, come gli stili applicati, oppure, nel caso di stili grafici, gli stili personalizzati.

Eliminazione degli stili grafici

In Draw non è possibile eliminare nessuno degli stili predefiniti (anche se non utilizzati); si possono eliminare solo gli stili personalizzati. In ogni caso, prima di eliminare uno stile personalizzato, assicuratevi che non sia in uso. Se uno stile non desiderato è in uso, sostituitelo con un altro stile.

Per eliminare gli stili personalizzati, fate clic con il pulsante destro del mouse su quelli da rimuovere (uno alla volta) nella finestra Stili e formattazione, quindi fate clic su **Elimina** nel menu contestuale. Selezionate **Sì** nel messaggio che compare.

Applicare effetti speciali

Oltre alle operazioni di base di spostamento e ridimensionamento, in Draw è anche possibile applicare vari effetti speciali agli oggetti. Alcuni di questi effetti sono immediatamente disponibili nella barra degli strumenti Modo (Figura 117). Se la barra degli strumenti Modo non è visibile, selezionatela da **Visualizza > Barre degli strumenti > Modo**.

Questa sezione descrive come ruotare, ribaltare o distorcere un oggetto, e due modi per curvare un oggetto adattandolo a un cerchio.

Figura 117: barra degli strumenti
Modo e opzioni disponibili

Gli strumenti vengono descritti nelle sezioni seguenti, fatta eccezione per lo strumento di rotazione 3D, che viene descritto nel *Capitolo 7 [Lavorare con oggetti tridimensionali (3D)]*.

Ruotare oggetti grafici

La rotazione di un oggetto può essere eseguita manualmente o tramite un'apposita finestra di dialogo, nello stesso modo in cui si modificano posizione e dimensione.

Per ruotare manualmente un oggetto:

1) Fate clic su un oggetto, in modo da fare comparire le maniglie di selezione.

2) Fate clic sull'icona **Ruota** 🔄 nella barra degli strumenti Disegno o Modo.

3) Le maniglie di selezione cambiano forma e colore (Figura 118).

4) Spostate il mouse su una delle maniglie d'angolo e la forma del puntatore cambierà. Fate clic con il mouse e spostatelo nella direzione in cui volete ruotare l'oggetto. Solo le maniglie di selezione agli angoli sono attive per la rotazione.

5) Una volta ottenuto il risultato desiderato, rilasciate il pulsante del mouse.

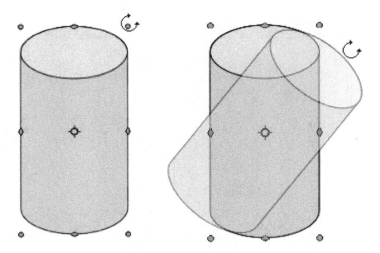

Figura 118: oggetto selezionato per la rotazione

Nota	Le icone che rappresentano le funzioni nelle barre degli strumenti potrebbero variare in base al sistema operativo utilizzato e alla eventuale personalizzazione di LibreOffice. Se avete dubbi, passate il puntatore del mouse sull'icona e aspettate che appaia il suggerimento che mostra il nome dell'icona.

Quando fate clic sull'icona Ruota, in mezzo all'oggetto selezionato appare un cerchio che indica il punto usato come perno per la rotazione. In genere il centro di un oggetto è adatto, ma in alcune occasioni potreste voler ruotare intorno a un angolo o anche intorno a un punto esterno all'immagine. Per spostare il punto di rotazione, fate clic sul cerchio e trascinatelo nella posizione desiderata.

Per limitare gli angoli di rotazione a multipli di 15 gradi, mantenete premuto il tasto *Maiusc* mentre ruotate l'oggetto. Ciò è molto utile se dovete ruotare immagini ad angolo retto, per esempio da verticale a orizzontale.

Anziché ruotare un oggetto grafico manualmente, potete utilizzare la finestra di dialogo **Rotazione** (Figura 119). Per visualizzare questa finestra selezionate l'oggetto grafico, in modo che le maniglie di selezione siano visibili, poi premete *F4* oppure selezionate il menu **Formato > Posizione e dimensione**, quindi scegliete la scheda **Rotazione**.

Nella parte superiore della finestra di dialogo selezionate la posizione del punto di rotazione, relativamente all'angolo superiore sinistro della pagina. La posizione predefinita del punto di rotazione è il centro della figura.

Nella parte inferiore della finestra di dialogo selezionate l'angolo di rotazione dell'oggetto grafico. Sulla destra della casella di testo Angolo potete selezionare otto valori di rotazione predefiniti.

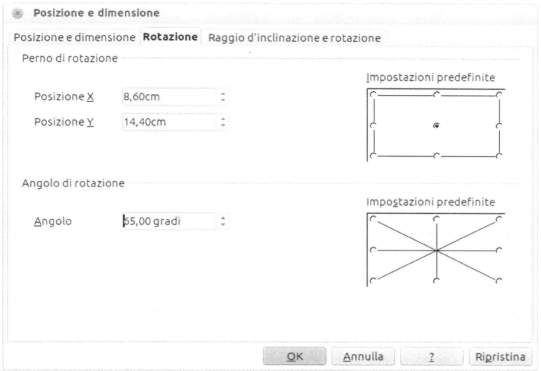

Figura 119: scheda Rotazione della finestra di dialogo Posizione e dimensione

Ribaltare gli oggetti

Il metodo più semplice e veloce per ribaltare un oggetto orizzontalmente o verticalmente è il seguente:

1) Fate clic su un oggetto grafico, così da fare comparire le maniglie di selezione.
2) Fate clic con il pulsante destro del mouse e selezionate la voce **Ribalta > Orizzontale** o **Ribalta > Verticale** e l'oggetto selezionato verrà ribaltato con la faccia nell'altra direzione.

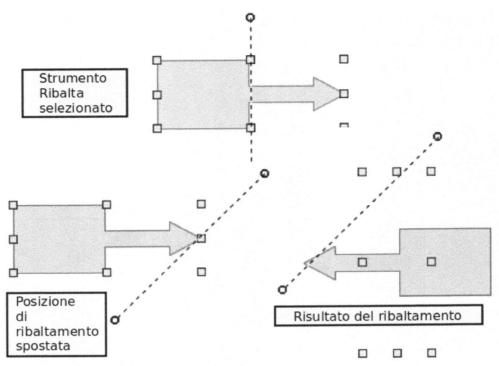

Figura 120: uso dello strumento Ribalta

Potete anche usare lo strumento Ribalta presente nella barra degli strumenti Disegno o Modo. L'uso di questo strumento vi permette anche di cambiare la posizione e l'angolo rispetto al quale l'oggetto viene ribaltato (Figura 120).

1) Fate clic su un oggetto grafico, così da fare comparire le maniglie di selezione colorate.

2) Fate clic sull'icona **Ribalta** : l'*asse di simmetria* apparirà come una linea tratteggiata nel mezzo dell'oggetto. L'oggetto sarà ribaltato su questo asse di simmetria.

3) Spostate una o entrambe le estremità dell'asse di simmetria con il puntatore per impostare l'orientamento dell'asse.

4) Posizionate il puntatore su una delle maniglie di selezione dell'oggetto fino a quando non cambia forma.

5) Fate clic e tenendo premuto premuto spostate il puntatore verso l'altra parte dell'asse di simmetria. La nuova posizione della figura viene mostrata in modo tenue fino a quando il mouse non viene rilasciato.

6) Rilasciate il pulsante del mouse e l'oggetto apparirà ribaltato. L'angolo e la posizione del ribaltamento dipenderanno dall'angolo e dalla posizione dell'asse di simmetria.

Nota	Se premete il tasto *Maiusc* mentre spostate la linea, la rotazione sarà eseguita con incrementi di 45 gradi.

Rispecchiare un oggetto

Al momento in Draw non esiste un comando per rispecchiare. Comunque, il comando può essere emulato usando lo strumento **Ribalta**, nel modo seguente:

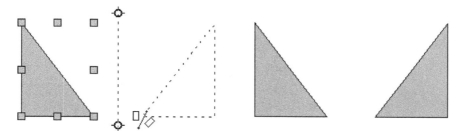

Figura 121: rispecchiare un oggetto

1) Selezionate l'oggetto da rispecchiare (Figura 121).
2) Copiate l'oggetto negli appunti.
3) Selezionate lo strumento **Ribalta** nella barra degli strumenti Disegno o Modo.
4) Spostate l'asse di simmetria nella posizione desiderata dell'asse dello specchio.
5) Ribaltate l'oggetto.
6) Fate clic in un'area vuota della pagina per deselezionare l'oggetto.
7) Incollate dagli appunti per inserire una copia dell'oggetto nella sua posizione originale, ottenendo così il rispecchiamento.

Distorcere un'immagine

Sulla barra degli strumenti Modo sono presenti tre strumenti che vi permettono di trascinare gli angoli e i bordi di un oggetto per distorcere l'immagine.

- Lo strumento **Distorci** distorce un oggetto in prospettiva.

- **Poni su cerchio (inclina)** crea un effetto pseudo tridimensionale.

- **Poni su cerchio (in prospettiva)** crea un effetto pseudo tridimensionale.

In tutti e tre i casi viene chiesto inizialmente se si desidera trasformare l'oggetto in una curva. Questo primo passaggio è necessario, quindi fate clic su **Sì**. Potete poi spostare le maniglie dell'oggetto per produrre l'effetto desiderato. I risultati dell'uso di questi strumenti sono mostrati nelle figure seguenti.

Strumento Distorci

Selezionate un oggetto e fate clic sull'icona **Distorci** sulla barra degli strumenti Modo. Dopo averlo convertito in una curva, come richiesto, spostate le maniglie per allungare l'oggetto. Le maniglie agli angoli distorcono gli angoli, le maniglie verticali mediane distorcono la figura in orizzontale, mentre quelle orizzontali la distorcono in verticale (Figura 122).

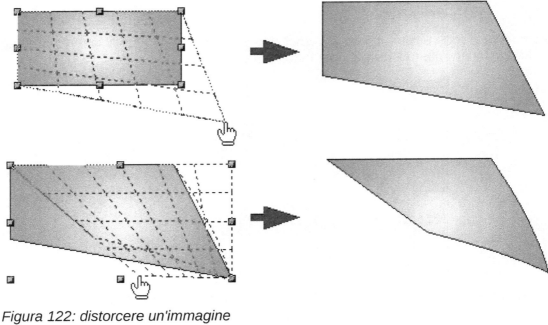

Figura 122: distorcere un'immagine

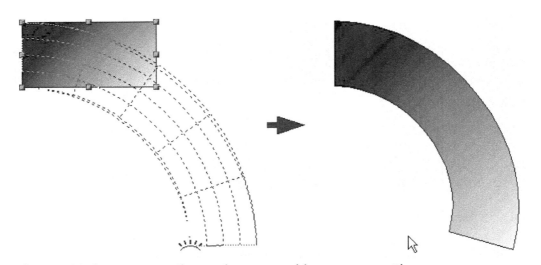

Figura 123: impostare un'immagine su cerchio con prospettiva

Poni su cerchio (in prospettiva)

Selezionate un oggetto e fate clic sull'icona **Poni su cerchio (in prospettiva)** nella barra degli strumenti Modo. Dopo averlo convertito in una curva, spostate le maniglie dell'oggetto per dargli una prospettiva pseudo-tridimensionale (Figura 123).

Strumento Poni su cerchio (inclina)

Selezionate un oggetto e fate clic sull'icona **Poni su cerchio (inclina)** sulla barra degli strumenti Modo. Dopo averlo convertito in una curva, spostate le maniglie dell'oggetto per dargli una prospettiva inclinata pseudo-tridimensionale (Figura 124).

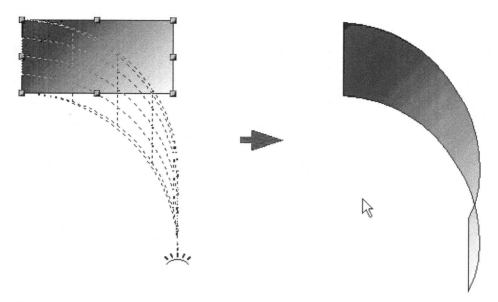

Figura 124: impostare un'immagine su cerchio con inclinazione

Nota	La trasformazione di un oggetto in una curva è un'operazione sicura, ma non può essere invertita se non facendo clic sul pulsante **Annulla**.

Sfumature dinamiche

Potete controllare le sfumature di trasparenza nello stesso modo utilizzato per le sfumature di colore. Entrambi i tipi di sfumatura possono essere usati insieme. Con una sfumatura di trasparenza, la direzione e il grado del colore di riempimento di un oggetto cambia da opaco a trasparente. In una sfumatura di colore, il riempimento varia da un colore a un altro, mentre il grado di trasparenza rimane invariato.

Nella barra degli strumenti Modo sono presenti due icone che permettono di controllare dinamicamente le sfumature di trasparenza e di colore. Anche se non avete assegnato una trasparenza a un oggetto riempito con un colore, potete controllarne la trasparenza facendo clic

sull'icona **Trasparenza** . In tal modo si definisce una sfumatura di trasparenza e sull'oggetto appare una linea tratteggiata che collega due quadrati. Spostate i due quadrati per modificare la sfumatura. Potete stabilire la direzione della sfumatura (verticale, orizzontale, o con qualunque angolo) e il punto dal quale inizia la trasparenza.

Una normale sfumatura di colori viene definita allo stesso modo. Selezionate un oggetto e scegliete una sfumatura di riempimento dalla barra degli strumenti **Stile e riempimento**. Ora

l'icona **Sfumatura** sulla barra degli strumenti Modo è attiva. Quando fate clic sull'icona della sfumatura, sull'oggetto appare una linea tratteggiata che collega due quadrati, proprio come succede per le sfumature di trasparenza.

In entrambe le sfumature di trasparenza e di riempimento, fate clic al di fuori dell'oggetto per impostare la sfumatura.

Nota	Spostando i quadrati si otterranno effetti diversi, a seconda del tipo di sfumatura. Ad esempio, per una sfumatura lineare, i quadrati iniziale e finale della sfumatura saranno sempre situati su entrambi i lati del punto centrale dell'oggetto.

Esempio 1

Un oggetto di un solo colore e una sfumatura di trasparenza, che copre in parte l'oggetto sottostante. La sfumatura può essere regolata dinamicamente; muovendo il quadrato bianco si regola la direzione della trasparenza e muovendo il quadrato nero si regola la distanza oltre la quale la sfumatura viene applicata (Figura 125).

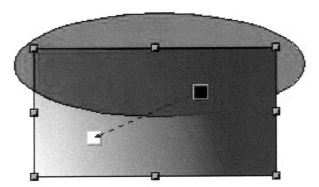

Figura 125: esempio 1 di una sfumatura dinamica

Esempio 2

Un oggetto con una sfumatura di colore, che copre completamente un altro oggetto. La sfumatura viene regolata dinamicamente muovendo i quadrati – il colore del quadrato è collegato all'aumento o alla diminuzione di quel colore (Figura 126).

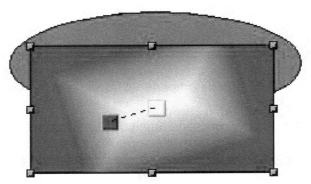

Figura 126: esempio 2 di una sfumatura dinamica

Esempio 3

Un oggetto con entrambe le sfumature di colore e di trasparenza, che copre in parte l'oggetto sottostante (Figura 127).

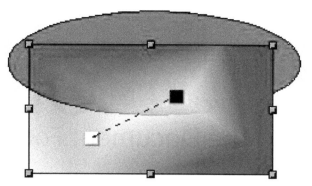

Figura 127: esempio 3 di una sfumatura dinamica

Capitolo 5
Combinare oggetti multipli

Raggruppamento, combinazione, unione e
posizionamento

Raggruppamento di oggetti

Raggruppare gli oggetti è come inserirli in un contenitore. Gli oggetti possono essere spostati come un gruppo e possono essere applicate ad essi delle modifiche globali. Un gruppo può comunque essere sciolto e gli oggetti facenti parte del gruppo possono essere gestiti separatamente.

Raggruppamento temporaneo

Quando vengono selezionati alcuni oggetti si ottiene un raggruppamento temporaneo. Qualsiasi modifica apportata ai parametri degli oggetti viene applicata a tutti gli oggetti che fanno parte del gruppo temporaneo. Ad esempio, potete ruotare un gruppo temporaneo di oggetti come una unica entità.

Per cancellare un raggruppamento temporaneo di oggetti è sufficiente fare clic all'esterno delle maniglie di selezione visibili intorno agli oggetti.

Raggruppamento

Per raggruppare gli oggetti in modo permanente, dapprima selezionateli facendo clic su ciascuno mentre tenete premuto il tasto *Maiusc*. Un metodo alternativo consiste nel ricorrere all'icona

Seleziona visibile nella barra degli strumenti Disegno e tracciare un rettangolo di selezione intorno agli oggetti con il puntatore del mouse. Le maniglie di selezione compariranno intorno agli oggetti inclusi nel gruppo (Figura 128).

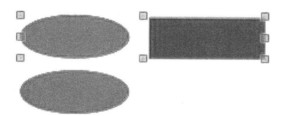

Figura 128: raggruppare oggetti

Fate clic con il pulsante destro del mouse sul gruppo e selezionate la voce **Raggruppa** dal menu contestuale. In alternativa selezionate la voce **Cambia > Raggruppa** dalla barra dei menu principale, oppure ricorrete alla combinazione di tasti *Ctrl+Maiusc+G*.

Una volta raggruppati gli oggetti, ogni operazione di modifica apportata al gruppo si riflette su tutti gli oggetti al suo interno. Se fate clic su un singolo oggetto del gruppo, verrà selezionato tutto il gruppo.

Gli oggetti di un gruppo mantengono le loro proprietà individuali e sono modificabili singolarmente. Per ulteriori informazioni consultate la sezione "Modificare singoli oggetti" a pagina 117.

Separare gruppi

Per sciogliere o separare un gruppo di oggetti, fate clic con il pulsante destro del mouse sul gruppo e selezionate la voce **Separa** dal menu contestuale. In alternativa scegliete la voce **Cambia > Separa** dalla barra dei menu principale, oppure ricorrete alla combinazione di tasti *Ctrl+Alt+Maiusc+G*.

Modificare singoli oggetti

È possibile modificare un singolo oggetto all'interno di un gruppo senza separare il gruppo. A questo scopo, fate clic con il pulsante destro del mouse sul gruppo e selezionate la voce **Modifica gruppo**, oppure premete il tasto *F3*, oppure ancora fate doppio clic sul gruppo. Durante la modifica di un gruppo, gli oggetti al suo esterno non sono selezionabili per la modifica e appaiono di colore attenuato (Figura 129).

Figura 129: modificare gruppi

Una volta all'interno del gruppo, fate clic su uno degli oggetti per modificarlo singolarmente (Figura 130).

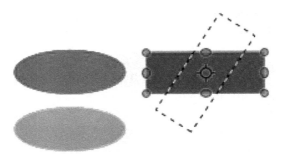

Figura 130: modifiche all'interno di un gruppo

Per uscire da un gruppo, fate clic su di esso con il pulsante destro del mouse e selezionate la voce **Esci dal gruppo**, oppure premete la combinazione di tasti *Ctrl+F3*, oppure fate doppio clic all'esterno del gruppo.

Annidamento di gruppi

Potete creare un gruppo formato da altri gruppi, operazione più comunemente nota come annidamento di gruppi. Durante la creazione di gruppi annidati il programma mantiene la gerarchia dei singoli gruppi e ne ricorda l'ordine di selezione. Ciò significa che il singolo gruppo selezionato per ultimo sarà sovrapposto a tutti gli altri gruppi inclusi in un gruppo nidificato.

Le operazioni di separazione e modifica di un gruppo nidificato sono identiche a quelle per i gruppi singoli.

Combinare gli oggetti

La combinazione di oggetti consiste nella loro fusione definitiva allo scopo di creare un nuovo oggetto. Gli oggetti originali non sono più disponibili come singole entità e quindi non sono modificabili come singoli oggetti. Qualsiasi modifica di un oggetto combinato si riflette su tutti gli oggetti utilizzati per creare la combinazione.

Combinazione

Selezionate gli oggetti da combinare, quindi fate clic con il pulsante destro del mouse sulla selezione e scegliete la voce **Combina** dal menu contestuale. In alternativa scegliete la voce **Cambia > Combina** dalla barra dei menu principale, oppure ricorrete alla scorciatoia da tastiera *Ctrl+Maiusc+K*. Dapprima i risultati possono suscitare perplessità, ma una volta compreso il funzionamento alla base della combinazione, diventerà tutto più semplice.

- Gli attributi dell'oggetto risultante (per esempio, il riempimento dell'area) vengono ereditati da quello sul fondo, nell'ordine di sovrapposizione. Nella Figura 131 si tratta del cerchio.

- Le zone di sovrapposizione degli oggetti appariranno piene o vuote in base al numero di sovrapposizioni. Nelle zone in cui le sovrapposizioni sono in numero pari si avrà uno spazio vuoto; in quelle in cui sono dispari uno pieno. Un esempio è visibile nella Figura 132.

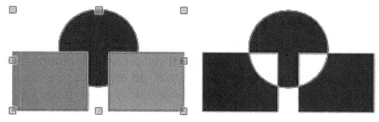

Figura 131: combinare oggetti

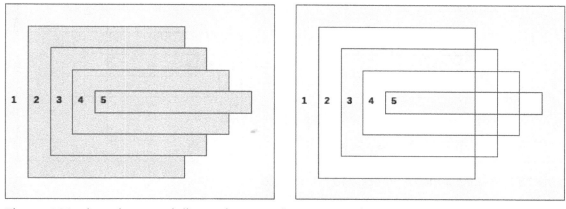

Figura 132: riempimento dell'area in oggetti sovrapposti

Suggerimento	Potete modificare la sequenza degli oggetti spostandoli avanti o indietro nell'ordine di sovrapposizione. Fate clic con il pulsante destro del mouse sull'oggetto e selezionate la voce **Disponi** dal menu contestuale. Consultate anche la sezione "Posizionamento degli oggetti" a pagina 124.

Dividere una combinazione

Un oggetto costituito dalla combinazione di più oggetti può essere diviso in singole entità selezionando la voce **Cambia > Dividi** dalla barra dei menu principale oppure ricorrendo alla scorciatoia da tastiera *Ctrl+Alt+Maiusc+K*. Gli oggetti originali manterranno la formattazione dell'oggetto combinato e **non** riacquisteranno la propria formattazione iniziale (Figura 133).

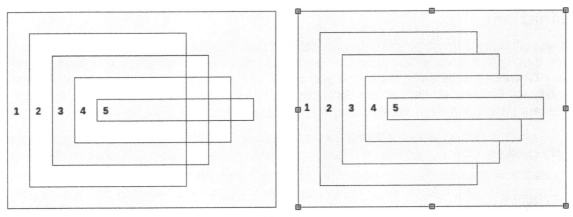

Figura 133: divisione di un oggetto combinato

Suddividere una combinazione

Un oggetto costituito dalla combinazione di più oggetti può essere suddiviso nelle proprie parti costitutive selezionando la voce **Cambia > Suddividi** dalla barra dei menu principale. Gli oggetti originali vengono suddivisi nelle proprie parti costitutive; ad esempio, un rettangolo verrà suddiviso in quattro linee separate e il riempimento dell'area andrà perduto (Figura 134).

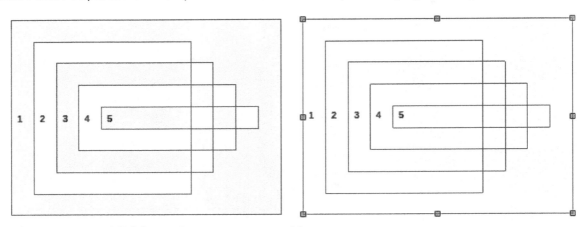

Figura 134: suddivisione di un oggetto combinato

Collegare linee

Le parti costitutive di un oggetto si possono collegare selezionandole tutte e scegliendo la voce **Cambia > Collega** dalla barra dei menu principale. Questa operazione consente di collegare le parti e di racchiudere l'oggetto ottenuto all'interno dell'area, che presenterà nuovamente lo stesso riempimento antecedente all'operazione di suddivisione.

Unire, sottrarre, o intersecare oggetti

Se vengono selezionati più oggetti, le funzioni Unisci, Sottrai e Interseca diventano disponibili, consentendo di generare un nuovo oggetto con una nuova forma. Dopo aver selezionato alcuni oggetti, scegliete la voce **Cambia > Forme** dalla barra dei menu principale oppure fate clic con il pulsante destro del mouse e selezionate la voce **Forme** dal menu contestuale.

Unione

Con l'unione di oggetti viene generato un nuovo oggetto con la forma ottenuta dall'accorpamento dei singoli oggetti. Il riempimento d'area dell'oggetto risultante dall'unione viene determinato dal riempimento dell'oggetto situato in fondo a tutti gli altri (Figura 135).

Figura 135: unione di oggetti

Sottrazione

Con la sottrazione di oggetti, l'oggetto in primo piano viene rimosso dagli oggetti sottostanti. Ciò lascerà uno spazio vuoto corrispondente a quello dell'oggetto rimosso (Figura 136).

Figura 136: sottrazione di oggetti

Intersezione

Con l'intersezione di oggetti, vengono rimossi gli oggetti in primo piano e la superficie esposta dell'oggetto sottostante. Questo genera un nuovo oggetto ricavato dalla superficie di quello sottostante precedentemente nascosta dagli oggetti in primo piano (Figura 137).

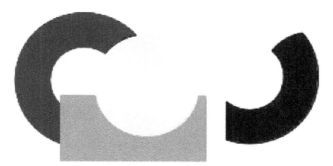

Figura 137: intersezione di oggetti

Esempio pratico

L'esempio seguente, visibile nella Tabella 10, illustra il procedimento di utilizzo delle funzioni di unione, sottrazione e intersezione per creare un coltello con il manico di legno.

Disegnate un'ellisse e poi un rettangolo sovrapposto all'ellisse, in modo che copra metà della larghezza dell'ellisse.	
Selezionate le due forme, fate clic con il pulsante destro del mouse e scegliete la voce **Forme > Sottrai** dal menu contestuale.	
Disegnate un altro rettangolo e posizionatelo sopra la metà superiore dell'ellisse.	
Selezionate le due forme, fate clic con il pulsante destro del mouse e scegliete la voce **Forme > Sottrai** dal menu contestuale.	
Tracciate una piccola ellisse che copra solo l'angolo inferiore destro della forma.	
Selezionate le due forme, fate clic con il pulsante destro del mouse e scegliete la voce **Forme > Sottrai** dal menu contestuale. La lama del coltello è quindi completa.	
Per creare il manico, tracciate un rettangolo e un'ellisse.	
Unite le forme.	
Posizionate il manico sopra la lama. Selezionate manico e lama, quindi raggruppate i due oggetti per generare il disegno del coltello.	

Duplicazione e dissolvenza incrociata

Duplicazione

Con la duplicazione potete creare copie di un oggetto mentre apportate delle modifiche al colore o alla rotazione dei duplicati. La finestra di dialogo **Duplicato** (Figura 138) contiene le seguenti opzioni:

- **Numero di copie** – consente di inserire il numero di copie desiderato.

Spostamento – consente di impostare la posizione e la rotazione dell'oggetto duplicato rispetto all'oggetto selezionato.

- *Asse X* – consente di inserire la distanza orizzontale tra il centro dell'oggetto selezionato e quello del duplicato. Valori positivi spostano l'oggetto duplicato verso destra, valori negativi verso sinistra.

Figura 138: finestra di dialogo Duplicato

- *Asse Y* – consente di inserire la distanza verticale tra il centro dell'oggetto selezionato e quello del duplicato. Valori positivi spostano l'oggetto duplicato verso il basso, valori negativi verso l'alto.

- *Angolo di rotazione* – consente di inserire il valore dell'angolo di rotazione dell'oggetto duplicato (espresso in gradi da 0 a 359). Valori positivi ruotano l'oggetto duplicato in senso orario, valori negativi in senso antiorario.

- **Ingrandimento** – consente di impostare le dimensioni dell'oggetto duplicato.

- *Larghezza* – consente di specificare di quanto ingrandire o ridurre la larghezza dell'oggetto duplicato.

- *Altezza* – consente di specificare di quanto ingrandire o ridurre l'altezza dell'oggetto duplicato.

- **Colori** – consente di impostare i colori dell'oggetto selezionato e di quello duplicato. Se effettuate più copie, questi colori specificano il punto iniziale e quello finale di una sfumatura di colore.

- *Inizio* – consente di scegliere il colore dell'oggetto selezionato.

- *Fine* – consente di scegliere il colore dell'oggetto duplicato. Se effettuate più copie, questo colore viene applicato all'ultima copia.

Per duplicare un oggetto o un gruppo di oggetti:

1) Selezionate un oggetto o un gruppo di oggetti.

2) Scegliete la voce **Modifica > Duplica** oppure ricorrete alla combinazione di tasti *Maiusc+F3* per aprire la finestra di dialogo **Duplicato** (Figura 138).

3) Selezionate numero di copie, spostamento, ingrandimento, colori iniziale e finale degli oggetti duplicati.

4) Fate clic su **OK** per generare le copie degli oggetti. Un esempio di duplicazione è visibile nella Figura 139. Ogni duplicato costituisce un oggetto separato.

5) Per riunire oggetti duplicati in un unico gruppo, consultate la sezione "Raggruppamento di oggetti" a pagina 116.

6) Per combinare oggetti duplicati in un unico oggetto, consultate la sezione "Combinare gli oggetti" a pagina 117.

Figura 139: esempio di duplicazione

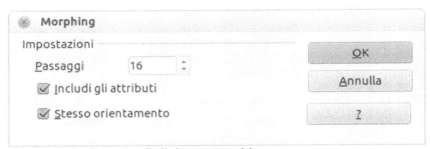

Figura 140: finestra di dialogo Morphing

Figura 141: esempio di dissolvenza incrociata

Dissolvenza incrociata

La dissolvenza incrociata consente di trasformare la forma di un oggetto in un'altra forma. Il risultato sarà un nuovo gruppo formato da singoli oggetti, da quello iniziale a quello finale, inclusi i passaggi intermedi che evidenziano la trasformazione da una forma all'altra.

Nella finestra di dialogo **Morphing** (Figura 140) sono presenti le seguenti opzioni:

- **Passaggi** – consente di inserire il numero desiderato di forme di transizione tra due oggetti selezionati.

- **Includi gli attributi** – consente di applicare la dissolvenza incrociata alle proprietà di linea e riempimento degli oggetti selezionati. Per esempio, se gli oggetti selezionati sono di colore diverso, tra i due verrà applicato un colore di transizione.

- **Stesso orientamento** – consente di applicare una transizione uniforme tra gli oggetti selezionati.

Per applicare una dissolvenza incrociata tra due oggetti:

1) Selezionate due oggetti e scegliete la voce **Modifica > Morphing** dalla barra dei menu principale per aprire la finestra di dialogo **Morphing** (Figura 140).

2) Selezionate il numero di passaggi per la trasformazione.

3) Eventualmente selezionate le opzioni **Includi gli attributi** e **Stesso orientamento**.

4) Fate clic su **OK** per effettuare la dissolvenza incrociata. Un esempio di dissolvenza incrociata è mostrato nella Figura 141. L'oggetto creato è costituito da un gruppo di oggetti.

5) Per separare questo gruppo di oggetti allo scopo di poterli utilizzare singolarmente, consultate la sezione "Separare gruppi" a pagina 116.

Posizionamento degli oggetti

Disporre gli oggetti

Il risultato finale di una combinazione, unione, sottrazione o intersezione di oggetti varia in base all'oggetto in primo piano e a quelli sottostanti. Ogni nuovo oggetto inserito in un disegno diventa automaticamente l'oggetto in primo piano e tutti gli altri oggetti si spostano in secondo piano in base all'ordine di posizionamento. La disposizione degli oggetti consente di modificarne l'ordine di posizionamento.

In primo luogo selezionate uno o più oggetti, poi fate clic sull'icona **Disponi** nella barra degli strumenti Disegno per aprire la barra degli strumenti *Posizione* (Figura 142 e Figura 143).

- **Porta in primo piano** – consente di spostare l'oggetto selezionato in primo piano nel gruppo.

- **Porta avanti** – consente di spostare avanti di un livello l'oggetto selezionato.

- **Porta indietro** – consente di spostare indietro di un livello l'oggetto selezionato.

- **Porta in fondo** – consente di spostare l'oggetto selezionato dietro a tutti gli altri.

- **Davanti all'oggetto** – consente di spostare l'oggetto selezionato davanti a un altro oggetto selezionato.

- **Dietro all'oggetto** – consente di spostare l'oggetto selezionato dietro a un altro oggetto selezionato.

- **Scambia** – consente di invertire l'ordine degli oggetti selezionati. Questo strumento non è attivo (in grigio) se viene selezionato soltanto un oggetto.

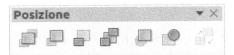

Figura 142: barra degli strumenti Posizione

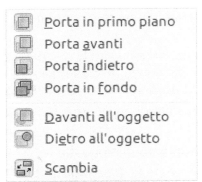

Figura 143: strumenti Posizione

Allineamento degli oggetti

Per conferire un aspetto più professionale al disegno, potete allineare gli oggetti. Selezionate uno

o più oggetti e fate clic sull'icona Allineamento ⬚⬅ , nella barra degli strumenti Disegno, per aprire la barra degli strumenti **Allineamento** (Figura 144 e Figura 145).

- **A sinistra** – consente di allineare il bordo sinistro degli oggetti selezionati. Se viene selezionato soltanto un oggetto, il suo bordo sinistro viene allineato al margine sinistro della pagina.

- **Centrato** – consente di centrare orizzontalmente gli oggetti selezionati. Se viene selezionato soltanto un oggetto, il suo centro viene allineato al centro orizzontale della pagina.

- **A destra** – consente di allineare il bordo destro degli oggetti selezionati. Se viene selezionato soltanto un oggetto, il suo bordo destro viene allineato al margine destro della pagina.

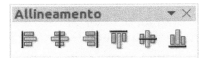

Figura 144: barra degli strumenti Allineamento

Figura 145:
strumenti
Allineamento

- **In alto** – consente di allineare verticalmente il bordo superiore degli oggetti selezionati. Se viene selezionato soltanto un oggetto, il suo bordo superiore viene allineato al margine superiore della pagina.

- **Al centro** – consente di centrare verticalmente gli oggetti selezionati. Se viene selezionato soltanto un oggetto, il suo centro viene allineato al centro verticale della pagina.

- **Basso** – consente di allineare verticalmente il bordo inferiore degli oggetti selezionati. Se viene selezionato soltanto un oggetto, il suo bordo inferiore viene allineato al margine inferiore della pagina.

Distribuzione degli oggetti

La distribuzione degli oggetti consente di disporre uniformemente tre o più oggetti lungo l'asse orizzontale o lungo l'asse verticale. La distribuzione avviene utilizzando gli oggetti più esterni nella selezione come punti base per la spaziatura.

Selezionate almeno tre oggetti. Per aprire la finestra di dialogo Distribuzione (Figura 146), scegliete la voce **Cambia > Distribuzione** dalla barra dei menu principale, oppure fate clic con il pulsante destro del mouse e selezionate la voce **Distribuzione** dal menu contestuale.

Figura 146: distribuzione della spaziatura tra oggetti

La distribuzione **orizzontale** determina la disposizione orizzontale tra gli oggetti selezionati.

- *Nessuno* – non consente alcuna distribuzione orizzontale degli oggetti.

- *A sinistra* – consente di distribuire gli oggetti selezionati in modo che i loro rispettivi bordi sinistri siano uniformemente distanziati l'uno dall'altro.

- *Centrato* – consente di distribuire gli oggetti selezionati in modo che i loro rispettivi centri orizzontali siano uniformemente distanziati l'uno dall'altro.

- *Spaziatura* – consente di distribuire orizzontalmente gli oggetti selezionati distanziandoli uniformemente l'uno dall'altro.

- *Destra* – consente di distribuire gli oggetti selezionati in modo che i loro rispettivi bordi destri siano uniformemente distanziati l'uno dall'altro.

La distribuzione **verticale** determina la disposizione verticale tra gli oggetti selezionati.

- *Nessuno* – non consente alcuna distribuzione verticale degli oggetti.
- *In alto* – consente di distribuire gli oggetti selezionati in modo che i loro rispettivi bordi superiori siano uniformemente distanziati l'uno dall'altro.
- *Centrato* – consente di distribuire gli oggetti selezionati in modo che i loro rispettivi centri verticali siano uniformemente distanziati l'uno dall'altro.
- *Distanza* – consente di distribuire verticalmente gli oggetti selezionati distanziandoli uniformemente l'uno dall'altro.
- *In basso* – consente di distribuire gli oggetti selezionati in modo che i loro rispettivi bordi inferiori siano uniformemente distanziati l'uno dall'altro.

Capitolo 6
Modificare immagini

Immagini Raster

Introduzione

Nei capitoli precedenti della Guida a Draw sono state trattate solo le immagini vettoriali. Tuttavia Draw contiene anche numerose funzioni per manipolare immagini raster (bitmap) come fotografie e immagini scansionate, comprese l'importazione, l'esportazione e la conversione da un formato all'altro.

Draw può leggere la maggior parte dei formati di file grafici. Ha un sottoinsieme di funzionalità simili a programmi di grafica raster come Adobe Photoshop o Gimp.

Importazione di immagini

Inserimento

Per importare file grafici nel vostro disegno, dalla barra dei menu selezionate **Inserisci >**

Immagine > Da file oppure fate clic sull'icona **Da file** ![icona] sulla barra degli strumenti Disegno per aprire la finestra di dialogo Inserisci immagine (Figura 147).

Draw contiene filtri di importazione per la maggior parte dei formati grafici. Nel caso in cui il file che volete importare abbia un formato grafico non compreso nei filtri di importazione, è consigliabile usare uno dei molti programmi di conversione liberamente disponibili, per convertire il file in un formato riconosciuto da Draw.

Se nella finestra di dialogo Inserisci immagine selezionate l'opzione **Anteprima**, nel riquadro sulla destra verrà visualizzata un'anteprima del file. In tal modo è più semplice scegliere il file che desiderate e potrete inoltre verificare che Draw sia in grado di importare il formato di file usato.

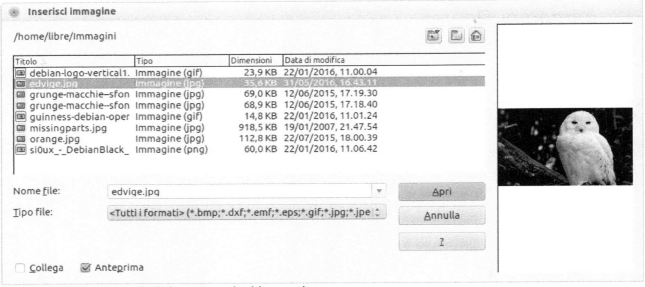

Figura 147: finestra di dialogo Inserisci immagine

Incorporazione

Incorporando un'immagine nel disegno la renderete parte permanente del disegno stesso. Qualsiasi modifica voi apportiate a un'immagine incorporata apparirà solamente nel vostro disegno e il file immagine originario non ne sarà influenzato.

L'incorporazione avviene quando importate un'immagine nel disegno usando il comando Inserisci file, copiando e incollando, effettuando la scansione di un'immagine, oppure trascinandola e rilasciandola.

Il vantaggio principale dell'incorporare immagini è che l'immagine sarà sempre disponibile indipendentemente dal computer usato per aprire il disegno.

Lo svantaggio maggiore dell'incorporare immagini è che in tal modo si crea un file di dimensioni consistenti, cosa che potrebbe non essere desiderabile nel caso abbiate un computer con capacità limitata per l'archiviazione dei file. Inoltre, se il file originario viene modificato, il vostro disegno non avrà una versione aggiornata dell'immagine ogniqualvolta lo aprirete.

Nota	Quando un'immagine raster viene incorporata in un documento o in un disegno di LibreOffice, il formato dell'immagine viene automaticamente convertito nel formato PNG.

Collegamento

Collegando un'immagine al disegno, questa non viene inserita nel disegno, ma viene creato un collegamento alla cartella in cui si trova l'immagine sul computer. Ogni volta che aprite il disegno, ogni immagine collegata verrà visualizzata al suo interno.

Il vantaggio principale di collegare un'immagine al disegno è che, se l'immagine originale viene modificata o sostituita con una nuova immagine avente lo stesso nome file, allora la volta successiva che aprirete il disegno, anche al suo interno verrà visualizzata l'ultima versione dell'immagine.

L'inconveniente principale del collegare le immagini è che il collegamento tra il disegno e il file dell'immagine va mantenuto per poter funzionare correttamente. Se spostate il disegno su un altro computer, allora anche ogni file collegato deve essere spostato sullo stesso computer e nella stessa cartella di quel computer.

Per collegare il file di un'immagine al disegno, selezionate l'opzione **Collega** nella finestra di dialogo Inserisci immagine (Figura 147) prima di selezionare il file e di fare clic sul pulsante **Apri**.

Nota	Quando il file di un'immagine viene collegato a un documento o a un disegno di LibreOffice, il formato dell'immagine collegata non viene modificato.

Qualsiasi modifica apportata, all'interno del disegno di LibreOffice, a un'immagine collegata verrà applicata solamente al disegno e non avrà effetti sul file dell'immagine originale collegato al disegno.

Potete aggiornare, modificare o interrompere i collegamenti scegliendo la voce **Modifica > Collegamenti** dalla barra principale dei menu per aprire la finestra di dialogo **Modifica collegamenti** (Figura 148). Selezionate il collegamento da aggiornare, modificare o interrompere e poi fate clic sul pulsante appropriato. Se interrompete un collegamento, l'immagine precedentemente collegata viene incorporata nel disegno e il suo formato immagine viene convertito in PNG.

Figura 148: finestra di dialogo Modifica collegamenti

Acquisizione da scanner

Con la maggior parte degli scanner potete inserire direttamente nel disegno o nel documento un'immagine digitalizzata. Le immagini scansionate vengono incorporate in formato PNG.

Assicuratevi che il vostro scanner sia configurato sul computer e che sia supportato dal sistema SANE, se il vostro sistema operativo è Linux, oppure da TWAIN, se il vostro sistema operativo è Windows o Mac.

Per inserire un'immagine da uno scanner:

1) Posizionate un documento, un disegno, o una fotografia nello scanner e accertatevi che lo scanner sia pronto.

2) Nella barra principale dei menu accedete alla voce **Inserisci > Immagine > Scanner > Scegli sorgente** per selezionare lo scanner se questa è la prima volta che viene usato lo scanner, oppure accedete alla voce **Inserisci > Immagine > Scanner > Avvia** se lo scanner è già stato usato in precedenza.

Nota	Se al computer è collegato più di uno scanner, potrete selezionare il dispositivo quando selezionate la sorgente. La selezione effettuata diventerà la sorgente predefinita per avviare la scansione, finché non verrà usato un altro dispositivo come sorgente.

3) Il resto della procedura cambia in funzione del driver dello scanner, dell'interfaccia e del sistema operativo del computer. Di solito vi verrà richiesto di specificare le opzioni per la scansione, come la risoluzione, l'area da acquisire, e così via. Per maggiori informazioni consultate la documentazione fornita con lo scanner.

4) Una volta che l'immagine è stata acquisita, Draw la inserisce nel disegno. A questo punto è possibile modificarla come qualsiasi altra immagine.

Copiare e incollare

Copiare un'immagine e poi incollarla è un altro modo per incorporare immagini in un disegno (vengono cioè usati gli Appunti). L'immagine copiata può essere un'immagine già incorporata in un altro documento o disegno, oppure può essere un file grafico, come un disegno, un documento o una fotografia.

Dopo averla copiata, quando incollate l'immagine in Draw potete anche scegliere il formato utilizzando la voce **Modifica > Incolla speciale** dalla barra principale dei menu. I formati disponibili dipenderanno dal tipo di immagine copiata negli Appunti.

Trascinamento

Il trascinamento è un altro metodo per incorporare immagini in un disegno e può essere usato con immagini che sono state incorporate o collegate. Il modo in cui funziona il trascinamento è determinato dal sistema operativo del computer. Il comportamento del trascinamento di solito viene controllato usando i tasti *Ctrl* o *Ctrl+Maiusc* in combinazione con il mouse.

Gli oggetti e le immagini che vengono usati frequentemente possono essere memorizzati nella Galleria di Draw. Dalla Galleria è possibile trascinare semplicemente una copia dell'oggetto o dell'immagine nel disegno. L'utilizzo della Galleria viene trattato nel *Capitolo 10 (Tecniche di Draw avanzate)*.

Inserimento di file

Sulla barra principale dei menu è presente un'opzione per inserire un file (**Inserisci > File**). Questa opzione permette di inserire un disegno di Draw esistente (*.ODG), una presentazione di Impress (*.ODP), un documento di Writer (*.ODT), oppure un documento nei formati Rich Text Format (RTF), HTML o testo semplice. Il testo presente nel file verrà inserito in una cornice di testo, per la quale saranno disponibili le opzioni per la formattazione dei paragrafi e dei caratteri. Quando inserite un file nel disegno, normalmente viene inserito l'intero documento.

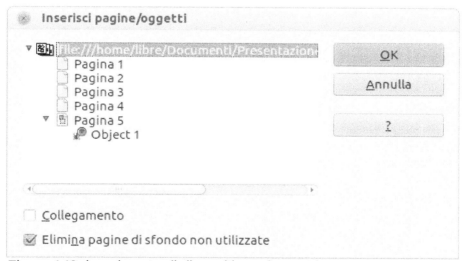

Figura 149: inserimento di diapositive od oggetti

In ogni caso, quando scegliete un file di Draw o di Impress potete anche scegliere di inserire nel disegno singole diapositive o singoli oggetti.

Dopo aver selezionato un file di Draw o di Impress e aver fatto clic su **Inserisci**, si aprirà la finestra di dialogo Inserisci pagine/oggetti (Figura 149). Per accedere alle singole diapositive o ai singoli oggetti, fate clic sul simbolo di espansione (di solito un + o un piccolo triangolo, a seconda del sistema operativo) a sinistra del nome del file nell'area di selezione.

Selezionate le diapositive o gli oggetti che volete inserire e fate clic su **OK** per inserire gli elementi selezionati nel disegno.

Se nel documento sorgente era stato assegnato un nome all'oggetto inserito, quest'ultimo manterrà il suo nome originale, a meno che il nome non esista già nel documento corrente. Se si verifica un conflitto di nomi, dovete assegnare un nuovo nome all'oggetto prima di inserirlo. Per rinominare un oggetto inserito, fate clic con il pulsante destro del mouse e scegliete *Nome* dal menu contestuale. Rinominando gli oggetti si ha il vantaggio che questi vengono poi elencati nel Navigatore.

Esportazione di immagini

Esportazione dell'intero file

Per impostazione predefinita Draw salva i disegni in formato *.ODG ma altri programmi potrebbero non essere in grado di aprire questi file. Per rendere i vostri disegni compatibili anche con altri programmi, potete esportare i file in diversi formati.

1) Selezionate il vostro file e nella barra principale dei menu scegliete la voce **File > Esporta**.
2) Selezionate il formato desiderato nella sezione superiore dell'elenco a discesa *Formato file* (Figura 150).
3) Fate clic su **Esporta**.

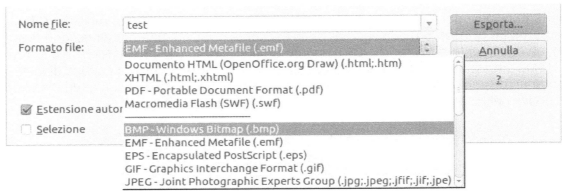

Figura 150: esportazione di immagini

4) A seconda del formato selezionato, apparirà un'altra finestra di dialogo che vi permetterà di impostare le opzioni desiderate per tale formato.
5) Fate clic su **Esporta**, **Crea** oppure **OK** e il vostro file verrà esportato come un nuovo file nel suo nuovo formato.

Nota	Le opzioni dei formati nella sezione superiore dell'elenco a discesa *Formato file* (EMF, HTML, XHTML, PDF e SWF) sono valide solo per file completi.

Esportazione di oggetti

Per esportare singoli oggetti dal vostro disegno:

1) Selezionate gli oggetti e poi scegliete la voce **File > Esporta** dalla barra dei menu.
2) Selezionate il formato immagine desiderato dalla sezione inferiore dell'elenco a discesa *Formato file*.
3) Nella finestra di dialogo Esporta spuntate l'opzione *Selezione* (Figura 150).
4) Fate clic su **Esporta**.
5) A seconda del formato selezionato, apparirà un'altra finestra di dialogo che vi permetterà di impostare le opzioni desiderate per tale formato.
6) Fate clic su **Esporta**, **Crea** oppure **OK** e gli oggetti selezionati verranno esportati come un nuovo file nel suo nuovo formato.

Formattazione di oggetti raster

Gli oggetti costituiti da immagini raster possono essere formattati utilizzando il menu Formato o i menu contestuali. La barra degli strumenti Immagine viene utilizzata per aggiungere o modificare i filtri e per regolare le proprietà di linee, aree e ombre.

La proprietà Trasparenza nel menu Formato non si riferisce alla trasparenza dell'immagine raster stessa, ma allo sfondo dell'area. Per modificare la trasparenza di un'immagine raster, dovete usare la barra degli strumenti Immagine; vedete "Barra degli strumenti Immagine" a pagina 135.

Alcune immagini raster possono avere un elemento di testo; per maggiori informazioni sulla formattazione del testo, vedete il *Capitolo 9 (Aggiunta e formattazione del testo)*.

Potete modificare la posizione, le dimensioni e la rotazione delle immagini raster; per maggiori informazioni vedete il *Capitolo 3 (Lavorare con oggetti e punti oggetto)*. Le immagini raster possono anche essere rispecchiate (**Cambia > Rispecchia** dalla barra dei menu principale), ma alcuni formati grafici di metafile potrebbero presentare dei problemi se contengono del testo.

Le immagini raster incluse in un gruppo si comportano come gli altri oggetti quando le proprietà del gruppo vengono modificate.

Si raccomanda di assegnare un nome alle immagini raster usando **Cambia > Nome** dalla barra dei menu principale o dal menu contestuale. Nel Navigatore sono visibili solo gli oggetti a cui è stato assegnato un nome e solo gli oggetti con un nome possono essere direttamente importati da un altro file.

Barra degli strumenti Immagine

La barra degli strumenti **Immagine** compare automaticamente quando selezionate un'immagine (Figura 151 e Figura 152). Questa si può trovare nella barra principale dei menu oppure come barra mobile.

Figura 151: barra degli strumenti Immagine

Figura 152: strumenti della barra Immagine

Gli strumenti disponibili nella barra degli strumenti **Immagine** sono i seguenti, da sinistra a destra:

- **Filtro**: apre la barra degli strumenti Filtro grafico, illustrata nella sezione "Barra degli strumenti Filtro grafico" a pagina 138.

- **Modo grafico**: permette di modificare la visualizzazione dell'immagine da colore a scala di grigi, bianco e nero, o filigrana. Questa impostazione influisce solo sulla visualizzazione e sulla stampa dell'immagine; il file dell'immagine originale non viene modificato.

  - *Predefinita*: l'immagine viene visualizzata senza alterazioni, a colori.

  - *Toni di grigio*: l'immagine viene visualizzata in 256 sfumature di grigio.

  - *Bianco/Nero*: l'immagine viene visualizzata in bianco e nero.

  - *Filigrana*: la luminosità e il contrasto dell'immagine sono ridotti fino al punto che l'immagine può essere utilizzata come filigrana (sfondo).

- **Colore**: apre la barra degli strumenti Colore (Figura 153) per regolare i valori dei tre colori RGB, la luminosità, il contrasto e la Gamma. Queste regolazioni non hanno effetto sull'immagine originale, ma i valori vengono memorizzati da Draw come un insieme distinto di formattazioni.

  - *Rosso, Verde, Blu*: permettono di selezionare valori compresi tra -100% (assenza di colore) e +100% (intensità massima); 0% indica il valore originale del colore dell'immagine.

  - *Luminosità*: permette di selezionare un valore compreso tra –100% (completamente nero) e +100% (completamente bianco).

  - *Contrasto*: permette di selezionare un valore compreso tra –100% (minimo) e +100% (massimo).

  - *Gamma*: questa opzione ha effetto sulla luminosità delle tonalità di colore intermedie. Permette di selezionare un valore compreso tra 0,10 (minimo) e 10 (massimo). Provate a regolare questo valore se modificando la luminosità o il contrasto non ottenete il risultato desiderato.

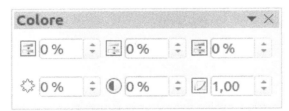

Figura 153: barra degli strumenti Colore

- **Trasparenza**: consente di regolare il livello di trasparenza dell'immagine tra 0% (opaca) e 100% (completamente trasparente).

- **Linea**: apre la finestra di dialogo Linea. In questo contesto il termine linea si riferisce al contorno del bordo. Per maggiori informazioni vedete il *Capitolo 4 (Cambiare gli attributi degli oggetti)*.

- **Area**: apre la finestra di dialogo Area, che vi permette di modificare colore, sfumatura, tratteggio e riempimento dell'area di sfondo che contiene l'immagine, non dell'immagine stessa. Per vedere lo sfondo è necessario impostare la trasparenza dell'immagine su un valore sufficientemente elevato.

- **Ombra**: attiva l'effetto ombra predefinito intorno all'immagine.

- **Taglia immagine**: ritaglia un'immagine. Quando fate clic su questo strumento, intorno all'immagine appaiono dei contrassegni di ritaglio. Trascinate uno o più di questi contrassegni per ritagliare l'immagine alle dimensioni desiderate. Per ritagliare in modo più accurato, consultate la sezione "Ritagliare" a pagina 137.

Ritagliare

Per avere maggior controllo e accuratezza nelle funzioni di ritaglio, selezionate l'immagine e scegliete la voce **Formato > Taglia immagine**, oppure fate clic con il pulsante destro del mouse e selezionate **Ritaglia immagine** dal menu contestuale per aprire la finestra di dialogo **Taglia** (Figura 154).

Qualsiasi modifica effettuata nella finestra di dialogo Taglia cambia solo la visualizzazione dell'immagine. L'immagine originale non viene modificata. Se volete esportare un'immagine ritagliata, dovete farlo mediante la voce **File > Esporta**. Se usate la voce **Salva come immagine** dal menu contestuale, le modifiche non vengono esportate.

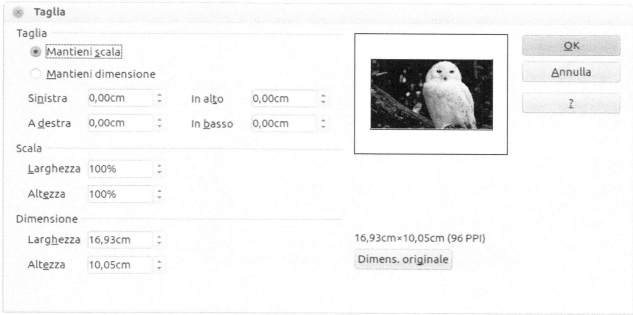

Figura 154: finestra di dialogo Taglia

Nota	Come alternativa al ritaglio, la finestra di dialogo **Posizione e dimensione** contiene un'opzione per mantenere fisso il rapporto tra larghezza e altezza mentre modificate una delle due dimensioni. Modificando i valori in una sezione (*Scala* o *Dimensione*) verranno visualizzati i valori corrispondenti nell'altra sezione.

Attenzione	Prestate attenzione con le operazioni di ritaglio. Nella finestra di dialogo **Taglia**, la larghezza e l'altezza sono trattate come valori indipendenti. La modifica di un solo valore, lasciando l'altro inalterato, potrebbe causare distorsioni rilevanti dell'immagine e questo potrebbe non essere ciò che desiderate.

Taglia

Questa sezione della finestra di dialogo **Taglia** vi permette di ritagliare o scalare l'immagine selezionata, oppure di aggiungere dello spazio bianco attorno all'immagine.

- **Mantieni scala:** – permette di conservare la scala originale dell'immagine quando ritagliate, in modo che cambino solo le dimensioni dell'immagine.

- **Mantieni dimensione:** – permette di conservare le dimensioni originali dell'immagine quando ritagliate, in modo che cambi solo la scala dell'immagine. Per ridurre la scala dell'immagine, selezionate questa opzione e inserite dei valori negativi nei campi per il ritaglio. Per aumentare la scala dell'immagine, inserite invece dei valori positivi.

- **Sinistra** e **A destra**: – se l'opzione **Mantieni scala** è selezionata, inserite un valore positivo per ritagliare il bordo sinistro o destro dell'immagine, oppure un valore negativo per aggiungere uno spazio bianco alla sinistra o alla destra dell'immagine. Se è selezionata l'opzione **Mantieni dimensione**, inserite un valore positivo per aumentare in orizzontale la scala dell'immagine, oppure un valore negativo per ridurla.

- **In alto** e **In basso**: – se l'opzione **Mantieni scala** è selezionata, inserite un valore positivo per ritagliare la parte superiore o inferiore dell'immagine, oppure un valore negativo per aggiungere uno spazio bianco sopra o sotto l'immagine. Se è selezionata l'opzione **Mantieni dimensione**, inserite un valore positivo per aumentare in verticale la scala dell'immagine, oppure un valore negativo per ridurla.

Scala

Questa sezione della finestra di dialogo **Taglia** vi permette di modificare la scala dell'immagine selezionata. Inserite nei campi **Larghezza** e **Altezza** un valore percentuale per la larghezza o l'altezza dell'immagine selezionata.

Dimensione

Questa sezione della finestra di dialogo **Taglia** vi permette di modificare le dimensioni dell'immagine selezionata. Inserite nei campi **Larghezza** e **Altezza** un valore per la larghezza o per l'altezza dell'immagine selezionata.

Sopra il pulsante **Dimens. originale**, vengono mostrate le dimensioni originali dell'immagine. Facendo clic su questo pulsante e poi su **OK** si ripristina l'immagine inserita alle sue dimensioni originali.

Barra degli strumenti Filtro grafico

Dopo aver selezionato un'immagine, e dopo l'apertura della barra degli strumenti **Immagine** (Figura 151), fate clic sull'icona **Filtro** per aprire la barra degli strumenti **Filtro grafico** (Figura 155 e Figura 156). Draw offre undici effetti filtro. I filtri agiscono sulla visualizzazione corrente dell'immagine e possono essere combinati; vengono applicati sempre all'intera immagine e non è possibile usarli per modificare solo una parte dell'oggetto.

Figura 155: barra degli strumenti Filtro grafico

Figura 156: strumenti della barra Filtro grafico

Nota	Se state lavorando su un'immagine collegata, qualsiasi filtro grafico sarà applicato solamente alla visualizzazione corrente. L'immagine originale non verrà cambiata. Quando chiudete il vostro disegno, qualsiasi filtro abbiate applicato andrà perso. Per conservare una copia dell'immagine con i filtri applicati, esportatela scegliendo la voce **File > Esporta**.
	Se l'immagine è incorporata, tutti i filtri grafici vengono applicati direttamente sull'immagine e non possono essere annullati in una sessione successiva. Dopo aver salvato e chiuso il disegno, gli effetti del filtro grafico diventeranno permanenti. Se non volete mantenere un filtro grafico, dovete usare il comando **Modifica > Annulla** per rimuovere l'effetto del filtro.

Filtro grafico Inverti

Inverte o rovescia i valori del colore di un'immagine a colori (in modo simile a un negativo a colori), oppure i valori della luminosità di un'immagine in scala di grigi. Applicate nuovamente il filtro per ritornare all'immagine originale (Figura 157).

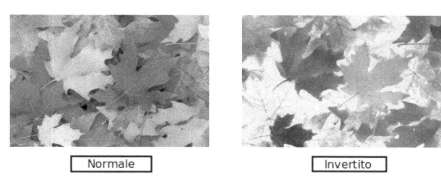

Figura 157: filtro grafico Inverti

Filtro grafico Smorza

Attenua o sfuma l'immagine applicando un filtro passa basso che riduce il contrasto tra i pixel contigui e produce una leggera perdita di nitidezza. Se utilizzate il filtro più volte, l'effetto sarà rafforzato (Figura 158).

Figura 158: filtro grafico Smorza

Filtro grafico Aumenta nitidezza

Aumenta la nitidezza dell'immagine applicando un filtro passa alto che aumenta il contrasto tra i pixel contigui enfatizzando la differenza di luminosità. Questo accentuerà i bordi e l'effetto sarà rafforzato se applicherete il filtro più volte (Figura 159).

Figura 159: filtro grafico Aumenta nitidezza

Filtro grafico Elimina rumore

Rimuove il rumore applicando un filtro mediano che compara ogni pixel con quelli adiacenti. Inoltre sostituisce i valori estremi di quei pixel il cui colore devia di molto dal valore medio, con quelli di un pixel che ha un valore di colore medio. L'ammontare di informazioni nell'immagine non aumenta, ma, dato che ci sono meno variazioni di contrasto, ne risulta un'immagine che sembra più morbida (Figura 160).

Figura 160: filtro grafico Elimina rumore

Filtro grafico Solarizzazione

In fotografia la Solarizzazione è un fenomeno nel quale la tonalità di un'immagine impressa sul negativo o su una stampa fotografica è completamente o parzialmente invertita. Le aree scure appaiono chiare e le aree chiare appaiono scure. La solarizzazione è un effetto fotochimico in origine utilizzato durante lo sviluppo dei negativi, che viene ora usato nel mondo digitale dei computer per creare una modifica o una inversione nel colore (Figura 161 e Figura 162).

Figura 161: filtro grafico Solarizzazione

Figura 162: finestra di dialogo Solarizzazione

Facendo clic sullo strumento **Solarizzazione** si apre una finestra di dialogo che vi permette di definire la soglia di solarizzazione. Inserendo una soglia superiore al 70% verranno invertiti i valori dei colori (immagine centrale nella Figura 161). Selezionando l'opzione Inverti, vengono invertiti tutti i colori (immagine a destra nella Figura 161).

Filtro grafico Invecchiamento

L'invecchiamento crea un aspetto che richiama quello delle immagini sviluppate alle origini della fotografia. Tutti i pixel vengono impostati al loro valore di grigio e poi i canali del verde e del blu vengono ridotti dell'ammontare specificato nella finestra di dialogo Invecchiamento. Il canale del rosso non viene modificato (Figura 163 e Figura 164).

Figura 163: filtro grafico Invecchiamento

Figura 164: finestra di dialogo Invecchiamento

Filtro grafico Poster

La posterizzazione riduce il numero di colori in un'immagine appiattendone l'aspetto. Quando usata su una fotografia, la posterizzazione può rendere la fotografia simile a un dipinto. Facendo clic sullo strumento **Poster** si apre una finestra di dialogo che vi permette di definire il numero di colori posterizzati da usare per produrre l'effetto desiderato (Figura 165 e Figura 166).

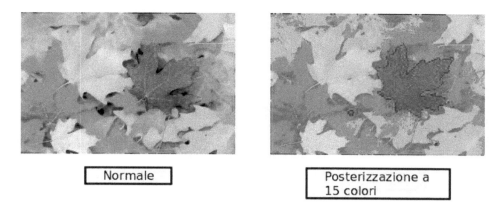

Figura 165: filtro grafico Poster

Figura 166: finestra di dialogo Posterizza

Filtro grafico Popart

Modifica i colori di un'immagine in un formato in stile pop-art (Figura 167).

Figura 167: filtro grafico Popart

Filtro grafico Carboncino

Visualizza l'immagine come uno schizzo a carboncino. I contorni dell'immagine vengono disegnati in nero e i colori originali vengono soppressi (Figura 168).

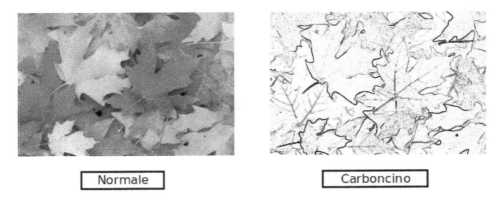

| Normale | | Carboncino |

Figura 168: filtro grafico Carboncino

Filtro grafico Rilievo

Il filtro grafico **Rilievo** genera i bordi di un'immagine in rilievo come se l'immagine fosse illuminata da una sorgente luminosa. La posizione della sorgente luminosa è selezionabile, in modo da produrre ombre che differiscono per direzione e intensità (Figura 169 e Figura 170).

| Normale | | Rilievo |

Figura 169: filtro grafico Rilievo

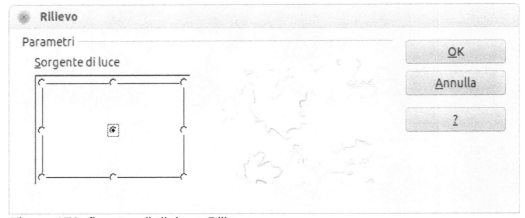

Figura 170: finestra di dialogo Rilievo

Filtro grafico Mosaico

Il filtro grafico **Mosaico** unisce gruppi di pixel e li converte in una mattonella rettangolare di un unico colore, ricreando un'immagine che sembra essere un mosaico. Più grandi saranno i singoli rettangoli creati, minori saranno i dettagli del mosaico.

Facendo clic sullo strumento **Mosaico** si apre una finestra di dialogo che vi permette di impostare il numero di pixel da usare per creare la larghezza e l'altezza delle mattonelle. Gli angoli di ogni mattonella possono anche essere evidenziati per creare una definizione più nitida (Figura 171 e Figura 172).

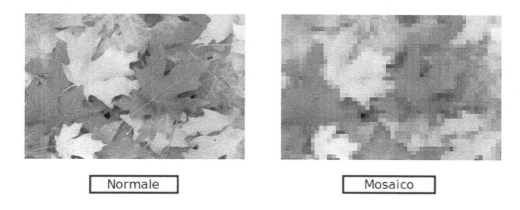

Figura 171: filtro grafico Mosaico

Figura 172: finestra di dialogo Mosaico

Sostituzione dei colori

Lo strumento **Sostituzione colore** vi permette di sostituire un colore di un'immagine con un altro oppure di impostarlo come trasparente. È possibile sostituire fino a quattro colori contemporaneamente. Lo strumento ha effetto sull'intera immagine e non è possibile selezionare un'area da modificare.

Potete usare la **Sostituzione colore** solamente su immagini incorporate. Se provate a usare lo strumento **Sostituzione colore** su un'immagine collegata, otterrete il seguente messaggio di errore: *"Questa immagine è collegata con il documento. Desiderate scollegare l'immagine per poterla modificare?".*

La lista di selezione per la sostituzione dei colori mostra tutti i colori disponibili nella tavolozza corrente del disegno. Qui non potete definire alcun nuovo colore, ma potete aggiungere colori alla tavolozza disponibile prima di usare lo strumento Sostituzione colore. Per maggiori informazioni su questo argomento, vedete il *Capitolo 10 (Tecniche di Draw avanzate)*.

Sostituzione dei colori

Potete sostituire un colore in un'immagine nel modo seguente:

1) Nella barra principale dei menu scegliete la voce **Strumenti > Sostituzione colore** per aprire la finestra di dialogo Sostituzione colore (Figura 173).

2) Selezionate un'immagine per iniziare a usare la Sostituzione colore.

3) Fate clic sull'icona contagocce (Pipetta) ![icona pipetta] per attivare la modalità di selezione del colore.

4) Spostate il cursore sul colore che volete sostituire nell'immagine selezionata, quindi fate clic sul colore da sostituire.

5) Ora risulta selezionata una casella di controllo e il colore scelto compare sotto la voce *Colore origine*.

6) Nella casella *Tolleranza* inserite il valore di tolleranza desiderato per la sostituzione del colore. Il valore di tolleranza predefinito è del 10%.

7) Sotto la voce *Sostituisci con...* selezionate un colore dall'elenco a discesa. Il valore predefinito è Trasparente.

8) Fate clic sul pulsante *Sostituisci* per sostituire i colori nell'immagine selezionata.

Figura 173: finestra di dialogo Sostituzione colore

9) Non è presente alcuna anteprima dell'effetto. Se il risultato non è quello desiderato, nella barra principale dei menu selezionate **Modifica > Annulla** e ripetete la sostituzione del colore.

Sostituzione di aree trasparenti

È anche possibile riempire le aree trasparenti di un'immagine con un colore.

1) Nella barra principale dei menu scegliete la voce **Strumenti > Sostituzione colore** per aprire la finestra di dialogo **Sostituzione colore**. (Figura 173).

2) Assicuratevi che l'immagine non sia selezionata.

3) Selezionate l'opzione *Trasparenza* nella finestra di dialogo **Sostituzione colore**.

4) Selezionate un colore dall'elenco a discesa vicino alla voce *Trasparenza*.

5) Fate clic su **Sostituisci** per riempire le aree trasparenti con il colore selezionato.

Parametro Tolleranza

Il parametro tolleranza viene usato per definire la quantità del colore di origine che nell'immagine verrà sostituita da un altro colore. Per sostituire colori simili al colore che state sostituendo, inserite un valore basso come parametro tolleranza. Per sostituire una gamma di colori più ampia, inserite un valore più alto.

Conversione

Convertire in contorno

Converte l'immagine selezionata in un contorno creando un poligono, o un gruppo di poligoni. Se la conversione crea un gruppo di poligoni (ad esempio un oggetto di testo), prima di selezionare un singolo poligono premete il tasto *F3* per entrare nel gruppo.

Per convertire un'immagine in un contorno:

1) Selezionate l'immagine nel disegno.
2) Scegliete la voce **Cambia > Converti > In contorno**, oppure fate clic sull'immagine con il pulsante destro del mouse e selezionate **Converti > In contorno**.

Nota	Prima di convertire l'immagine in contorno assicuratevi di aver completato tutte le modifiche, dato che dopo la conversione l'immagine non può più essere modificata.

Convertire in poligono

Converte l'immagine selezionata in una serie di poligoni riempiti con un colore. Inoltre l'immagine diventa vettoriale e può essere ridimensionata senza perdite di qualità e senza distorsioni del testo. Dopo la conversione, potete suddividere l'immagine in gruppi di poligoni e poi separare questi gruppi in singoli poligoni. Queste suddivisioni e separazioni vi consentono di modificare o cancellare i singoli colori all'interno dell'immagine.

Conversione

Per convertire un'immagine in poligono:

1) Selezionate l'immagine nel disegno.
2) Scegliete la voce **Cambia > Converti > In poligono**, oppure fate clic con il pulsante destro del mouse sull'immagine e selezionate **Converti > In poligono** per aprire la finestra di dialogo **Converti in poligono** (Figura 174).
3) Selezionate il *Numero colori* e la *Riduzione punti* nella sezione *Impostazioni*.
4) Per prevenire la comparsa di aree vuote nell'immagine, spuntate l'opzione *Riempi vuoti* e scegliete una *Dimensione piastrella*.
5) Fate clic sul pulsante *Anteprima* per controllare l'aspetto che avrà l'immagine convertita.
6) Apportate tutte le modifiche necessarie alle impostazioni e controllate nuovamente l'anteprima.
7) Quando siete soddisfatti, fate clic su **OK** per convertire l'immagine in poligoni.

Figura 174: finestra di dialogo Converti in poligono

Opzioni e parametri di conversione

- **Numero colori**: inserite il numero di colori che saranno visualizzati nell'immagine convertita. LibreOffice genera un poligono per ogni occorrenza di un colore nell'immagine. Il numero di colori è compreso in un intervallo che va da 8 a 32.

- **Riduzione punti**: rimuove i poligoni di colore che sono più piccoli del valore in pixel inserito. L'intervallo di valori per la riduzione punti è compreso tra 0 e 32 pixel.

- **Riempi vuoti**: riempie le aree vuote che si possono creare nell'immagine quando si applica la riduzione punti.

- **Dimensione piastrella**: inserite le dimensioni del rettangolo usato per il riempimento dello sfondo. L'intervallo di valori per le dimensioni piastrella è compreso tra 0 e 128 pixel.

- **Immagine originale**: è l'anteprima dell'immagine originale.

- **Immagine vettoriale**: è l'anteprima dell'immagine convertita. Fate clic sul pulsante *Anteprima* per generare l'anteprima dell'immagine vettoriale.

- **Progresso**: durante la conversione visualizza una barra di completamento.

- **Anteprima**: crea un'anteprima dell'immagine convertita senza applicare alcuna modifica.

- **OK**: converte in poligoni l'immagine.

Suddivisione

Dopo aver convertito l'immagine in poligoni, potete suddividerla in gruppi di poligoni. Ciascun gruppo di poligoni è costituito da un solo colore.

1) Per convertire l'immagine in poligoni, vedete il paragrafo "Conversione" a pagina 147.
2) Per suddividere l'immagine convertita in gruppi di poligoni, assicuratevi che sia selezionata e poi scegliete la voce **Cambia > Suddividi** nella barra principale dei menu.

3) Fate clic su un colore nell'immagine e poi trascinate il gruppo di poligoni di quel colore al di fuori dell'immagine per creare con questi una nuova immagine, oppure premete il tasto *Canc* per eliminare quel colore dall'immagine.

Separazione

Dopo aver convertito in poligoni l'immagine e averla suddivisa in gruppi di poligoni, potete separare questi gruppi in singoli poligoni.

1) Per convertire l'immagine in poligoni, vedete il paragrafo "Conversione" a pagina 147.
2) Per suddividere l'immagine in gruppi di poligoni, vedete il paragrafo "Suddivisione" a pagina 148.
3) Assicuratevi che l'immagine sia selezionata e nella barra principale dei menu scegliete la voce **Cambia > Dividi**, oppure usate i tasti di scelta rapida *Ctrl+Alt+Maiusc+K* per separare i gruppi di poligoni in singoli poligoni.
4) Fate clic su un singolo poligono e trascinatelo fuori dall'immagine o dal gruppo di poligoni, oppure premete il tasto *Canc* ed eliminate quel poligono dall'immagine.

Convertire in bitmap

Tutti gli oggetti di disegno posizionati in un disegno di LibreOffice sono immagini vettoriali, che possono essere convertite in bitmap in formato PNG. Ogni effetto di trasparenza dell'immagine vettoriale originale viene perso durante la conversione, anche se il formato PNG utilizzato supporta le trasparenze.

Per convertire un'immagine vettoriale in bitmap, scegliete la voce **Cambia > Converti > In bitmap** nella barra principale dei menu, oppure fate clic con il pulsante destro del mouse sull'immagine e selezionate **Converti > In bitmap** dal menu contestuale.

Opzioni di stampa

Se avete solamente una stampante monocromatica (in bianco e nero) o riscontrate dei problemi di stampa, le seguenti impostazioni potrebbero aiutarvi a stampare il disegno. Potete impostare la stampa in modo che tutti i testi e tutte le immagini vengano stampati in toni di grigio o in bianco e nero.

Le impostazioni generali si trovano in **Strumenti > Opzioni > LibreOffice Draw > Stampa** (Figura 175) e vengono applicate a tutti i disegni che stampate usando LibreOffice Draw.

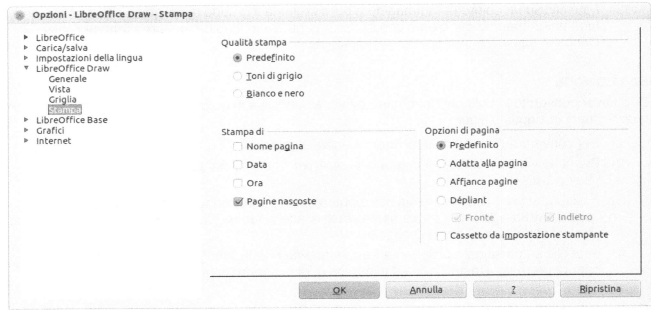

Figura 175: Opzioni - LibreOffice Draw - Stampa

Per impostare le opzioni di stampa solo per il documento corrente, scegliete la voce **File > Stampa** e, nella finestra di dialogo Stampa, fate clic sulla scheda **Opzioni** (Figura 176).

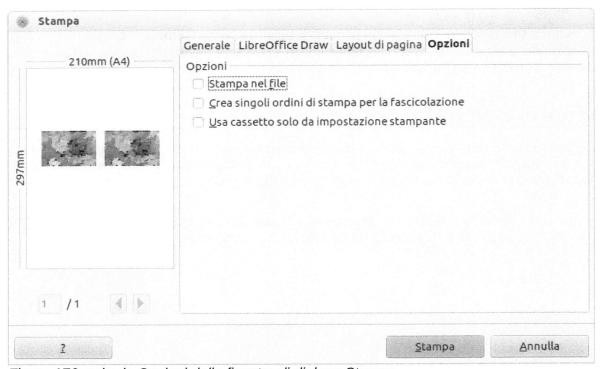

Figura 176: scheda Opzioni della finestra di dialogo Stampa

Per impostare le opzioni di stampa per tutti i moduli di LibreOffice, andate su **Strumenti > Opzioni > LibreOffice > Stampa** (Figura 177). Queste opzioni di stampa vi permettono di ridurre i dati di stampa inviati alla stampante o al file; vi permettono inoltre di impostare avvisi riguardanti le dimensioni della carta, l'orientamento e la trasparenza.

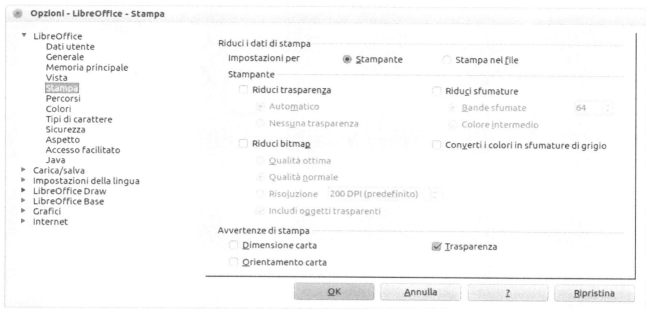

Figura 177: Opzioni - LibreOffice - Stampa

Capitolo 7
Lavorare con oggetti
tridimensionali (3D)

Introduzione

Nonostante Draw non possieda le funzionalità dei principali programmi di disegno o di ritocco fotografico, è però in grado di produrre e modificare con ottimi risultati disegni e immagini tridimensionali.

Draw mette a disposizione due diversi tipi di oggetti tridimensionali: *corpi 3D* e *forme 3D*. A seconda del tipo scelto, ci sono differenti possibilità per modificare un oggetto (rotazione, illuminazione, prospettiva). Le forme 3D sono più facili da impostare e da modificare rispetto ai corpi 3D, ma i corpi 3D consentono una maggiore personalizzazione.

Creazione

Potere creare dei corpi 3D utilizzando l'estrusione, la rotazione del corpo, e le impostazioni 3D degli oggetti e del testo.

Se le icone 3D non sono visibili sulla barra degli strumenti Disegno (Figura 178), fate clic sul piccolo triangolo sulla destra della barra degli strumenti, quindi, dalla lista delle icone disponibili, selezionate **Pulsanti visibili > In 3D** oppure **In solido di rotazione 3D** (Figura 179).

Figura 178: barra degli strumenti Disegno

Figura 179: icone 3D disponibili

Estrusione

1) Disegnate un oggetto mediante uno degli strumenti per le forme presenti nella barra degli strumenti Disegno, ad esempio quadrato/rettangolo, cerchio/ellisse oppure testo.

2) Assicuratevi che l'oggetto da rendere tridimensionale sia selezionato.

3) Fate clic sull'icona **In 3D** sulla barra degli strumenti Disegno, oppure scegliete la voce **Cambia > Converti > In 3D** dalla barra dei menu, oppure ancora fate clic sull'oggetto con il pulsante destro del mouse e selezionate **Converti > In 3D**, dal menu contestuale e l'oggetto in 2D selezionato sarà convertito in 3D (Figura 180).

L'estrusione è una procedura con la quale più superfici parallele vengono posizionate per creare un oggetto 3D. Si ottiene quando una superficie in 2D viene spostata in avanti al di fuori del piano di disegno. L'oggetto viene inoltre leggermente inclinato e viene attivata la prospettiva centrale, in modo che l'oggetto convertito venga identificato più facilmente come tridimensionale. Per l'estrusione (profondità del corpo) Draw utilizza un valore predefinito rapportato alle dimensioni dell'oggetto in 2D. Questo valore può essere modificato dopo aver eseguito l'estrusione; per maggiori informazioni vedete la sezione "Modifica di oggetti 3D" a pagina 160.

Figura 180: trasformazione di un oggetto da 2D a 3D tramite estrusione

Rotazione del corpo

In solido di rotazione 3D (menu Cambia)

La rotazione del corpo in 3D trasforma un oggetto in tridimensionale ruotandolo e usando come asse di rotazione il suo lato sinistro. La rotazione di un corpo è più evidente utilizzando come oggetto di esempio una linea spessa. La forma 3D effettivamente creata dipende dallo spessore della linea, dal suo angolo e dalla sua forma (Figura 181).

1) Disegnate una linea e assicuratevi che sia selezionata.

2) Per convertire la linea in un oggetto 3D, fate clic sull'icona **In solido di rotazione 3D** ⚓ sulla barra degli strumenti Disegno oppure scegliete la voce **Cambia > Converti > In solido di rotazione 3D** dalla barra dei menu principale.

Figura 181: In solido di rotazione 3D

In solido di rotazione 3D (barra strumenti Modo)

Questa differente versione del comando In solido di rotazione 3D trasforma un oggetto in tridimensionale ruotandolo su di un asse di rotazione liberamente posizionabile. La posizione predefinita dell'asse di rotazione corrisponde al lato sinistro dell'oggetto, ma la posizione e l'angolo di rotazione possono essere regolati, permettendovi di creare oggetti 3D di forme diverse. La rotazione di un corpo è più evidente utilizzando come oggetto di esempio una linea spessa. La forma 3D effettivamente creata dipende dallo spessore della linea, dal suo angolo e dalla sua forma (Figura 182).

1) Disegnate una linea e assicuratevi che sia selezionata.

2) Sulla barra degli strumenti Disegno, fate clic sul piccolo triangolo vicino all'icona **Effetti** e selezionate l'icona **In solido di rotazione 3D** ⚓ dalla barra a comparsa.

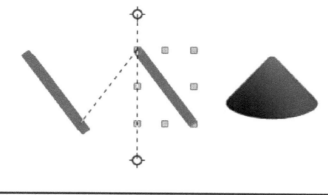

Posizione e angolo dell'asse di rotazione predefiniti

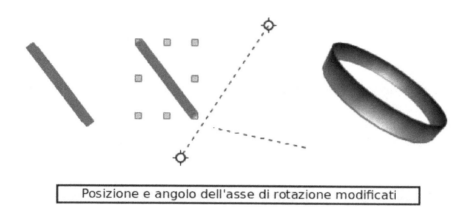

Posizione e angolo dell'asse di rotazione modificati

Figura 182: In solido di rotazione 3D

3) In alternativa, dalla barra principale dei menu accedete al menu **Visualizza > Barre degli strumenti > Modo** per aprire la barra degli strumenti Modo, e da questa selezionate l'icona **In solido di rotazione 3D** ⬥.

4) Se necessario, regolate la posizione e l'angolo dell'asse di rotazione. Questo viene visualizzato come una linea tratteggiata con dei punti di rotazione su ciascuna estremità.

5) Fate clic in un punto qualunque al di fuori dell'oggetto e questo verrà convertito in una forma 3D.

Nota	L'aspetto dell'icona Effetti sulla barra degli strumenti Disegno cambia a seconda dell'ultimo strumento utilizzato. Se l'icona Effetti non è visibile nella barra degli strumenti Disegno, fate clic sul piccolo triangolo alla destra della barra e poi su **Pulsanti visibili**, quindi selezionate **Effetti**.

Oggetti 3D pronti per l'uso

LibreOffice possiede una collezione di oggetti 3D già pronti e disponibili per un utilizzo immediato. Per accedere a questi oggetti 3D, scegliete la voce **Visualizza > Barre degli strumenti > Oggetti 3D** dalla barra dei menu, oppure fate clic sull'icona Oggetti 3D nella barra degli strumenti Disegno, per aprire la barra degli strumenti **Oggetti 3D** (Figura 183).

Figura 183: barra degli strumenti Oggetti 3D

Nota	L'aspetto dell'icona Oggetti 3D sulla barra degli strumenti Disegno cambia in base all'ultimo strumento utilizzato.
	Se l'icona Oggetti 3D non è visibile nella barra degli strumenti Disegno, fate clic sul piccolo triangolo alla destra della barra e poi su **Pulsanti visibili**, quindi selezionate **Oggetti 3D**.

Disegnare oggetti 3D utilizzando questa barra degli strumenti è esattamente come disegnare delle forme base. Consultate il *Capitolo 2 (Disegnare forme base)* di questa guida per maggiori informazioni.

Scene 3D

Quando viene creato un oggetto 3D, questo diventa ciò che si definisce una scena 3D. Draw considera questa scena 3D esattamente come un gruppo di oggetti. Per modificare i singoli elementi di una scena 3D premete il tasto *F3*, oppure fate clic con il pulsante destro del mouse su un oggetto 3D e selezionate **Modifica gruppo**, oppure fate clic sulla voce **Cambia > Modifica gruppo** sulla barra dei menu. Per maggiori informazioni vedete il *Capitolo 6 (Modificare immagini)* di questa guida.

Per uscire da una scena 3D, premete la combinazione di tasti *Ctrl+F3*, oppure fate clic con il pulsante destro del mouse su un oggetto 3D e selezionate **Esci dal gruppo**, oppure ancora fate clic sulla voce **Cambia > Abbandona** dalla barra principale dei menu.

Impostazioni 3D

Un oggetto in 2D può essere trasformato in 3D utilizzando l'icona **Estrusione sì/no** nella barra degli strumenti **Impostazioni 3D** (Figura 184 e Figura 185). Gli strumenti forniti nella barra degli strumenti Impostazioni 3D vengono poi utilizzati per modificare l'oggetto 3D.

1) Per aprire la barra degli strumenti Impostazioni 3D, scegliete la voce **Visualizza > Barre degli strumenti > Impostazioni 3D** nella barra principale dei menu.

2) Selezionate un oggetto e fate clic sull'icona **Estrusione sì/no** per convertire l'oggetto in 3D. Gli strumenti della barra degli strumenti Impostazioni 3D diventano quindi disponibili per l'uso.

Figura 184: barra degli strumenti Impostazioni 3D

Figura 185: icone 3D disponibili

- **Estrusione sì/no** – attiva o disattiva gli effetti 3D per l'oggetto selezionato.
- **Inclina in basso** – inclina l'oggetto selezionato verso il basso di 5 gradi ogni volta che fate clic sull'icona.
- **Inclina in alto** – inclina l'oggetto selezionato verso l'alto di 5 gradi ogni volta che fate clic sull'icona.
- **Inclina a sinistra** – inclina l'oggetto selezionato verso sinistra di 5 gradi ogni volta che fate clic sull'icona.
- **Inclina a destra** – inclina l'oggetto selezionato verso destra di 5 gradi ogni volta che fate clic sull'icona.
- **Profondità** – apre la finestra di dialogo per la profondità dell'estrusione, che vi permette di impostare la profondità di un oggetto.
- **Direzione** – apre la finestra di dialogo per la direzione dell'estrusione, che vi permette di impostare la direzione dell'estrusione e di stabilire se l'estrusione è in prospettiva o parallela.
- **Illuminazione** – apre la finestra di dialogo per l'illuminazione dell'estrusione, che vi permette di impostare la direzione e l'intensità dell'illuminazione.
- **Superficie** – apre la finestra di dialogo relativa alla superficie dell'estrusione, che vi permette di impostare un materiale per la superficie o di visualizzare lo scheletro in fil di ferro dell'oggetto.
- **Colore 3D** – apre la barra degli strumenti per il colore dell'estrusione, che vi permette di impostare il colore usato per l'estrusione.

Nota	Le impostazioni 3D non possono essere utilizzate su oggetti 2D trasformati in 3D usando l'icona **In solido di rotazione 3D** sulla barra degli strumenti Disegno.

Testo e Fontwork

Testo

Draw considera il testo come un oggetto che può essere trasformato in 3D, così come qualsiasi altro oggetto del vostro disegno.

1) Fate clic sull'icona Testo **T** nella barra degli strumenti Disegno.

2) Spostate il cursore sul disegno e fate clic per creare una casella di testo, quindi digitate il testo.

3) Fate nuovamente clic sulla casella di testo per selezionarla. Sulla casella di testo compaiono le maniglie di selezione.

4) Fate clic sull'icona **In solido di rotazione 3D** nella barra degli strumenti Disegno, oppure andate su **Cambia > Converti > In solido di rotazione 3D**, oppure fate clic con il pulsante destro del mouse sull'oggetto e selezionate **Converti > In solido di rotazione 3D** dal menu contestuale e il testo selezionato verrà trasformato in 3D.

5) Vedete la sezione "Modifica di oggetti 3D" a pagina 160 per informazioni su come variare gli effetti 3D per il testo 3D.

Fontwork

In Draw la Galleria fontwork contiene un insieme di modelli che permettono di creare dei testi artistici per i disegni. Fate clic sull'icona Galleria fontwork nella barra degli strumenti Disegno per aprire la **Galleria fontwork** (Figura 186). Per maggiori informazioni sulla Galleria fontwork e sui suoi strumenti, vedete il *Capitolo 5 (Gestione degli oggetti grafici)* nella *Guida a Impress*.

Dopo aver creato il fontwork, potete trasformarlo in un oggetto 3D usando le procedure illustrate nelle sezioni "Impostazioni 3D" a pagina 157 e "Testo" visto poco sopra.

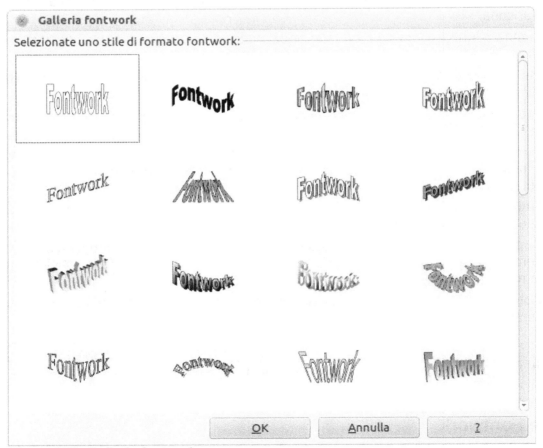

Figura 186: Galleria fontwork

Modifica di oggetti 3D

Rotazione

La rotazione di oggetti 3D è simile alla rotazione di oggetti 2D [per maggiori informazioni vedete il *Capitolo 3 (Lavorare con oggetti e punti oggetto)* di questa guida] con l'aggiunta della rotazione lungo gli assi globali. Fate clic su un oggetto 3D per selezionarlo, quindi fate clic nuovamente per entrare in modalità di rotazione.

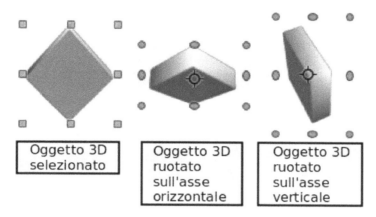

Figura 187: rotazione di oggetti 3D

Le maniglie di selezione agli angoli permettono di ruotare l'oggetto 3D esattamente allo stesso modo in cui si ruota un oggetto 2D.

Le maniglie di selezione centrali ai lati, sopra e sotto l'oggetto selezionato permettono di ruotare un oggetto 3D lungo gli assi verticale e orizzontale rispettivamente (Figura 187).

Il puntatore solitamente assume una forma a freccia circolare a doppia punta quando viene spostato su un oggetto 3D. Premete e tenete premuto il pulsante del mouse e, mentre spostate il cursore, l'oggetto 3D ruota globalmente attorno ai suoi assi. Una volta soddisfatti dell'effetto rilasciate il pulsante del mouse.

Il punto di rotazione ⟨symbol⟩ al centro di un oggetto 3D selezionato può essere spostato, in modo da modificare il perno della rotazione e creare un effetto diverso durante la rotazione. Spostate il puntatore sopra il punto di rotazione finché cambia forma (normalmente in una mano chiusa a pugno con l'indice che punta verso l'alto), quindi fate clic e tenete premuto. Trascinate il punto di rotazione in una nuova posizione e rilasciate il pulsante del mouse.

Rotazione nelle Impostazioni 3D

Gli oggetti 3D creati usando lo strumento **Estrusione sì/no** sulla barra degli strumenti **Impostazioni 3D** (vedete la sezione "Impostazioni 3D" a pagina 157) vengono ruotati o inclinati usando gli strumenti **Inclina** sulla barra degli strumenti Impostazioni 3D (evidenziati in Figura 188). Ogni volta che fate clic su uno strumento Inclina, l'oggetto viene ruotato di 5 gradi in basso, in alto, a sinistra o a destra lungo l'asse orizzontale o verticale.

Facendo doppio clic su questo tipo di oggetti 3D vengono attivate solamente le maniglie di rotazione agli angoli; per attivare le maniglie potete anche scegliere la voce Cambia > Ruota dalla barra dei menu. Quando spostate il puntatore sopra una maniglia di rotazione d'angolo, il puntatore solitamente assume la forma di una freccia circolare a doppia punta e vi permette di ruotare l'oggetto 3D muovendo il puntatore. La rotazione viene eseguita anche sull'oggetto 2D sottostante.

Questo tipo di oggetto 3D può essere ruotato anche usando la finestra di dialogo Posizione e dimensione. Selezionate l'oggetto 3D e scegliete la voce **Formato > Posizione e dimensione**, oppure fate clic con il pulsante destro del mouse sull'oggetto selezionato e dal menu contestuale scegliete **Posizione e dimensione**, oppure ancora premete il tasto *F4*. Fate clic sulla scheda Rotazione per aprire la finestra di dialogo Rotazione (Figura 189), nella quale potete impostare il perno e l'angolo di rotazione.

Figura 188: strumenti Inclina nella barra Impostazioni 3D

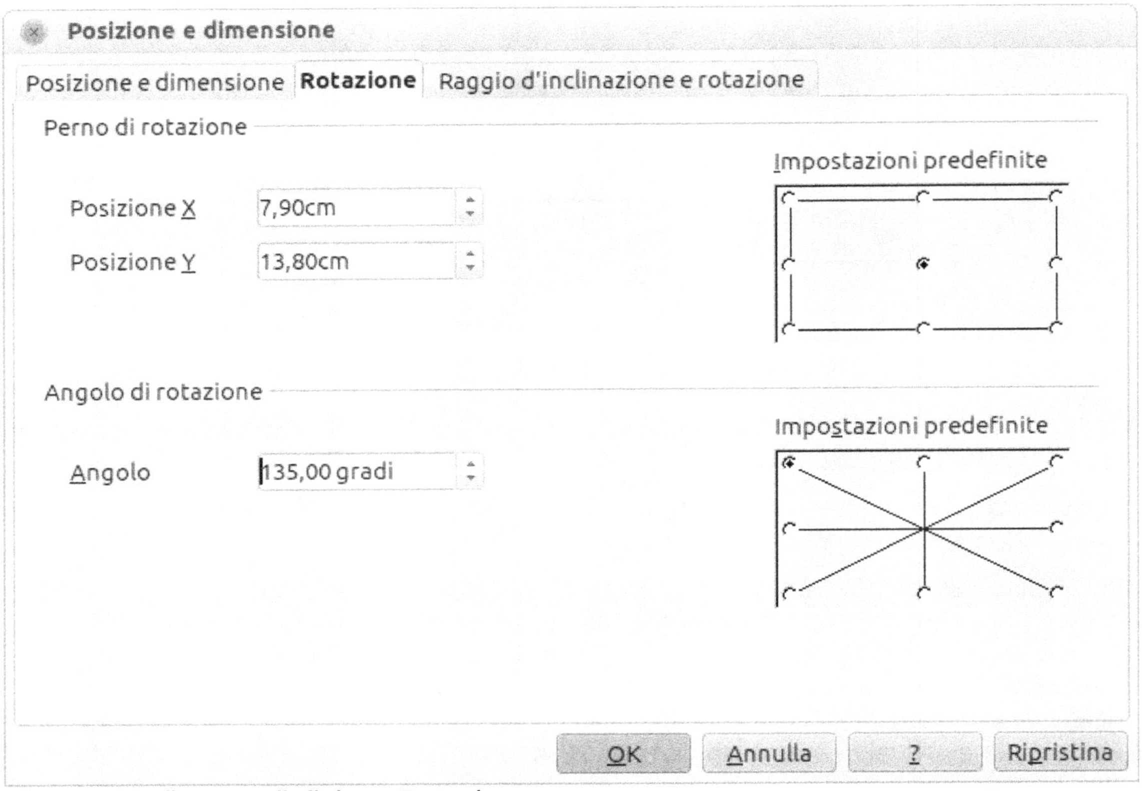

Posizione e dimensione

| Posizione e dimensione | **Rotazione** | Raggio d'inclinazione e rotazione |

Perno di rotazione

Impostazioni predefinite

Posizione X   7,90cm

Posizione Y   13,80cm

Angolo di rotazione

Impostazioni predefinite

Angolo   135,00 gradi

OK   Annulla   ?   Ripristina

Figura 189: finestra di dialogo Rotazione

Figura 190: finestra di dialogo Effetti 3D - Geometria

Effetti 3D

La finestra di dialogo **Effetti 3D** (Figura 190) offre un'ampia gamma di possibili impostazioni per oggetti 3D creati usando i seguenti metodi. Questa finestra di dialogo può anche essere utilizzata per convertire un oggetto 2D in 3D usando gli strumenti che si trovano nell'angolo in basso a sinistra della finestra:

- "Estrusione" (vedete a pagina 154).
- "Rotazione del corpo" (vedete a pagina 155).
- "Oggetti 3D pronti per l'uso" (vedete a pagina 156).

Per aprire la finestra di dialogo Effetti 3D, selezionate l'oggetto 3D, fateci clic sopra con il pulsante destro del mouse e selezionate poi la voce **Effetti 3D** dal menu contestuale.

Nota	Potete aggiungere l'icona **Effetti 3D** alla barra degli strumenti Disegno, o a qualsiasi altra barra degli strumenti, accedendo al menu **Visualizza > Barre degli strumenti > Personalizza**, oppure facendo clic sul piccolo triangolo sulla destra della barra degli strumenti e selezionando **Personalizza barra degli strumenti**. All'apertura della finestra di dialogo **Personalizza**, scegliete la scheda **Barre degli strumenti**, selezionate la barra degli strumenti, quindi fate clic sul pulsante **Importa**. Verrà così visualizzata la finestra di dialogo **Aggiungi comandi**. L'icona Effetti 3D si trova nella categoria **Opzioni**.

Finestra di dialogo Effetti 3D

La finestra di dialogo Effetti 3D è suddivisa in cinque aree principali, descritte di seguito:

- **Geometria** – permette di regolare la forma dell'oggetto 3D selezionato; per maggiori informazioni vedete la sezione "Effetti 3D - Geometria" a pagina 163.

- **Rappresentazione** – permette di impostare le opzioni di rappresentazione e ombreggiatura dell'oggetto 3D selezionato; per maggiori informazioni vedete la sezione "Effetti 3D – Rappresentazione" a pagina 166.

- **Illuminazione** – consente di definire la sorgente luminosa per l'oggetto 3D selezionato; per maggiori informazioni vedete la sezione "Effetti 3D – Illuminazione" a pagina 169.

- **Texture** – permette di impostare le proprietà del motivo di superficie dell'oggetto 3D selezionato ed è disponibile solamente dopo l'applicazione di un motivo alla superficie dell'oggetto; per maggiori informazioni vedete la sezione "Effetti 3D – Texture" a pagina 170.

- **Materiale** – consente di modificare la colorazione dell'oggetto 3D selezionato; per maggiori informazioni vedete la sezione "Effetti 3D - Materiale" a pagina 172.

Le impostazioni scelte per l'oggetto 3D vengono applicate solo quando fate clic sull'icona Assegna . Questo vi permette di apportare tutte le modifiche necessarie agli Effetti 3D prima di applicarle all'oggetto.

Conversione in 3D

Nell'angolo in basso a sinistra della finestra di dialogo Effetti si trovano degli strumenti che consentono di convertire un oggetto 2D in un oggetto 3D e di modificare la prospettiva usata per un oggetto 3D.

- **Converti in 3D** – converte l'oggetto selezionato in 3D usando l'estrusione; per maggiori informazioni vedete la sezione "Estrusione" a pagina 154.

- **Converti in corpo di rotazione** – converte un oggetto 2D in 3D usando la rotazione del corpo; per maggiori informazioni vedete la sezione "Rotazione del corpo" a pagina 155.

- **Attiva/disattiva prospettiva** – attiva o disattiva la proiezione prospettica per l'oggetto 3D. La proiezione prospettica si ha quando le linee provenienti dal centro di proiezione attraversano un piano immaginario, per poi incontrarsi in un punto a una determinata distanza dall'oggetto.

Effetti 3D - Geometria

Nella scheda Geometria della finestra di dialogo Effetti (Figura 190 a pagina 162) potete apportare modifiche alla geometria di un oggetto 3D.

- **Geometria** – permette di definire le proprietà della forma dell'oggetto 3D selezionato.

  - *Bordi arrotondati* – permette di inserire il valore in base al quale volete che siano arrotondati gli angoli dell'oggetto 3D selezionato. La Figura 191 mostra un esempio di un cilindro 3D con l'arrotondamento dei bordi aumentato al 30%.

*Figura 191: esempio di arrotondamento dei bordi
aumentato*

- *Scala profondità* – consente di inserire il valore in base al quale volete aumentare o diminuire l'area frontale dell'oggetto 3D selezionato. La Figura 192 mostra un esempio di un cilindro 3D con la scala della profondità aumentata al 150%. Una scala profondità inferiore al 100% riduce l'area frontale.

*Figura 192: esempio di scala profondità
aumentata*

- *Angolo di rotazione* – permette di inserire in gradi l'angolo di rotazione per l'oggetto 3D selezionato. Questa opzione è disponibile solamente per un oggetto 2D convertito in 3D utilizzando lo strumento **In solido di rotazione 3D**. La Figura 193 mostra un esempio di un cerchio 2D convertito in 3D con un angolo di rotazione modificato a 175 gradi.

*Figura 193: esempio di un angolo di rotazione di
175 gradi*

– *Profondità* – permette di inserire la profondità dell'estrusione per l'oggetto 3D selezionato. Questa opzione non è valida per gli oggetti 3D di rotazione. La Figura 194 mostra un esempio di un cerchio 2D convertito in un cilindro 3D con la profondità di estrusione aumentata a 3 cm.

Figura 194: esempio di profondità aumentata

- **Segmenti** – permette di cambiare il numero di segmenti necessari per disegnare un oggetto di rotazione 3D. Maggiore è il numero di segmenti, più liscia sarà la superficie dell'oggetto. D'altro canto, un elevato numero di segmenti può far aumentare il tempo necessario per generare sullo schermo l'oggetto 3D. La Figura 195 mostra la differenza che si ottiene su una sfera 3D se i segmenti vengono aumentati da 10 a 30, sia orizzontalmente che verticalmente.

  – *Orizzontale* – permette di inserire il numero di segmenti orizzontali da usare per l'oggetto di rotazione 3D selezionato.

  – *Verticale* – permette di inserire il numero di segmenti verticali da usare per l'oggetto di rotazione 3D selezionato.

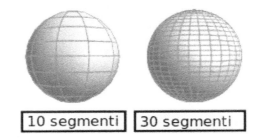

Figura 195: esempio di uso dei segmenti

- **Normali** – consente di modificare il tipo di rendering per la superficie dell'oggetto 3D (Figura 196 e Figura 197).

  – *Specifico per l'oggetto* ⬥ – rappresenta la superficie 3D sulla base della forma dell'oggetto. Ad esempio, una forma circolare viene raffigurata con una superficie sferica.

  – *Piano* ⬓ – rappresenta la superficie 3D come poligoni.

  – *Sferico* ⬓ – rappresenta una superficie 3D levigata indipendentemente dalla forma dell'oggetto.

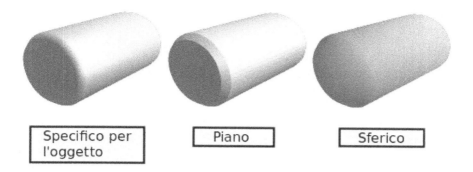

Figura 196: esempio di utilizzo delle opzioni Specifico per l'oggetto,
Piano e Sferico

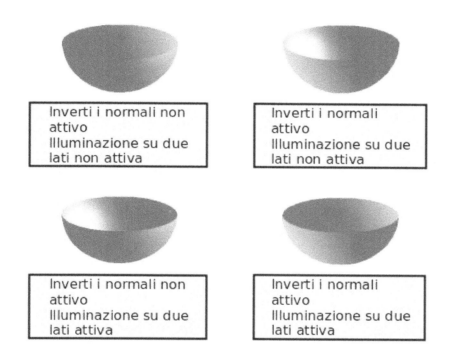

Figura 197: esempio di utilizzo delle opzioni Inverti i normali e
Illuminazione su due lati

- *Inverti i normali* ⟲ – permette di invertire o ribaltare la sorgente luminosa.

- *Illuminazione su due lati* 🗍 – consente di illuminare un oggetto dall'esterno e dall'interno. Per utilizzare questa opzione come sorgente di luce ambientale, fate clic su questo pulsante e poi clic sul pulsante Inverti i normali.

- *Su entrambi i lati* ⬦ – permette di chiudere la forma di un oggetto 3D creato estrudendo una linea a mano libera.

Effetti 3D – Rappresentazione

Nella scheda Rappresentazione della finestra di dialogo Effetti 3D (Figura 198) potete impostare le opzioni di rappresentazione e ombreggiatura per l'oggetto 3D selezionato.

- **Rappresentazione** – permette di specificare il tipo di gradazione da applicare all'oggetto 3D (Figura 199).

  - *Modo* – consente di selezionare il tipo di gradazione da utilizzare sull'oggetto 3D.

- *Piano* – assegna un singolo colore di gradazione a ciascun segmento della superficie dell'oggetto.
- *Gouraud* – sfuma le gradazioni di colore tra i segmenti.
- *Phong* – fa una media delle gradazioni di colore di ciascun pixel di un segmento, basandosi sui pixel che lo circondano; richiede una maggior potenza di calcolo.

- **Ombreggiatura** – aggiunge o rimuove un'ombra dall'oggetto 3D selezionato (Figura 200).
    - *Mostra/nascondi ombre 3D* ◼ – attiva o disattiva l'ombreggiatura.
    - *Inclinazione carta* – consente di inserire un angolo da 0 a 90 gradi in base al quale proiettare l'ombra.

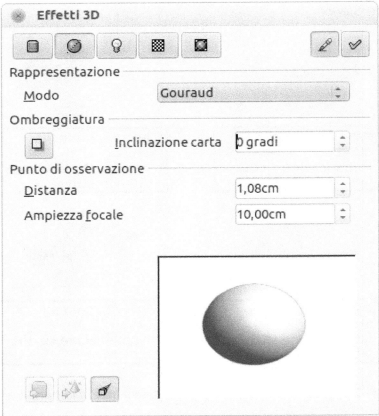

Figura 198: finestra di dialogo Effetti 3D - Rappresentazione

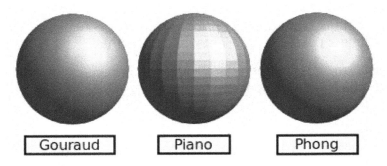

Figura 199: esempio di uso della Rappresentazione

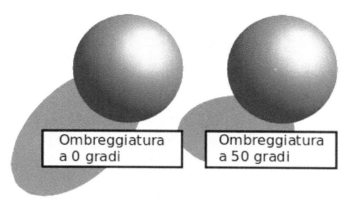

Figura 200: esempio di uso dell'Ombreggiatura

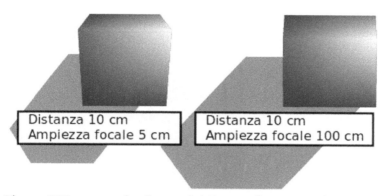

Figura 201: esempio di uso del Punto di osservazione

- **Punto di osservazione** – permette di impostare le opzioni del punto di osservazione dell'oggetto 3D selezionato, come per scattare una foto con una macchina fotografica (Figura 201).

    - *Distanza* – permette di inserire la distanza tra il punto di osservazione e il centro dell'oggetto selezionato.

    - *Ampiezza focale* – permette di inserire la lunghezza focale delle lenti della macchina fotografica, dove un valore basso corrisponde a un obiettivo grandangolare fish-eye e un valore alto a un teleobiettivo.

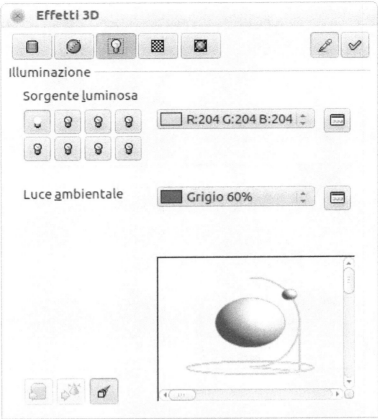

Figura 202: finestra di dialogo Effetti 3D - Illuminazione

Effetti 3D – Illuminazione

Nella scheda Illuminazione della finestra di dialogo Effetti 3D (Figura 202) potete definire come illuminare un oggetto 3D e le impostazioni da applicare a tutti gli oggetti 3D di una scena. Potete specificare la sorgente luminosa per l'oggetto, così come il colore della sorgente luminosa e della luce ambientale.

Per impostazione predefinita, quando aprite la scheda Illuminazione è già selezionata una sorgente luminosa. In ogni caso, potete selezionare un'altra sorgente luminosa oppure usarne più di una. È possibile usare un massimo di otto sorgenti luminose e ciascuna sorgente può usare un diverso colore. Almeno una sorgente luminosa deve essere attiva; altrimenti, le funzioni di rendering e di rappresentazione degli Effetti 3D non funzioneranno correttamente.

1) Fate doppio clic sull'icona **Sorgente luminosa** ![icona] per accenderla, oppure selezionate una sorgente luminosa e premete la barra spaziatrice.

2) Selezionate un colore per la luce dall'elenco a discesa della **Sorgente luminosa**. Potete usare un colore diverso per ciascuna sorgente luminosa selezionata.

3) Se necessario, selezionate un colore dall'elenco a comparsa della **Luce ambientale** per impostare il colore della luce circostante.

4) Per deselezionare una sorgente luminosa, selezionatela e fate nuovamente clic.

La posizione e il colore della sorgente luminosa vengono mostrati nell'angolo in basso a destra della scheda Illuminazione (Figura 203). La barra di scorrimento verticale regola l'angolazione della luce e quella orizzontale ruota la luce rispetto all'oggetto. In alternativa potete fare clic sul punto luce e trascinare la sorgente luminosa dove desiderate.

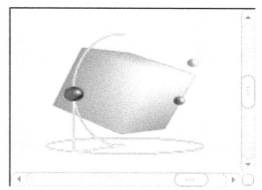

Figura 203: regolazione di una sorgente luminosa

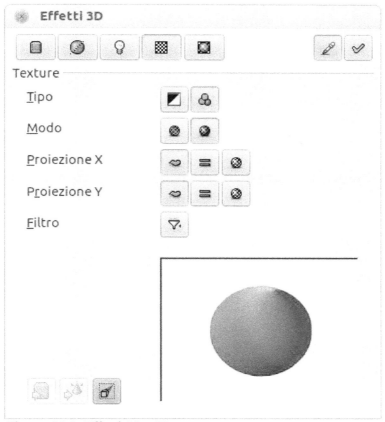

Figura 204: Effetti 3D - Texture

Per modificare l'anteprima da sfera a cubo, fate clic sul piccolo quadrato a destra della barra di scorrimento orizzontale e al di sotto di quella verticale.

Ogni sorgente luminosa selezionata viene visualizzata come una piccola sfera del colore specificato. La sfera colorata più grande indica la sorgente luminosa attiva.

Effetti 3D – Texture

Nella scheda Texture della finestra di dialogo Effetti 3D (Figura 204) potete impostare le proprietà per il motivo usato sulla superficie dell'oggetto 3D selezionato. La scheda Texture è disponibile solo dopo aver impostato il **Riempimento d'area** dell'oggetto 3D con una *Sfumatura*, un *Tratteggio* o un'immagine *Bitmap*.

- **Tipo** – permette di impostare le proprietà del colore usato per il motivo.

- *Bianco e nero* ◨ – converte il motivo in bianco e nero.
- *Colore* ⊞ – converte il motivo a colori.
- **Modo** – permette di mostrare o nascondere l'ombreggiatura.
    - *Solo texture* ● – applica il motivo senza ombreggiatura.
    - *Texture e ombreggiatura* ◕ – applica il motivo con l'ombreggiatura. Per definire le opzioni dell'ombreggiatura per il motivo, usate la scheda Rappresentazione di questa finestra di dialogo.
- **Proiezione X** – permette di impostare le opzioni di visualizzazione del motivo lungo l'asse X. È possibile selezionare solamente una delle tre opzioni seguenti.
    - *Specifico per l'oggetto* ☁ – adatta automaticamente il motivo per adeguarlo al meglio alla forma e alle dimensioni dell'oggetto. Questa è l'impostazione predefinita.
    - *Parallelo* ═ – applica il motivo parallelamente all'asse orizzontale e lo riflette sul lato posteriore dell'oggetto.
    - *Circolare* ○ – avvolge l'asse orizzontale del motivo attorno a un oggetto.
- **Proiezione Y** – permette di impostare le opzioni di visualizzazione del motivo lungo l'asse Y. È possibile selezionare solamente una delle tre opzioni seguenti.
    - *Specifico per l'oggetto* ☁ – adatta automaticamente il motivo per adeguarlo al meglio alla forma e alle dimensioni dell'oggetto. Questa è l'impostazione predefinita.
- *Parallelo* ═ – applica il motivo parallelamente all'asse verticale e lo riflette sul lato posteriore dell'oggetto.
    - *Circolare* ○ – avvolge l'asse verticale del motivo attorno a un oggetto.
- **Filtro** – permette di filtrare il rumore che può crearsi quando si applica un motivo a un oggetto 3D.
    - *Filtro on/off* ▽ – sfoca leggermente il motivo per rimuovere macchie indesiderate.

Prima di poter usare gli effetti Texture, dovete modificare il riempimento d'area dell'oggetto 3D. Per maggiori informazioni, vedete il *Capitolo 4 (Cambiare gli attributi degli oggetti)*.

1) Selezionate l'oggetto 3D.
2) Fate clic con il pulsante destro del mouse sull'oggetto 3D e dal menu contestuale selezionate **Area**, oppure dalla barra principale dei menu scegliete la voce **Formato > Area**, così da aprire la finestra di dialogo **Area**.
3) Dall'elenco a discesa **Riempi**, selezionate *Sfumatura*, *Tratteggio* o *Bitmap*.
4) Selezionate il riempimento dall'elenco che compare e poi fate clic sul pulsante **OK**. Il motivo viene quindi applicato all'oggetto 3D selezionato.

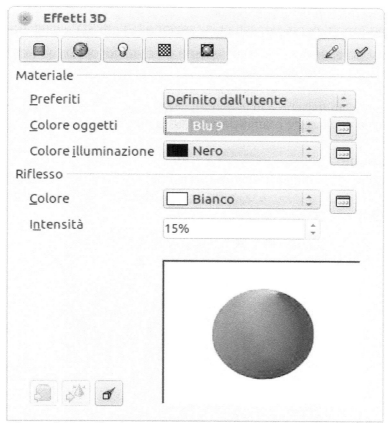

Figura 205: Effetti 3D - Materiale

Effetti 3D - Materiale

Nella scheda Materiale della finestra di dialogo Effetti 3D (Figura 205) potete modificare l'aspetto di un oggetto 3D per visualizzarlo in materiali diversi.

- **Materiale** – permette di assegnare uno schema di colori predefinito oppure di crearne uno vostro.
    - *Preferiti* – permette di selezionare uno schema di colori predefinito, oppure di selezionarne uno personalizzato definito dall'utente.
    - *Colore oggetti* – selezionate il colore da applicare all'oggetto 3D.
    - *Colore illuminazione* – consente di selezionare il colore con cui illuminare l'oggetto e schiarire le parti dell'oggetto in ombra, in modo da far apparire l'oggetto maggiormente illuminato.

- **Riflesso** – permette di impostare le proprietà di riflessione della luce per l'oggetto selezionato, simulando la capacità di riflettere della superficie. La posizione del punto illuminato viene determinata impostando la prima sorgente luminosa.
    - *Colore* – permette di selezionare il colore che volete venga riflesso dall'oggetto.
    - *Intensità* – consente di inserire l'intensità dell'effetto di riflessione.

- Icona *Colore* 🔲 – apre la finestra di dialogo **Selettore di colore** che permette di definire dei colori personalizzati usando una tavolozza bidimensionale oppure inserendo dei valori numerici negli appositi campi.

Suggerimento	Non utilizzate valori molto elevati di luminosità per i singoli colori. Questi vengono tutti sommati e risulta facile ritrovarsi con un'area colorata bianca.

Quando utilizzate dei parametri di colore individuali si possono creare effetti supplementari, simili a quelli ottenibili con i parametri di colore visti nella sezione "Effetti 3D – Illuminazione" a pagina 169.

Materiali e motivi possono essere combinati insieme ed è quindi opportuno procedere per tentativi ed errori per arrivare al risultato desiderato.

Nota	Le superfici metalliche e di vetro non vengono simulate bene in quanto l'aspetto di questi materiali viene prodotto mediante la riflessione.

Esempio di illuminazione

Quando vengono usati anche i motivi, il colore dell'illuminazione viene combinato con la parte di colore bianco del motivo (Figura 206). L'oggetto di sinistra ha un'illuminazione di colore nero, mentre quello a destra verde chiaro.

Figura 206: esempio di illuminazione del materiale

Esempio di riflesso

Per l'oggetto a sinistra in Figura 207, il colore del riflesso è uguale al colore dell'oggetto e l'intensità dell'illuminazione è impostata a un valore basso, in modo da creare l'impressione di una superficie opaca.

Figura 207: esempio di uso del riflesso nell'illuminazione

Per l'oggetto a destra in Figura 207, il colore del punto illuminato è uguale al colore della sorgente luminosa, in modo da creare l'aspetto di una superficie lucida.

Modifiche tramite la barra degli strumenti Impostazioni 3D

Gli oggetti 3D creati usando lo strumento **Estrusione sì/no** della barra degli strumenti **Impostazioni 3D** (Figura 208) vèngono gestiti in maniera diversa rispetto agli altri oggetti 3D. Per apportare una qualunque modifica a un oggetto 3D creato con lo strumento Estrusione sì/no dovete usare gli strumenti presenti sulla barra degli strumenti Impostazioni 3D, evidenziati in Figura 208.

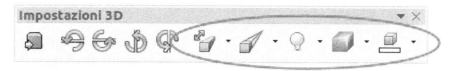

Figura 208: strumenti di modifica sulla barra Impostazioni 3D

- **Profondità** – permette di impostare la profondità dell'estrusione scegliendo tra le opzioni a comparsa.

- **Direzione** – permette di impostare la direzione e il tipo di estrusione (in prospettiva o parallela) mediante scelta tra le opzioni a comparsa.

- **Illuminazione** – consente di impostare la direzione e l'intensità della luce scegliendo tra le opzioni disponibili.

- **Superficie** – permette di impostare il materiale della superficie oppure la visualizzazione in modalità reticolo (wireframe) dell'oggetto, mediante scelta tra le opzioni a comparsa.

- **Colore 3D** – consente di impostare il colore dell'estrusione scegliendo tra le opzioni disponibili.

Il risultato di qualsiasi modifica apportata mediante questi strumenti viene applicata immediatamente all'oggetto 3D selezionato e l'effetto viene visualizzato.

La finestra di dialogo **Effetti 3D** descritta nella sezione "Effetti 3D" a pagina 162 non può essere usata sugli oggetti 3D creati tramite lo strumento Estrusione sì/no, in quanto non si otterrebbero i risultati di formattazione corretti. Se per errore avete usato la finestra di dialogo Effetti 3D, potete rimuovere qualsiasi formattazione errata scegliendo la voce **Formato > Formattazione predefinita** dalla barra dei menu principale.

Combinare oggetti 3D

È possibile raggruppare oppure combinare insieme più oggetti 3D allo stesso modo di quelli 2D. Per maggiori informazioni vedete il *Capitolo 5 (Combinare oggetti multipli)*.

Capitolo 8
Connessioni, diagrammi di
flusso e organigrammi

Connettori e punti di incollaggio

Connettori e punti di incollaggio sono stati brevemente introdotti nel *Capitolo 2 (Disegnare forme base)*. Questa sezione li descrive più in dettaglio e spiega come usarli.

I connettori sono linee o frecce le cui estremità si agganciano automaticamente a un punto di incollaggio su un oggetto. I connettori sono utili ad esempio quando si disegnano diagrammi di flusso e organigrammi. Le linee di collegamento tra gli oggetti restano intatte anche se gli oggetti vengono spostati o ridisposti. Inoltre, se copiate un oggetto con un connettore, anche il connettore viene copiato.

Connettori

Draw dispone di un ampio insieme di connettori nella barra degli strumenti **Connettori** (Figura 209) per aiutarvi a collegare oggetti, ad esempio nei diagrammi di flusso oppure negli organigrammi. Per aprire questa barra degli strumenti, fate clic sul piccolo triangolo a destra dell'icona Connettore sulla barra degli strumenti Disegno. Notate che questa icona cambia forma a seconda dell'ultimo connettore usato. Questa barra degli strumenti può diventare mobile facendo clic nella parte inferiore della barra a comparsa e trascinandola nello spazio di lavoro.

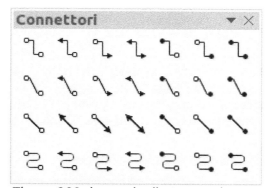

Figura 209: barra degli strumenti
Connettori

Tipi di connettori

I connettori si dividono in quattro tipi:

- *Connettori standard* – segmenti di retta orizzontali o verticali. Tutti gli angoli sono retti quando i connettori piegano intorno agli oggetti (Figura 210).
- *Connettori lineari* – consistono di un segmento di retta con due segmenti più piccoli alle estremità (Figura 211).
- *Connettori diretti* – consistono di una singola linea (Figura 212).
- *Connettori curvi* – sono basati sulle curve di Bézier e curvano attorno agli oggetti (Figura 213).

Figura 210: connettori standard

Figura 211: connettori lineari

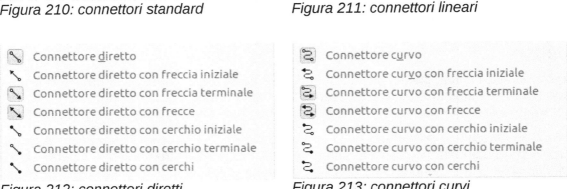

Figura 212: connettori diretti

Figura 213: connettori curvi

Aggiungere connettori

Quando fate clic su un connettore e portate il puntatore del mouse sopra un oggetto pieno o sul bordo di un oggetto non pieno, appaiono i punti di incollaggio. Un punto di incollaggio è un punto fisso a cui potete collegare la linea di un connettore. Potete anche aggiungere dei punti di incollaggio personalizzati a un oggetto. Vedete la sezione "Punti di incollaggio" a pagina 178 per maggiori informazioni.

Per disegnare un connettore, selezionate il tipo di connettore e fate clic su un punto di incollaggio di un oggetto. Trascinate il cursore su un punto di incollaggio di un altro oggetto, poi rilasciate. Draw crea il connettore evitando ogni oggetto nel percorso (Figura 214).

Potete anche trascinare un connettore in una parte vuota del documento. Quando rilasciate il pulsante del mouse, l'estremità non collegata del connettore rimane bloccata nel punto di rilascio, finché non la trascinate in una posizione diversa.

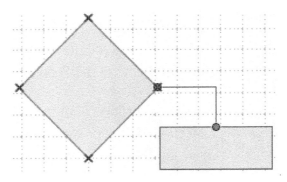

Figura 214: connettore tra due oggetti

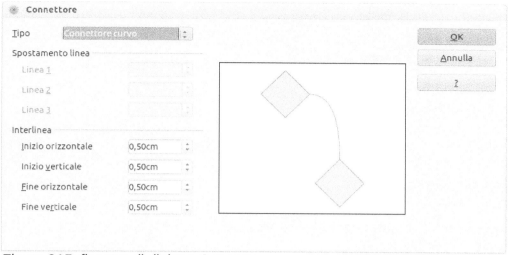

Figura 215: finestra di dialogo Connettore

Modificare connettori

Per staccare o riposizionare un connettore, trascinate una delle estremità della linea del connettore in una posizione differente.

Per cambiare il percorso o la forma del connettore tra gli oggetti, fate clic su una maniglia di controllo al centro di una sezione lineare del connettore e trascinatela in una nuova posizione. Ricordate di non trascinare il connettore in modo che si sovrapponga o tocchi altri oggetti, creando un disegno confuso.

Per modificare un connettore, fateci clic sopra con il pulsante destro del mouse e selezionate la voce **Connettore** dal menu contestuale. Si aprirà la finestra di dialogo Connettore (Figura 215) in cui potete cambiare il tipo di connettore e le sue proprietà (*Spostamento linea* e *Interlinea*). Utilizzando questa finestra di dialogo non è possibile modificare le estremità del connettore. Per modificare le estremità dovete disegnare un nuovo connettore.

Punti di incollaggio

I punti di incollaggio sono diversi dalle maniglie di selezione di un oggetto. Le maniglie servono per spostare o modificare la forma di un oggetto; vedete il *Capitolo 3 (Lavorare con oggetti e punti oggetto)* per maggiori informazioni. La funzione dei punti di incollaggio è quella di agganciare o incollare un connettore a un oggetto, in modo tale che il connettore rimanga agganciato all'oggetto quando quest'ultimo viene mosso.

In Draw tutti gli oggetti sono dotati di punti di incollaggio, che normalmente non vengono mostrati. I punti di incollaggio diventano visibili solamente se l'icona **Connettore** viene selezionata nella barra degli strumenti Disegno. Notate che l'icona Connettore cambia forma a seconda dell'ultimo connettore usato.

Per aggiungere, personalizzare o eliminare punti di incollaggio, scegliete la voce **Visualizza > Barre degli strumenti > Punti di incollaggio** dalla barra principale dei menu, così da aprire questa barra degli strumenti (Figura 216). Questa barra degli strumenti si attiva solo dopo aver fatto clic sull'icona **Punti di incollaggio** o dopo aver selezionato **Modifica > Punti di incollaggio** nella barra dei menu principale. La Figura 214 a pagina 177 mostra un esempio di punti di incollaggio attivi.

Figura 216: barra degli strumenti Punti di incollaggio

Tipi di punti di incollaggio

Quando la barra degli strumenti **Punti di incollaggio** si apre, solo i sei strumenti sulla sinistra della barra sono attivi. I restanti sei sulla destra della barra si attivano solo quando l'icona **Posizione relativa punto di incollaggio** è deselezionata.

Facendo riferimento alla Figura 217, quanto segue descrive brevemente la funzione di ciascuno strumento della barra degli strumenti **Punti di incollaggio**.

- **Inserisci punto di incollaggio** – inserisce un punto di incollaggio nella posizione in cui fate clic su un oggetto.

- **Direzione di uscita a sinistra** – il connettore si collega al bordo sinistro del punto di incollaggio selezionato.

- **Direzione di uscita in alto** – il connettore si collega al bordo superiore del punto di incollaggio selezionato.

- **Direzione di uscita a destra** – il connettore si collega al bordo destro del punto di incollaggio selezionato.

- **Direzione di uscita in basso** – il connettore si collega al bordo inferiore del punto di incollaggio selezionato.

- **Posizione relativa punto di incollaggio** – mantiene la posizione relativa del punto di incollaggio selezionato quando ridimensionate un oggetto. Per impostazione predefinita questo strumento è selezionato quando la barra degli strumenti **Punti di incollaggio** viene aperta. I sei strumenti seguenti si attivano solo quando questo strumento è deselezionato.

- **Punto di incollaggio allineato a sinistra** – quando l'oggetto viene ridimensionato, il punto di incollaggio attivo resta fisso al bordo sinistro dell'oggetto.

- **Punto di incollaggio orizzontale in centro** – quando l'oggetto viene ridimensionato, il punto di incollaggio attivo resta fisso al centro dell'oggetto.

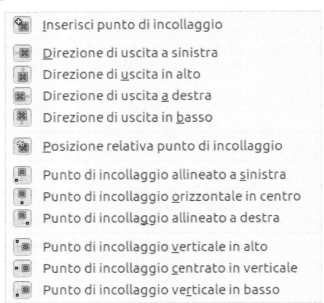

Figura 217: strumenti Punti di incollaggio

- **Punto di incollaggio allineato a destra** – quando l'oggetto viene ridimensionato, il punto di incollaggio attivo resta fisso al bordo destro dell'oggetto.

- **Punto di incollaggio verticale in alto** – quando l'oggetto viene ridimensionato, il punto di incollaggio attivo resta fisso al bordo superiore dell'oggetto.

- **Punto di incollaggio centrato in verticale** – quando l'oggetto viene ridimensionato, il punto di incollaggio attivo resta fisso al centro verticale dell'oggetto.

- **Punto di incollaggio verticale in basso** – quando l'oggetto viene ridimensionato, il punto di incollaggio attivo resta fisso al bordo inferiore dell'oggetto.

Nota	Ogni punto di incollaggio aggiunto può avere solo una posizione orizzontale e una posizione verticale. È possibile selezionare e usare sempre solo uno degli strumenti di posizionamento orizzontale e solo uno degli strumenti di posizionamento verticale.

Aggiungere punti di incollaggio

Per impostazione predefinita, la maggior parte degli oggetti ha quattro punti di incollaggio. Per aggiungerne altri, o crearne in un oggetto che non ne ha, procedete come segue:

5) Assicuratevi che nessun oggetto sia selezionato, quindi fate clic sull'icona **Punti di incollaggio** 🖊 oppure selezionate **Modifica > Punti di incollaggio** dalla barra dei menu principale. I punti di incollaggio appariranno come piccole croci sugli oggetti (Figura 214 a pagina 177).

6) Se la barra degli strumenti **Punti di incollaggio** (Figura 216 a pagina 179) non si aprisse, scegliete la voce **Visualizza > Barre degli strumenti > Punti di incollaggio** dalla barra dei menu principale.

7) Selezionate l'oggetto e poi l'icona **Inserisci punto di incollaggio** 🗖.

8) Portate il puntatore nella posizione in cui desiderate si trovi il punto di incollaggio sull'oggetto e fate doppio clic per inserirlo.

9) Per spostare un punto di incollaggio in un'altra posizione, fate clic sul punto di incollaggio e trascinatelo nella nuova posizione. Spostando i punti di incollaggio appariranno automaticamente le linee guida.

Suggerimento	Quando si aggiungono, spostano o personalizzano i punti di incollaggio, è consigliabile utilizzare la funzione di zoom per facilitare il lavoro. Consultate il *Capitolo 3 (Lavorare con oggetti e punti oggetto)* per ulteriori informazioni.

Personalizzare punti di incollaggio

È possibile personalizzare solo i punti di incollaggio che sono stati aggiunti a un oggetto. I punti di incollaggio predefiniti inclusi in un oggetto non possono invece essere personalizzati.

1) Assicuratevi che nessun oggetto sia selezionato, quindi fate clic sull'icona **Punti di incollaggio** 🖊 oppure selezionate **Modifica > Punti di incollaggio** dalla barra dei menu principale. I punti di incollaggio appariranno come piccole croci sugli oggetti (Figura 214 a pagina 177).

2) Se la barra degli strumenti **Punti di incollaggio** (Figura 216 a pagina 179) non si aprisse, scegliete la voce **Visualizza > Barre degli strumenti > Punti di incollaggio** dalla barra dei menu principale.

3) Assicuratevi che nessun oggetto sia selezionato e fate doppio clic sul punto di incollaggio che avete aggiunto per selezionarlo.

4) Selezionate la direzione di uscita da usare per il connettore e fate nuovamente doppio clic sul punto di incollaggio per personalizzarlo.

5) Per usare il posizionamento orizzontale e verticale, fate clic sull'icona **Posizione relativa punto di incollaggio** oppure fate clic con il pulsante destro del mouse sul punto d'incollaggio e selezionate **Adatta la posizione all'oggetto** dal menu contestuale per deselezionare questo strumento.

6) Selezionate gli strumenti di posizionamento orizzontale e verticale che volete usare e fate doppio clic sul punto di incollaggio per personalizzarlo. È possibile usare sempre solo uno strumento di posizionamento orizzontale e solo uno strumento di posizionamento verticale.

Eliminare punti di incollaggio

Solo i punti di incollaggio aggiunti a un oggetto possono essere cancellati. I punti di incollaggio predefiniti di un oggetto non possono invece essere eliminati.

1) Assicuratevi che nessun oggetto sia selezionato, quindi fate clic sull'icona **Punti di incollaggio** oppure selezionate **Modifica > Punti di incollaggio** dalla barra dei menu principale. I punti di incollaggio appariranno come piccole croci sugli oggetti (Figura 214 a pagina 177).

2) Assicuratevi che nessun oggetto sia selezionato e fate doppio clic sul punto di incollaggio che avete aggiunto per selezionarlo.

3) Fate clic con il pulsante destro del mouse sul punto di incollaggio e selezionate **Taglia** dal menu contestuale, oppure premete il tasto *Canc* sulla tastiera, oppure ancora andate su **Modifica > Taglia** nella barra dei menu principale.

Testo del connettore

Si può facilmente aggiungere testo ai connettori, per poi formattarlo o modificarlo, ad esempio per rendere un diagramma di flusso o un organigramma più semplice da comprendere. Vedete il *Capitolo 2 (Disegnare forme base)* e il *Capitolo 9 (Aggiunta e formattazione del testo)* per maggiori informazioni su come lavorare con il testo.

Aggiungere testo

1) Fate doppio clic sul connettore. I punti di controllo si attivano e appare il cursore di testo intermittente (la posizione del cursore è determinata dall'ultima impostazione usata). La barra degli strumenti **Formattazione del testo** sostituisce la barra **Stile e riempimento** sotto la barra dei menu.

2) Usate la barra degli strumenti **Formattazione del testo** oppure **Formato** e **Strumenti** nella barra dei menu principale per modificare il formato predefinito del testo.

3) Digitate il testo e, quando avete finito di scrivere e di usare gli strumenti di testo, allontanate il cursore dagli oggetti e dal connettore, quindi fate clic per uscire dalla modalità testo. La barra degli strumenti **Stile e riempimento** rimpiazza quindi la barra **Formattazione del testo**.

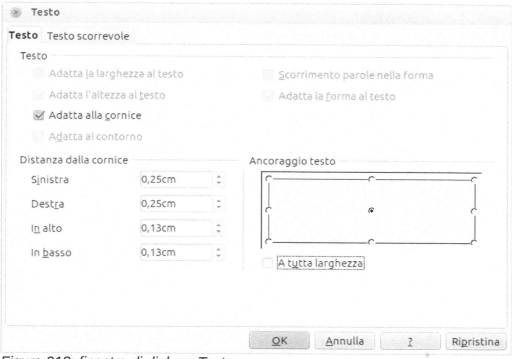

Figura 218: finestra di dialogo Testo

Formattazione e modifica del testo

1) Fate clic sul testo per entrare in modalità di modifica testo. La barra degli strumenti **Formattazione del testo** sostituisce la barra **Stile e riempimento** sotto la barra dei menu.

2) Effettuate le modifiche usando gli strumenti testo presenti nella barra degli strumenti **Formattazione del testo** oppure **Formato** e **Strumenti** nella barra dei menu principale. Potete anche fare clic sul testo con il pulsante destro del mouse e selezionare gli strumenti testo dal menu contestuale.

3) Fate clic sul testo con il pulsante destro del mouse e selezionate **Testo** dal menu contestuale oppure accedete al menu **Formato > Testo** per aprire la finestra di dialogo **Testo** (Figura 218), in cui potete modificare l'**Ancoraggio testo** e la **Distanza dalla cornice**.

Nota	Un connettore è circondato da un rettangolo invisibile. L'**Ancoraggio testo** posiziona il testo all'interno di questo rettangolo invisibile e la **Distanza dalla cornice** crea il margine tra il testo e i bordi. Queste opzioni si aggiungono agli strumenti testo standard.

4) Fate clic sulla scheda **Testo scorrevole** per aggiungere animazioni al testo. Ciò non è tuttavia consigliabile, a meno che non vogliate mostrare il disegno come parte di una presentazione. Consultate la *Guida a Impress* per maggiori informazioni sull'animazione del testo.

5) Quando avete terminato di formattare e modificare il testo, allontanate il cursore dagli oggetti e dal connettore e fate clic per uscire dalla modalità testo. La barra degli strumenti **Stile e riempimento** rimpiazza quindi la barra **Formattazione del testo**.

Diagrammi di flusso

Per disegnare diagrammi di flusso, Draw possiede una barra degli strumenti **Diagramma di flusso** che comprende un'ampia selezione di strumenti per aiutarvi a disegnare facilmente dei diagrammi di flusso (Figura 219 e Figura 220). Fate clic sul piccolo triangolo alla destra dell'icona **Diagrammi di flusso** 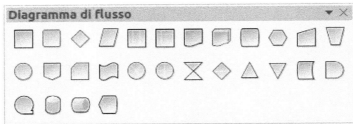 nella barra degli strumenti Disegno per aprire la barra degli strumenti **Diagramma di flusso**. Notate che questa icona cambia forma a seconda dell'ultimo strumento usato. Questa barra degli strumenti può diventare mobile facendo clic nella parte inferiore della barra a comparsa e trascinandola nello spazio di lavoro.

Figura 219: barra degli strumenti Diagramma di flusso

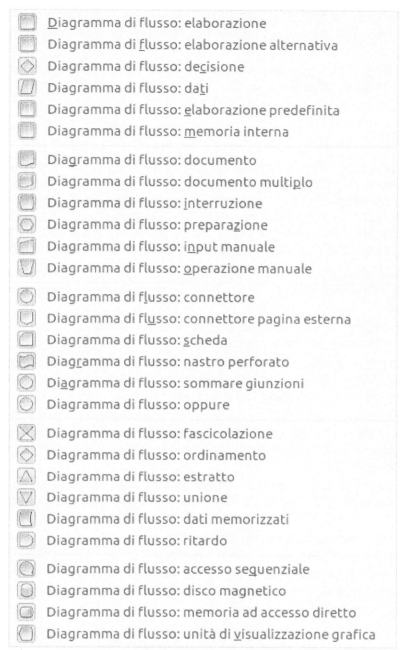

Figura 220: strumenti Diagramma di flusso

1) Quando aggiungete degli oggetti al diagramma di flusso, consultate il *Capitolo 2 (Disegnare forme base)* per informazioni su come disegnare e ridimensionare le forme degli oggetti.

2) Aggiungete testo a ogni forma del diagramma di flusso per renderla facilmente identificabile nel diagramma. Consultate il *Capitolo 2 (Disegnare forme base)* e il *Capitolo 9 (Aggiunta e formattazione del testo)* per maggiori informazioni.

3) Usate linee di collegamento nei diagrammi di flusso. Questo permette di riposizionare un oggetto nel diagramma, mantenendo le connessioni con gli altri oggetti presenti nel diagramma. Consultate la sezione "Connettori e punti di incollaggio" a pagina 176 per maggiori informazioni.

4) Usate le funzioni zoom, griglia e cattura per aiutarvi nel posizionamento degli oggetti nel diagramma di flusso. Consultate il *Capitolo 3 (Lavorare con oggetti e punti oggetto)* per ulteriori informazioni.

5) Usate le funzioni allineamento e distribuzione per dare al diagramma di flusso un aspetto più professionale. Per maggiori informazioni vedete il *Capitolo 5 (Combinare oggetti multipli)*.

6) Duplicate gli oggetti se ve ne serve più di uno della stessa forma e dimensione. Per maggiori informazioni vedete il *Capitolo 5 (Combinare oggetti multipli)*.

Organigrammi

Draw non possiede una barra degli strumenti per gli organigrammi, ma questi diagrammi si possono facilmente creare usando forme base e forme dei diagrammi di flusso, punti di connessione e linee di collegamento. Si possono facilmente indicare le gerarchie nelle organizzazioni usando un'ombreggiatura e/o un colore. Quando usate ombreggiature e colori in un organigramma, assicuratevi che le vostre scelte creino un buon contrasto tra il testo e l'ombreggiatura o il colore, per una maggiore facilità di lettura su uno schermo o su carta.

In Figura 221 viene mostrato un esempio di organigramma. Questo organigramma è stato disegnato usando la forma elaborazione nella barra degli strumenti **Diagramma di flusso** e le linee di collegamento.

1) Quando aggiungete oggetti al vostro diagramma, consultate il *Capitolo 2 (Disegnare forme base)* per informazioni su come disegnare e ridimensionare le forme degli oggetti.

2) Aggiungete testo a ogni oggetto dell'organigramma per renderlo facilmente identificabile nel diagramma. Consultate il *Capitolo 2 (Disegnare forme base)* e il *Capitolo 9 (Aggiunta e formattazione del testo)* per maggiori informazioni.

3) Usate linee di collegamento nell'organigramma. Questo permette di riposizionare un oggetto nel diagramma, mantenendo le connessioni con gli altri oggetti presenti nel diagramma. Consultate la sezione "Connettori e punti di incollaggio" a pagina 176 per maggiori informazioni.

4) Usate le funzioni zoom, griglia e cattura per aiutarvi nel posizionamento degli oggetti nel diagramma. Consultate il *Capitolo 3 (Lavorare con oggetti e punti oggetto)* per ulteriori informazioni.

5) Usate le funzioni allineamento e distribuzione per dare all'organigramma un aspetto più professionale. Per maggiori informazioni vedete il *Capitolo 5 (Combinare oggetti multipli)*.

6) Duplicate gli oggetti se ve ne serve più di uno della stessa forma e dimensione. Per maggiori informazioni vedete il *Capitolo 5 (Combinare oggetti multipli)*.

Figura 221: esempio di organigramma

Capitolo 9
Aggiunta e formattazione del testo

Introduzione

Il testo utilizzato nei disegni è contenuto in caselle di testo. Questo capitolo descrive come creare, formattare, utilizzare e cancellare il testo. Tratta inoltre dei vari tipi di testo che possono essere inseriti in un disegno. In ultimo, illustra come inserire forme particolari di testo, come elenchi puntati o numerati, tabelle, campi e collegamenti.

Uso dello strumento testo

Per attivare lo strumento Testo, fate clic sull'icona **Testo** ⊤ per il testo orizzontale o sull'icona **Testo verticale** ⊣ per la scrittura in verticale, entrambe visibili sulla barra degli strumenti **Disegno**. Se l'icona **Testo verticale** non è visibile, verificate che l'opzione *Abilitato per le lingue asiatiche* sia selezionata nel menu **Strumenti > Opzioni > Impostazioni della lingua > Lingue**.

Dopo aver attivato lo strumento testo, la barra degli strumenti **Formattazione del testo** (Figura 222) sostituirà la barra degli strumenti **Stile e riempimento** nella parte superiore dell'area di disegno. Facendo clic nel punto del documento in cui desiderate inserire il testo, comparirà una piccola cornice di testo contenente solo il cursore.

Se l'icona **Testo** è selezionata potete scegliere tipo e dimensione del carattere, unitamente ad altre proprietà del testo, prima di iniziare a digitare. Mentre digitate il testo, l'angolo sinistro della barra di stato segnala la modalità di modifica testo e la posizione del cursore (Figura 223).

Una volta terminato di inserire il testo e aver fatto clic all'esterno della cornice, oppure dopo aver selezionato un altro strumento dalla barra degli strumenti **Disegno**, la barra **Formattazione del testo** verrà sostituita da quella predefinita, cioè la barra **Stile e riempimento**.

Figura 222: barra degli strumenti Formattazione del testo

Figura 223: informazioni sul testo nella barra di stato

Uso delle caselle di testo

Le caselle di testo consentono l'inserimento di testo in qualunque parte del disegno; ad esempio nella didascalia di una forma, in una nota esplicativa, in un cartiglio del disegno simile a quelli dei progetti di ingegneria.

Creare una casella di testo

1) Fate clic sull'icona **Testo** ⊤ sulla barra degli strumenti **Disegno**.

Fate clic sull'icona Testo, nella barra degli strumenti Disegno. Se la barra degli strumenti non è visibile scegliete **Visualizza > Barre degli strumenti > Disegno**. Fate clic e trascinate per disegnare un riquadro di testo nel disegno. In tal modo impostate la larghezza. Non è necessario invece impostare l'altezza, in quanto il riquadro di testo si espande mentre digitate.

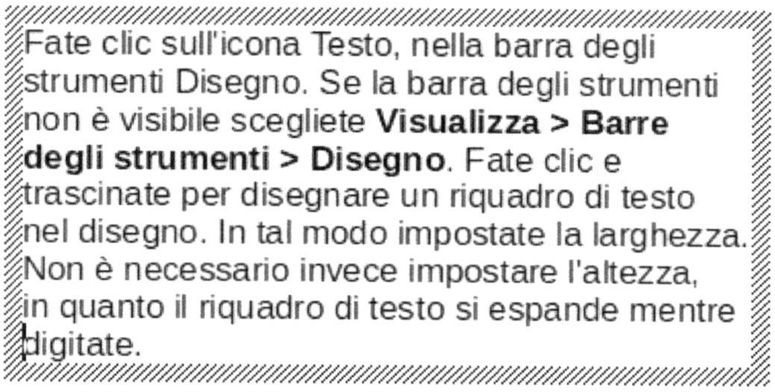

Figura 224: casella di testo in modalità modifica

2) Fate clic e trascinate per creare una casella di testo nel disegno. In questo modo viene impostata la larghezza. Non preoccupatevi dell'altezza, in quanto la casella di testo si espanderà mentre digitate.

3) Rilasciate il pulsante del mouse una volta ottenuta la larghezza desiderata della casella. Il cursore comparirà nella casella di testo; questa avrà un bordo con tratteggio obliquo, indicante la modalità di modifica (Figura 224).

4) Digitate o incollate il testo nella casella. La barra di stato nella parte inferiore dell'area di lavoro del disegno indicherà la modalità di modifica testo e la posizione del cursore all'interno della casella di testo.

5) Fate clic al di fuori della casella di testo per deselezionarla.

Per riposizionare la casella di testo in un punto diverso del disegno, consultate la sezione "Spostare una casella di testo" a pagina 189; per modificare la larghezza, consultate la sezione "Ridimensionare una casella di testo" a pagina 190.

Spostare una casella di testo

1) Fate clic sul testo per passare alla modalità di modifica della casella. La casella di testo mostrerà una cornice tratteggiata lungo i bordi (Figura 224).

2) Portate il cursore sui bordi tratteggiati; esso cambierà forma per assumere quella di un simbolo di spostamento, in base alla configurazione del computer in uso (ad esempio quello di una mano serrata).

3) Quando viene visualizzato il simbolo di spostamento, fate clic sul bordo tratteggiato per far comparire le maniglie di selezione.

4) Mantenendo il cursore sul bordo tratteggiato (ma non sulle maniglie di selezione), fate clic e trascinate la casella di testo in una nuova posizione. Una copia semi-trasparente della casella di testo indicherà dove essa verrà riposizionata (Figura 225). Inoltre, in base alla configurazione del computer in uso, durante lo spostamento della casella di testo possono comparire delle linee guida.

5) Rilasciate il pulsante del mouse quando la casella di testo si trova nella posizione desiderata.

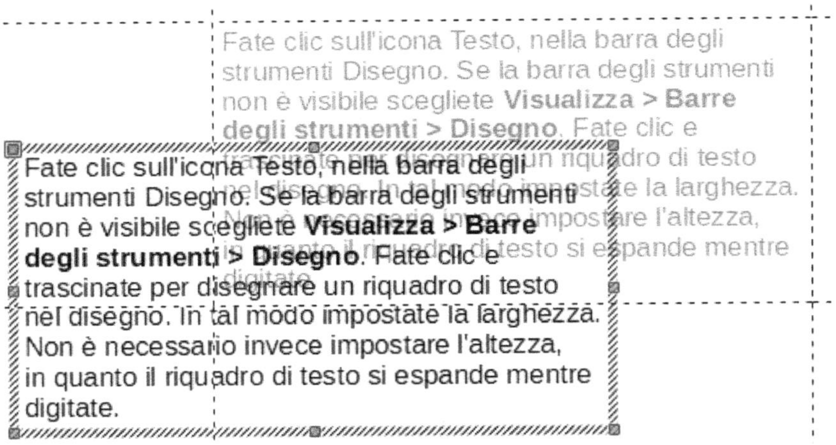

Figura 225: spostamento di una casella di testo

Ridimensionare una casella di testo

1) Fate clic sul testo per passare alla modalità di modifica della casella. La casella di testo mostrerà una cornice tratteggiata lungo i bordi (Figura 224).

2) Portate il cursore sui bordi tratteggiati; esso cambierà forma per assumere quella di un simbolo di spostamento, in base alla configurazione del computer in uso (ad esempio quello di una mano serrata).

3) Quando viene visualizzato il simbolo di spostamento, fate clic sul bordo tratteggiato per far comparire le maniglie di selezione.

4) Spostate il cursore sopra una delle maniglie di selezione; esso cambierà forma per assumere quella di un simbolo di ridimensionamento, in base alla configurazione del computer in uso (ad esempio una freccia a doppia punta).

5) Fate clic e trascinate il bordo in una nuova posizione per ridimensionare la casella di testo (Figura 226). In base alla configurazione del computer in uso, durante lo spostamento della casella di testo possono comparire delle linee guida.

6) Rilasciate il pulsante del mouse quando la casella di testo si trova nella posizione desiderata.

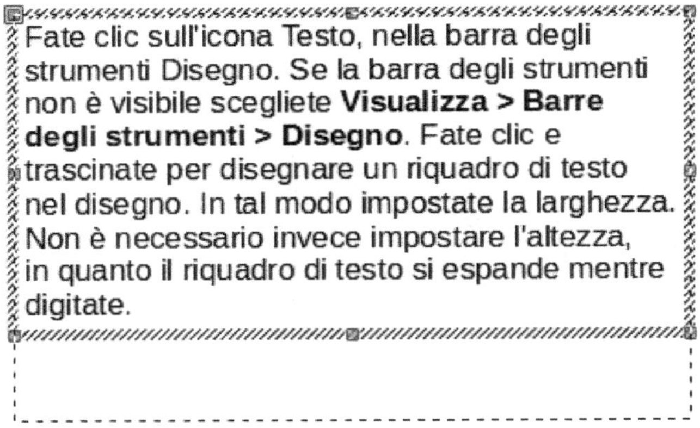

Figura 226: ridimensionamento di una casella di testo

Nota	Servitevi delle maniglie di selezione visibili nella parte superiore e in quella inferiore della casella di testo per ridimensionarne l'altezza.
	Servitevi delle maniglie di selezione sul lato sinistro e su quello destro della casella di testo per ridimensionarne la larghezza.
	Servitevi delle maniglie di selezione visibili negli angoli della casella di testo per ridimensionarne altezza e ampiezza, mantenendone le proporzioni.

| Suggerimento | Per mantenere le proporzioni di una casella di testo mentre la ridimensionate, tenete premuto il tasto *Maiusc,* poi fate clic e trascinate. Assicuratevi di rilasciare il pulsante del mouse **prima** di rilasciare il tasto *Maiusc.* |

Uso della finestra di dialogo Posizione e dimensione

Per un controllo più accurato sulla posizione e sulle dimensioni di una casella di testo fate uso della finestra di dialogo **Posizione e dimensione**.

1) Fate clic sul testo per passare alla modalità di modifica della casella.
2) Premete il tasto *F4* o selezionate la voce **Formato > Posizione e dimensione** dalla barra dei menu per aprire la finestra di dialogo Posizione e dimensione (Figura 227).

Le opzioni disponibili nella finestra di dialogo **Posizione e dimensione** sono le seguenti:

- **Posizione** – consente di specificare la posizione dell'oggetto selezionato all'interno della pagina.

Figura 227: finestra di dialogo Posizione e dimensione

- *Posizione X* – consente di inserire la misura dello spostamento orizzontale dell'oggetto rispetto al punto base selezionato nella griglia.

- *Posizione Y* – consente di inserire la misura dello spostamento verticale dell'oggetto rispetto al punto base selezionato nella griglia.

- **Punto base** – fate clic su un punto base nella griglia per poter poi specificare, nelle caselle Posizione X e Posizione Y, la misura dello spostamento dell'oggetto relativamente al punto base selezionato. I punti base corrispondono alle maniglie di selezione che compaiono sull'oggetto.

- **Dimensione** – consente di specificare la misura del ridimensionamento dell'oggetto selezionato relativamente al punto base prescelto.
  - *Larghezza* – consente di inserire la larghezza dell'oggetto selezionato.
  - *Altezza* – consente di inserire l'altezza dell'oggetto selezionato.
  - *Mantieni rapporto* – consente di mantenere invariate le proporzioni quando si ridimensiona l'oggetto selezionato.

- **Punto base** – fate clic su un punto base nella griglia per poter poi inserire, nelle caselle Larghezza e Altezza, le nuove dimensioni dell'oggetto selezionato.
- **Proteggi** – consente di impedire la modifica di un oggetto.
  - *Posizione* – consente di impedire la modifica della posizione o delle dimensioni dell'oggetto selezionato.
  - *Dimensione* – consente di impedire il ridimensionamento dell'oggetto.
- **Adatta** – consente di ridimensionare il testo relativamente ai bordi dell'oggetto selezionato in cui è inserito.
  - *Adatta larghezza al testo* – consente di adattare la larghezza dell'oggetto a quella del testo.
  - *Adatta altezza al testo* – consente di adattare l'altezza dell'oggetto a quella del testo.

Eliminare una casella di testo

1) Fate clic sul testo per passare alla modalità di modifica della casella.
2) Portate il cursore sui bordi tratteggiati; esso cambierà forma per assumere quella di un simbolo di spostamento, in base alla configurazione del computer in uso (ad esempio quello di una mano serrata).
3) Quando viene visualizzato il simbolo di spostamento, fate clic sul bordo tratteggiato per far comparire le maniglie di selezione.
4) Premete il tasto *Canc*.

Suggerimento	A volte risulta più rapido eliminare una casella di testo tracciando un rettangolo di selezione intorno alla casella e premendo poi il tasto *Canc*. Fate attenzione a non selezionare ed eliminare accidentalmente altre forme o caselle di testo.

Uso di testo e oggetti di disegno

Si può aggiungere testo alla maggior parte degli oggetti di disegno, tranne che agli elementi di controllo, come pulsanti, caselle di riepilogo e oggetti 3D. Un oggetto non è dinamico e non ha le caratteristiche di una cornice di testo. Per mantenere il testo all'interno dei bordi dell'oggetto, dovete ricorrere a paragrafi, interruzioni di riga, diminuire le dimensioni del testo, aumentare le dimensioni dell'oggetto, oppure combinare i quattro metodi.

Per aggiungere testo a un oggetto:

1) Selezionate l'oggetto.
2) Fate clic sull'icona **Testo** sulla barra degli strumenti **Disegno**; comparirà un cursore lampeggiante al centro dell'oggetto selezionato.
3) Iniziate a digitare il testo (Figura 228). La barra di stato indicherà che vi trovate in modalità di modifica testo, come illustrato nella Figura 223.

Figura 228: aggiungere testo a un oggetto

Nota	Se l'icona **Modifica testo con doppio clic** nella barra degli strumenti **Opzioni** è selezionata, potete procedere all'aggiunta di testo a un oggetto con un semplice doppio clic sull'oggetto stesso, senza averlo precedentemente selezionato.

Inserimento del testo

Incollare testo

Potete inserire del testo in una casella di testo oppure in un oggetto copiandolo da un altro documento e incollandolo nel vostro disegno. Tuttavia il testo incollato probabilmente non presenterà la stessa formattazione del testo già presente nel disegno. In alcune occasioni ciò potrebbe corrispondere a quanto desiderate; nella maggior parte dei casi, tuttavia, è bene assicurarsi che il formato del testo sia uniforme in ogni parte del disegno.

Incollare testo non formattato

Solitamente è buona norma incollare il testo senza formattazione, applicandola successivamente per uniformarla a quella già presente nel disegno o per mantenere il testo all'interno dei bordi dell'oggetto.

1) Copiate il testo da utilizzare, quindi posizionate il cursore nel disegno.

2) Accedete alla voce **Modifica > Incolla speciale** nella barra principale dei menu, oppure servitevi della combinazione di tasti *Ctrl+Maiusc+V*, oppure ancora fate clic sul piccolo triangolo visibile sulla destra dell'icona **Incolla** nella barra degli strumenti **Standard**.

3) Selezionate la voce **Testo non formattato** dalla finestra di dialogo o dal menu contestuale che appare. Il testo verrà incollato in corrispondenza del cursore e formattato in base allo stile di paragrafo predefinito per la casella di testo o per l'oggetto.

Formattazione del testo incollato

1) Selezionate il testo appena incollato (vedete la sezione "Selezione del testo" a pagina 196 per ulteriori dettagli).

2) Utilizzate gli strumenti di formattazione disponibili nella barra degli strumenti **Formattazione del testo**, oppure accedete alla voce **Formato** nella barra dei menu principale e selezionate uno strumento di formattazione dal menu a discesa, oppure ancora fate clic con il pulsante destro del mouse sul testo e selezionate uno strumento di formattazione dal menu contestuale.

3) Come ulteriore opzione, scegliete la voce di menu **Formato > Stili e formattazione** oppure premete il tasto *F11* per aprire la finestra di dialogo **Stili e formattazione**. Consultate la sezione "Uso degli stili" a pagina 196 per ulteriori informazioni.

Inserimento di caratteri speciali

Per inserire caratteri speciali, come il simbolo del copyright, simboli matematici, geometrici o monetari, o caratteri di altre lingue, procedete come segue:

1) Fate clic sull'icona **Testo** T , quindi nel punto del testo in cui desiderate inserire il carattere.

2) Accedete alla voce **Inserisci > Caratteri speciali** nella barra dei menu principale, oppure fate clic con il pulsante destro del mouse e selezionate la voce **Caratteri speciali** dal menu contestuale per aprire la finestra di dialogo **Caratteri speciali** (Figura 229).

3) In alternativa, fate clic sull'icona **Caratteri speciali** ⌘ nella barra degli strumenti **Formattazione del testo** per aprire la finestra di dialogo **Caratteri speciali**. Se l'icona non fosse visibile, fate clic sul piccolo triangolo presente sulla destra della barra e andate su **Pulsanti visibili > Caratteri speciali** per renderla disponibile nella barra degli strumenti.

4) Selezionate il tipo e il set di caratteri tramite le opzioni *Tipo di carattere* e *Insieme parziale* nella finestra di dialogo **Caratteri speciali**.

5) Selezionate il carattere che desiderate inserire. Potrebbe essere necessario utilizzare la barra di scorrimento per trovare quello desiderato.

6) Fate clic su **OK**.

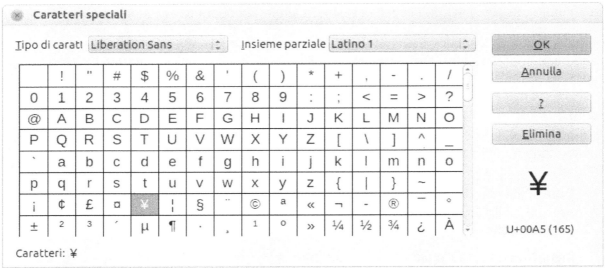

Figura 229: finestra di dialogo Caratteri speciali

Nota	I caratteri selezionati verranno inseriti nell'ordine seguito nel corso della selezione, anche se è stato scelto accidentalmente il carattere sbagliato. Facendo clic su un altro carattere, questo verrà solamente aggiunto a quelli che si stanno inserendo. Fate clic su **Elimina** per rimuovere la selezione dei caratteri, quindi fate clic sui caratteri corretti.

Inserimento di spazi non divisibili e trattini

Laddove non desideriate che le parole separate da uno spazio o da un trattino si estendano su due righe, o laddove desideriate un trattino opzionale, potete inserire uno speciale marcatore di formattazione. LibreOffice Draw supporta i seguenti marcatori di formattazione:

- **Spazio non divisibile** – consente di inserire uno spazio che mantiene uniti i caratteri nei ritorni a capo.

- **Trattino d'unione** – consente di inserire un trattino che mantiene uniti i caratteri nei ritorni a capo.

- **Trattino opzionale** – consente di inserire nella parola un trattino invisibile che diventa visibile e introduce un ritorno a capo quando risulta come ultimo carattere della riga.

- **Interruzione opzionale senza spazi** – consente di inserire nella parola uno spazio invisibile che introduce un ritorno a capo quando risulta come ultimo carattere della riga. Disponibile solo quando è abilitata la Disposizione testo complesso (CTL).

- **Marcatore di unione senza spazi** – consente di inserire all'interno di una parola uno spazio invisibile che la mantiene unita alla fine della riga. Disponibile solo quando è abilitata la Disposizione testo complesso (CTL).

- **Marcatore sinistra-destra** – consente di inserire un marcatore di direzione del testo che ha effetto sul testo che segue il marcatore. Disponibile solo quando è abilitata la Disposizione testo complesso (CTL).

- **Marcatore destra-sinistra** – consente di inserire un marcatore di direzione del testo che ha effetto sul testo che segue il marcatore. Disponibile solo quando è abilitata la Disposizione testo complesso (CTL).

Per inserire uno spazio non divisibile, un trattino, oppure accedere ai marcatori di formattazione, seguite questi passaggi:

1) Fate clic sull'icona **Testo**, quindi posizionate il cursore nel punto del testo in cui desiderate inserire il marcatore di formattazione.

2) Accedete alla voce **Inserisci > Marcatore di formattazione** dalla barra dei menu principale.

3) Selezionate il marcatore di formattazione desiderato dal menu contestuale. È possibile inserire uno spazio non divisibile anche tramite la combinazione di tasti *Ctrl+Maiusc+Spazio*. La combinazione di tasti per inserire un'interruzione opzionale senza spazi è *Ctrl+Barra obliqua*.

Formattazione del testo

Un uso appropriato della formattazione del testo può conferire a un disegno un aspetto armonico e professionale, privo di elementi di distrazione.

Suggerimento	Talvolta si rivela particolarmente utile applicare nuovamente lo stile predefinito a una selezione di testo per eliminarne ogni formattazione manuale precedentemente applicata, specialmente in caso di errori difficili da correggere. Per tornare allo stile predefinito, selezionate il testo formattato manualmente e poi selezionate la voce **Formato > Formattazione predefinita** dalla barra dei menu.

La formattazione del testo può richiedere alcuni interventi in tre aree:

- Attributi del carattere (ad esempio colore o enfasi)
- Attributi del paragrafo (ad esempio allineamento o spaziatura)

- Attributi degli elenchi (ad esempio tipo di punti o spaziatura del rientro)

In alcuni casi si dimostra più rapido ed efficace applicare la formattazione manuale; tuttavia, in situazioni che richiedono di effettuare le stesse modifiche in molte parti diverse del disegno, è consigliabile l'uso degli stili.

Selezione del testo

Prima di formattare il testo è necessario selezionarlo.

Per formattare *l'intero* testo contenuto in una casella procedete come segue:

1) Fate clic sull'icona **Testo** e poi di nuovo clic sul testo.

2) Fate clic sul bordo della casella di testo. Compariranno le maniglie di selezione.

3) Qualsiasi modifica alla formattazione verrà applicata a tutto il testo contenuto nella casella.

Per formattare solo *una parte* del testo:

1) Fate clic sull'icona **Testo** e poi di nuovo clic sul testo.

2) Selezionate il testo da formattare facendoci clic sopra e trascinando sullo stesso per evidenziarlo. Per selezionare il testo è inoltre possibile ricorrere alle combinazioni da tastiera: posizionate il cursore nel punto di inizio della selezione, premete il tasto *Maiusc*, quindi usate i tasti freccia per estendere la selezione.

3) Le modifiche della formattazione verranno applicate solo al testo selezionato.

Suggerimento	Per selezionare il testo parola per parola, invece che carattere per carattere, premete i tasti *Ctrl* e *Maiusc* contemporaneamente. Per velocizzare ulteriormente la selezione, potete combinare il tasto *Maiusc* con il tasto *Home* o con il tasto *Fine* per estendere la selezione, rispettivamente fino all'inizio o fino alla fine della riga in cui è posizionato il cursore.

Uso degli stili

Per la formattazione del testo in Draw sono disponibili solo stili grafici. Ogni stile grafico elencato all'interno della finestra di dialogo **Stili e formattazione** (Figura 230) presenta impostazioni predefinite per la formattazione e il layout. Si possono creare stili aggiuntivi e modificare quelli forniti da Draw.

Creazione di stili

1) Accedete alla voce **Formato > Stili e formattazione** nella barra dei menu principale oppure premete il tasto *F11* per aprire la finestra di dialogo **Stili e formattazione** (Figura 230).

2) Fate clic con il pulsante destro del mouse sul nome di uno stile e selezionate la voce **Nuovo** dal menu contestuale per aprire la finestra di dialogo **Stile oggetti grafici** (Figura 231).

3) Mediante la finestra di dialogo **Stile oggetti grafici**, potete impostare tutti gli attributi del testo e del paragrafo facendo clic sulle diverse schede disponibili. Una volta terminato fate clic su **OK** e il nuovo stile verrà aggiunto all'elenco contenuto nella finestra di dialogo **Stili e formattazione**.

4) In alternativa, selezionate il testo e apportate tutte le modifiche al formato, quindi fate clic sull'icona **Nuovo stile dalla selezione** per aprire la finestra di dialogo **Crea stile**.

5) Digitate un nome univoco per lo stile e fate clic su **OK**. Ciò consentirà la chiusura della finestra di dialogo **Crea stile** e l'aggiunta del nuovo stile all'elenco contenuto nella finestra di dialogo **Stili e formattazione**.

Modifica degli stili

1) Accedete alla voce **Formato > Stili e formattazione** nella barra dei menu principale oppure premete il tasto *F11* per aprire la finestra di dialogo **Stili e formattazione** (Figura 230).

2) Fate clic con il pulsante destro del mouse sullo stile da modificare e selezionate la voce **Modifica** dal menu contestuale per aprire la finestra di dialogo **Stile oggetti grafici** (Figura 231).

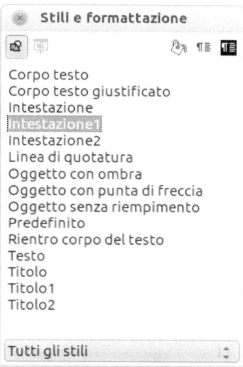

Figura 230: finestra di dialogo Stili e formattazione

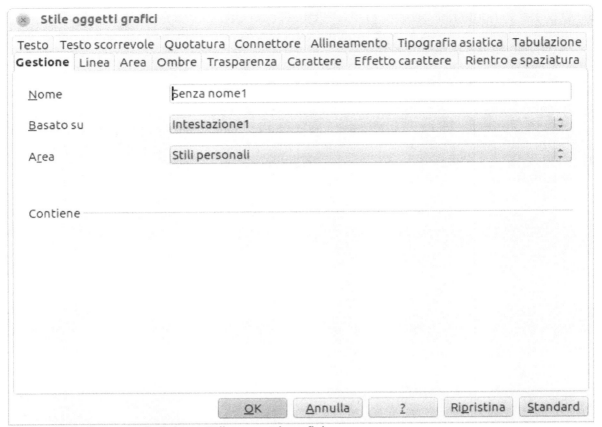

Figura 231: finestra di dialogo Stile oggetti grafici

3) Mediante la finestra di dialogo **Stile oggetti grafici**, potete modificare tutti gli attributi del testo e del paragrafo facendo clic sulle diverse schede disponibili.

4) Una volta terminato di apportare le modifiche, fate clic su OK e lo stile verrà salvato con i nuovi attributi di formattazione.

5) In alternativa, selezionate il testo e apportate tutte le modifiche al formato, quindi selezionate uno stile nella finestra di dialogo **Stili e formattazione**.

6) Fate clic sull'icona **Aggiorna stile** per salvarlo con i nuovi attributi di formattazione.

Formattazione dei caratteri

I caratteri di un testo possono essere formattati in maniera indipendente rispetto al formato usato per il resto del paragrafo. La formattazione di un carattere è, inoltre, prioritaria rispetto a qualunque altro formato applicato tramite uno stile grafico. Va ricordato che in Draw non esistono stili di carattere.

1) Fate clic sull'icona **Testo**, quindi selezionate i caratteri da formattare.

2) Accedete al menu **Formato** > **Carattere**, oppure fate clic sull'icona **Carattere** nella barra degli strumenti **Formattazione del testo**, oppure ancora fate clic con il pulsante destro del mouse sul carattere selezionato e scegliete la voce **Carattere** per aprire la finestra di dialogo **Carattere** (Figura 232).

3) Apportate le modifiche necessarie al formato carattere tramite le schede, quindi fate clic su **OK** per salvarle.

4) Facendo clic sul pulsante **Ripristina** ogni modifica del formato carattere verrà annullata e il carattere riprenderà la formattazione originaria del paragrafo.

Figura 232: finestra di dialogo Carattere

Se sono stati abilitati il supporto per le lingue asiatiche e la disposizione testo complesso (CTL) (**dal menu Strumenti > Opzioni > Impostazioni della lingua > Lingue**), la scheda **Carattere** si presenta suddivisa in tre aree denominate Caratteri occidentali, Caratteri asiatici e Carattere CTL, consentendo di indicare il tipo e gli attributi di carattere per la maggior parte delle famiglie di caratteri testuali.

Le schede della finestra di dialogo **Carattere** contengono le seguenti funzioni:

- **Carattere** – consente di selezionare il carattere desiderato, i relativi attributi di base (*Corsivo*, **Grassetto**, ecc.) e la dimensione. Un'anteprima del tipo di carattere viene mostrata nella parte inferiore della finestra di dialogo. Potete anche specificare la lingua. Questa scheda caratteri è disponibile anche durante la creazione o la modifica di uno stile grafico.

- **Effetti carattere** – consente di applicare effetti speciali al testo, come la sopralineatura e la sottolineatura, il colore, l'ombreggiatura, e così via. Un'anteprima del testo viene visualizzata nella parte inferiore della finestra di dialogo, fornendo così un rapido riscontro visivo degli effetti applicati. Questa scheda è disponibile anche durante la creazione o la modifica di uno stile grafico.

- **Posizione** – consente di impostare la posizione del testo rispetto alla linea base se desiderate inserire apici o pedici. Questa scheda non è disponibile durante la creazione o la modifica di uno stile grafico.

- *Scala* – consente di indicare il valore in percentuale della larghezza carattere in base al quale comprimere o espandere i *singoli* caratteri del testo selezionato.

- *Spaziatura* – consente di specificare in punti la distanza tra i caratteri.

- *Crenatura caratteri a coppia* – consente di adattare automaticamente la spaziatura tra alcune coppie di caratteri, in modo da migliorare visivamente l'aspetto del testo.

Formattazione dei paragrafi

La formattazione di un paragrafo è prioritaria rispetto a qualunque altro formato applicato tramite stile grafico.

1) Fate clic sull'icona **Testo**, quindi selezionate il paragrafo da formattare.

2) Accedete al menu **Formato > Paragrafo**, oppure fate clic sull'icona **Paragrafo**  nella barra degli strumenti **Formattazione del testo**, oppure ancora fate clic con il pulsante destro del mouse sul testo selezionato e scegliete la voce **Paragrafo** per aprire la finestra di dialogo **Paragrafo** (Figura 233).

3) Apportate le modifiche necessarie al formato carattere tramite le schede, quindi fate clic su **OK** per salvarle.

4) Facendo clic sul pulsante **Ripristina** ogni modifica del formato paragrafo verrà annullata e il testo tornerà alla formattazione originaria.

Figura 233: finestra di dialogo Paragrafo

Le schede della finestra di dialogo **Paragrafo** contengono le seguenti funzioni:

- **Rientro e spaziatura** – è la scheda predefinita, visualizzata all'apertura della finestra di dialogo Paragrafo.

- *Rientro* – consente di modificare il rientro del testo (prima e dopo) e quello della prima riga.

- *Spaziatura* – consente di definire lo spazio prima e dopo ogni paragrafo formattato con lo stesso stile.

- *Interlinea* – consente di definire la spaziatura tra due righe formattate con lo stesso stile. Va ricordato che selezionando una spaziatura *Proporzionale* è necessario specificare la percentuale della riga usata come spaziatura; il 100% corrisponde all'intera riga, il 200% a una riga doppia, il 50% a metà riga. Se viene selezionata la voce *Iniziale*, dovete specificare l'interlinea nell'unità di misura predefinita.

Suggerimento	Impostare l'interlinea a un valore inferiore al 100% è un buon metodo per comprimere molto testo in una casella di testo; tuttavia è opportuno prestare attenzione, perché un valore eccessivamente basso renderebbe il testo difficile da leggere.

Suggerimento	Potete cambiare l'unità di misura predefinita andando su **Strumenti > Opzioni > LibreOffice Draw > Generale**.

- **Allineamento** – consente di impostare l'allineamento del paragrafo: A sinistra, A destra, Centrato o Giustificato. Un'anteprima visualizza gli effetti delle modifiche. Questa scheda è disponibile anche nella finestra di dialogo Stile oggetti grafici. Potete accedere alle stesse opzioni tramite le icone di allineamento paragrafo  nella barra degli strumenti **Formattazione del testo**.

Nota	Se avete abilitato la *Disposizione testo complesso* in **Strumenti > Opzioni > Impostazioni della lingua > Lingue**, un'ulteriore scelta — *Direzione del testo* — verrà mostrata in fondo alla finestra di dialogo; potete scegliere Da sinistra a destra o Da destra a sinistra.

- **Tabulazione** – consente di definire le tabulazioni. Questa scheda è disponibile anche nella finestra di dialogo Stile oggetti grafici.

- **Tipografia asiatica** – consente di impostare le seguenti proprietà relativamente al cambio riga ed è disponibile solo se il supporto linguistico avanzato è *Abilitato per le lingue asiatiche* nel menu **Strumenti > Opzioni > Impostazioni della lingua > Lingue**. Questa scheda è disponibile anche nella finestra di dialogo Stile oggetti grafici.

  - Considera elenco dei caratteri non ammessi all'inizio e fine della riga.

  - Interpunzioni di rientro.

  - Applica spazio tra testo asiatico, latino e complesso.

Creazione di elenchi puntati e numerati

Si possono creare elenchi puntati e numerati all'interno di caselle di testo, di forme e di oggetti. Se create elenchi all'interno di forme o di oggetti, tenete presente che questi non sono dinamici, quindi non si espandono man mano che create l'elenco.

Creazione di elenchi

1) Fate clic sull'icona **Testo**, quindi selezionate il testo da formattare come elenco puntato.

2) Accedete al menu **Formato** > **Elenchi puntati e numerati**, oppure fate clic con il pulsante destro del mouse sul testo selezionato e scegliete la voce **Elenchi puntati e numerati** per aprire la finestra di dialogo **Elenchi puntati e numerati** (Figura 234).

3) Selezionate lo stile da usare per l'elenco dalle schede *Punti*, *Tipo di numerazione* o *Immagini*, quindi fate clic su **OK** per salvare le modifiche.

4) In alternativa, fate clic sull'icona **Elenco puntato on/off** ⦂☰ sulla barra degli strumenti **Formattazione del testo**, che consente di creare velocemente un elenco con le impostazioni precedentemente selezionate nella finestra di dialogo **Elenchi puntati e numerati**.

5) Facendo clic sul pulsante **Ripristina** ogni modifica verrà annullata e il testo riprenderà la formattazione originaria.

Modifica e personalizzazione degli elenchi

Potete modificare e personalizzare l'aspetto di un elenco variando il tipo di punti o la numerazione per l'intero elenco, per una singola voce oppure per i livelli di struttura relativi a una voce dell'elenco. Ogni modifica viene apportata tramite la finestra di dialogo **Elenchi puntati e numerati**.

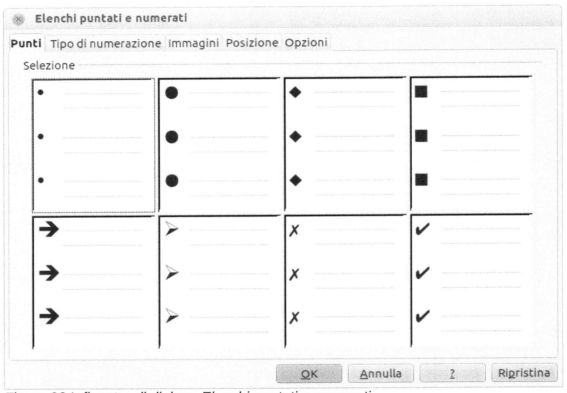

Figura 234: finestra di dialogo Elenchi puntati e numerati

Modifica degli elenchi

1) Fate clic sull'icona **Testo**, quindi selezionate l'elenco o le voci dell'elenco da modificare e personalizzare.
2) Accedete al menu **Formato** > **Elenchi puntati e numerati**, oppure fate clic con il pulsante destro del mouse sul testo selezionato e scegliete la voce **Elenchi puntati e numerati** per aprire la finestra di dialogo **Elenchi puntati e numerati** (Figura 234).
3) Selezionate un nuovo stile di elenco dalle schede *Punti*, *Tipo di numerazione* o *Immagini*.
4) Fate clic su **OK** per salvare le modifiche.

Modifica della posizione

Tramite la scheda *Posizione* (Figura 235) è possibile adattare il livello di struttura, il rientro e la spaziatura dei punti elenco e del relativo testo. Questa scheda si rivela particolarmente efficace se usata insieme alla scheda *Opzioni*.

Per impostare i livelli di struttura seguite questi passaggi:

1) Selezionate un livello di struttura dall'elenco visibile sulla sinistra della scheda, oppure scegliete il livello **1 – 10** per modificare tutti i livelli contemporaneamente.

2) Impostate il **Rientro**, cioè la distanza tra i punti o i numeri e il relativo testo. Selezionando l'opzione Relativo, il valore del rientro sarà calcolato in relazione al livello precedente e non dal margine.

3) Impostate il valore relativo alla **Larghezza della numerazione**, cioè lo spazio tra la numerazione o il punto elenco e il relativo testo.

4) Impostate l'**Allineamento della numerazione**, solitamente utilizzato solo per gli elenchi numerati. L'impostazione di questa opzione non influisce sull'allineamento del testo.

a) Scegliete *Sinistra* per allineare i numeri al bordo sinistro dello spazio di allineamento della numerazione.

b) Scegliete *Destra* per allineare i numeri al bordo destro dello spazio di allineamento della numerazione.

c) Scegliete *Centrato* per allineare i numeri al centro dello spazio di allineamento della numerazione.

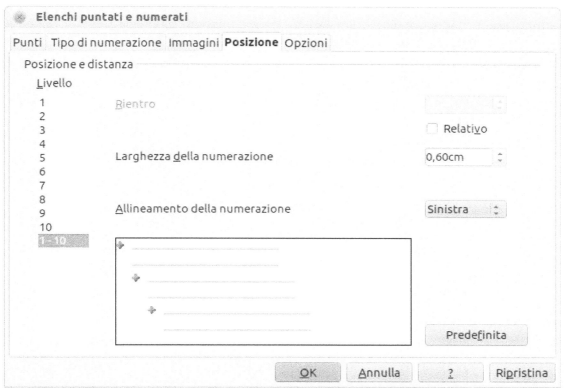

Figura 235: Elenchi puntati e numerati – scheda Posizione

5) Fate clic su **OK** per salvare le modifiche.

6) Per ripristinare i valori predefiniti dell'elenco fate clic su **Ripristina**.

Suggerimento	Per apprezzare appieno il funzionamento dell'**Allineamento della numerazione**, provate a creare un elenco numerato con più di dieci voci, assicurandovi di lasciare sufficiente spazio per numeri a due (o più) cifre tramite il campo *Larghezza della numerazione*. Selezionate un allineamento a *Destra* e il bordo destro dei numeri si disporrà in modo da creare una linea precisa e regolare prima del relativo testo.

Personalizzazione

Tramite la scheda *Opzioni* (Figura 236) potete personalizzare lo stile di tutti i livelli di struttura. Le opzioni disponibili in questa scheda dipendono dal tipo di contrassegno scelto per l'elenco.

A seconda dello stile di punto selezionato (punti, numerazione, immagine), alcune delle seguenti opzioni potrebbero non essere disponibili nella scheda *Opzioni*:

- **Davanti**: consente di indicare un testo da fare apparire prima del numero (ad esempio, *Passo*).
- **Dietro**: consente di indicare un testo da fare apparire dopo il numero (ad esempio, un segno di punteggiatura).
- **Colore**: consente di scegliere il colore del contrassegno dell'elenco (numero o carattere puntato).
- **Dimensione relativa**: consente di specificare la dimensione del numero relativamente alla dimensione dei caratteri nel paragrafo dell'elenco.
- **Comincia con**: consente di inserire il primo valore dell'elenco (ad esempio, potete iniziare con il numero 4 invece che con il numero 1).
- **Pulsante Carattere**: consente di selezionare un carattere speciale per i punti.
- **Immagini**: consente di aprire una galleria delle immagini disponibili o di selezionare un file immagine da usare come contrassegno.
- **Larghezza** e **Altezza**: consentono di specificare le dimensioni del contrassegno grafico.
- **Casella di controllo Mantieni rapporto**: se selezionata, il rapporto tra larghezza e altezza del contrassegno grafico viene mantenuto costante.

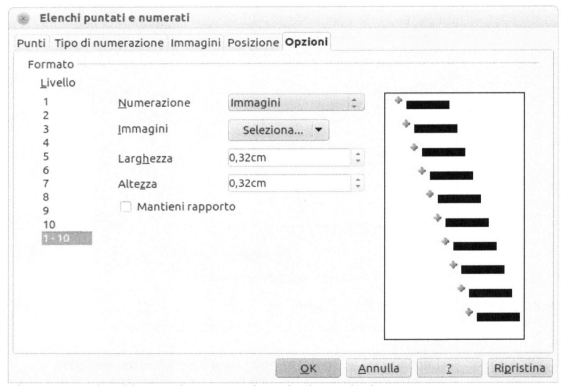

Figura 236: Elenchi puntati e numerati – scheda Opzioni

1) Per prima cosa selezionate il livello che desiderate modificare sul lato sinistro della scheda. Per modificare tutti i livelli simultaneamente, selezionate **1 – 10** come livello. Poiché i livelli sono organizzati in una struttura gerarchica, cambiando, ad esempio, il carattere di uno dei livelli si avrà un effetto a catena su tutti i livelli inferiori.

2) Apportate le modifiche all'elenco servendovi delle opzioni presenti in questa scheda. L'anteprima sul lato destro della finestra di dialogo mostra l'effetto delle modifiche.

3) Fate clic su **OK** per salvare le modifiche.

4) Per ripristinare i valori predefiniti dell'elenco fate clic su **Ripristina**.

Uso delle tabelle

Le tabelle sono utili per la visualizzazione di informazioni strutturate presenti nel disegno, ad esempio di elenchi di specifiche oppure di cartigli del disegno. È possibile creare tabelle direttamente in Draw, eliminando così la necessità di incorporare all'interno del disegno un foglio elettronico da Calc o una tabella di testo da Writer. Le tabelle disponibili in Draw offrono una funzionalità limitata.

Creazione di una tabella

Quando si lavora con le tabelle, è opportuno conoscere il numero di righe e di colonne necessarie, così come l'aspetto. All'interno dei disegni, le tabelle vengono inserite in caselle di testo; non possono essere inserite in oggetti o forme. Inoltre, a differenza delle caselle di testo e di altri oggetti grafici, le tabelle non possono essere ruotate.

Figura 237: finestra di dialogo Inserisci tabella

Per inserire una tabella, procedete come segue:

1) Accedete alla voce **Inserisci > Tabella**, nella barra dei menu principale, per aprire la finestra di dialogo **Inserisci tabella** (Figura 237).
2) Selezionate il numero di colonne e righe necessarie.
3) Fate clic su **OK** e una tabella verrà collocata al centro del disegno, all'interno di una casella di testo.
4) Spostate la tabella nella posizione desiderata trascinandola, oppure utilizzando il metodo descritto nella sezione "Uso della finestra di dialogo Posizione e dimensione", a pagina 191.

Modifica di una tabella

Una volta aggiunta la tabella al disegno, potete controllarne l'aspetto, le dimensioni, la posizione, etc, tramite una combinazione degli strumenti presenti nella barra degli strumenti **Tabella** (Figura 238 e Figura 239) e nella finestra di dialogo **Formato celle** (Figura 243). La barra degli strumenti **Tabella** si attiva solo se è stata selezionata una tabella. Se, nonostante la selezione, la barra degli strumenti **Tabella** non compare, scegliete la voce **Visualizza > Barre degli strumenti > Tabella**.

Figura 238: barra degli strumenti Tabella

Figura 239: strumenti Tabella

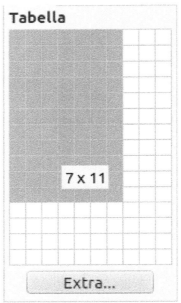

*Figura 240: strumento grafico
Tabella*

Barra degli strumenti Tabella

La barra degli strumenti **Tabella** contiene la maggior parte degli strumenti necessari alla gestione di una tabella. Questi strumenti sono mostrati nella Figura 239 e illustrati di seguito.

- **Tabella** – consente di creare una nuova tabella nel disegno. Apre la finestra di dialogo **Inserisci tabella** (Figura 237) dove potete selezionare il numero desiderato di righe e di colonne. In alternativa, fate clic sul piccolo triangolo accanto all'icona **Tabella** per aprire uno strumento grafico per la creazione della tabella (Figura 240). Per usare questo strumento, muovete il mouse in basso e a destra sulla griglia fino ad ottenere il numero di righe e colonne desiderato, quindi fate clic con il pulsante sinistro del mouse.

- **Stile linea** – consente di modificare lo stile linea dei bordi delle celle selezionate. Apre una nuova finestra di dialogo dalla quale potete effettuare una scelta fra una serie di stili predefiniti.

- **Colore linea cornice** – consente di aprire una finestra per la selezione del colore dei bordi che delimitano le celle selezionate.

- **Bordi** – consente di selezionare le configurazioni dei bordi predefinite. I bordi vengono applicati alle celle selezionate. Se il modello di bordo desiderato non è disponibile, dovrete ricorrere alla finestra di dialogo **Formato celle**.

- **Stile di riempimento** – consente di selezionare le celle da riempire, quindi il tipo di riempimento dall'elenco a discesa: *Invisibile* (nessun colore), *Colore*, *Sfumatura*, *Tratteggio* o *Bitmap*. Il menu a discesa di destra verrà popolato con i riempimenti disponibili, in base al tipo di riempimento selezionato nel menu a discesa di sinistra.

- **Unisci celle** – consente di aggregare le celle selezionate in un'unica cella. Va ricordato che verrà accorpato anche il loro contenuto. Potete unire le celle anche ricorrendo al menu contestuale che si apre facendo clic con il pulsante destro del mouse all'interno delle celle selezionate.

- **Dividi celle** – permette di eseguire l'operazione opposta all'unione delle celle. Assicuratevi che il cursore sia posizionato sulla cella da separare, quindi fate clic per aprire la finestra di dialogo Dividi celle (Figura 241). Selezionate il numero di celle che desiderate ottenere con la suddivisione e il tipo di separazione, orizzontale o verticale. Se dividete una cella orizzontalmente, potete selezionare l'opzione *In proporzioni uguali*, per ottenere celle di uguali dimensioni. Il contenuto della cella divisa viene mantenuto nella cella originale (quella a sinistra o in alto). Potete suddividere le celle anche ricorrendo al menu contestuale che si apre facendo clic con il pulsante destro del mouse all'interno della cella.

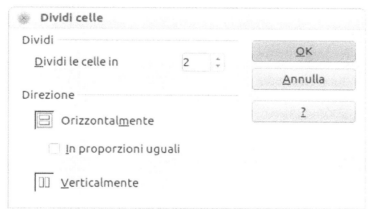

Figura 241: finestra di dialogo Dividi celle

- **Ottimizza** – consente di distribuire in modo uniforme le celle selezionate, orizzontalmente o verticalmente. Se desiderate ottimizzare l'intera tabella, potete distribuire uniformemente colonne o righe facendo clic sul piccolo triangolo accanto all'icona e selezionando **Distribuisci colonne uniformemente** o **Distribuisci righe uniformemente**.

- **In alto**, **Al centro (verticale)**, **In basso** – consentono di scegliere l'allineamento verticale del testo in una cella selezionando le celle desiderate e facendo poi clic su uno di questi strumenti.

- **Inserisci riga**, **Inserisci colonna**, **Elimina riga**, **Elimina colonna** – consentono di aggiungere o eliminare righe e colonne dalla tabella. Righe e colonne vengono inserite/eliminate al di sotto e alla destra della cella selezionata. Potete inoltre selezionare, inserire o eliminare righe e colonne ricorrendo al menu contestuale che si apre facendo clic con il pulsante destro del mouse all'interno di una cella.

- **Seleziona tabella, Seleziona colonna, Seleziona righe** – questi strumenti consentono di selezionare una tabella, una colonna o una riga per apportare le stesse modifiche ai loro attributi.
- **Struttura tabella** – consente di aprire la finestra di dialogo **Struttura tabella** (Figura 242) in cui è possibile selezionare uno stile tabella e le opzioni di visualizzazione.

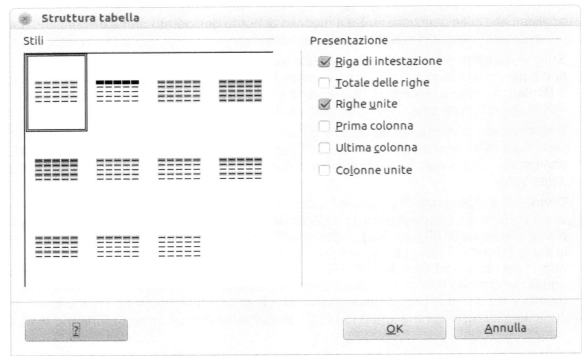

Figura 242: finestra di dialogo Struttura tabella

- **Proprietà tabella** – consente di aprire la finestra di dialogo **Formato celle** (Figura 243) contenente le seguenti schede. Potete aprire questa finestra di dialogo anche facendo clic con il pulsante destro del mouse sulla tabella e selezionando successivamente la voce **Tabella** dal menu contestuale.

Figura 243: finestra di dialogo Formato celle

- *Carattere* – consente di selezionare il tipo di carattere desiderato, così come famiglia, stile (*Corsivo*, **Grassetto**, ecc.), dimensioni e lingua. Un'anteprima del tipo di carattere viene mostrata nella parte inferiore della finestra di dialogo.

- *Effetti carattere* – consente di applicare effetti al testo: colore carattere, rilievo, sopralineatura, stile barrato, sottolineatura ed enfasi.

- *Bordi* – consente di impostare i bordi e le relative proprietà (non accessibili dallo strumento **Bordi**, presente nella barra degli strumenti **Tabella**), cioè Cornice (predefinita o personalizzata dall'utente), Linea (Stile, Larghezza e Colore) e Distanza dal contenuto (margini della cella).

- *Sfondo*: consente di modificare lo sfondo delle celle selezionate e svolge le stesse funzioni dello strumento **Stile di riempimento**, presente nella barra degli strumenti **Tabella**.

- *Ripristina* – il pulsante consente di ripristinare la tabella ai valori predefiniti.

Posizione e dimensione

Potete modificare posizione e dimensioni della tabella in un disegno usando il mouse oppure, per un controllo più accurato, tramite la finestra di dialogo **Posizione e dimensione** (Figura 227 a pagina 191). Dopo aver selezionato la tabella, fate clic con il pulsante destro del mouse e selezionate la voce **Posizione e dimensione** dal menu contestuale oppure accedete alla voce **Formato > Posizione e dimensione** nella barra dei menu principale, oppure ancora premete il tasto *F4* per aprire la finestra di dialogo. Consultate la sezione "Uso della finestra di dialogo Posizione e dimensione" a pagina 191 per ulteriori informazioni.

Nota	A differenza delle caselle di testo e di altri oggetti grafici, le tabelle non possono essere ruotate.

Eliminazione di una tabella

Per eliminare una tabella seguite questi passaggi:
1) Fate clic sulla tabella e trascinate per selezionarla.
2) Fate clic sul bordo della casella di testo intorno alla tabella.
3) Premete il tasto *Canc*.

Uso dei comandi di campo

I comandi di campo consentono l'inserimento automatico di testo nel disegno. Un comando di campo può essere considerato come una specie di formula calcolata quando il disegno viene caricato o stampato e il cui risultato comparirà poi nel disegno.

Inserimento di un comando di campo

Per inserire un comando di campo in un disegno seguite questi passaggi:
1) Portate il cursore nel punto in cui desiderate posizionare il comando di campo. La casella di testo creata durante l'inserimento del comando di campo può essere riposizionata come una qualunque casella.
2) Accedete alla voce **Inserisci > Comando di campo** nella barra dei menu principale.
3) Selezionate un comando di campo dalle opzioni visibili nel menu contestuale.

I comandi di campo disponibili in Draw sono i seguenti:
- **Data (fissa)**: consente di inserire un campo data con la data del giorno nel quale viene inserito il comando di campo.
- **Data (variabile)**: consente di inserire un campo che viene aggiornato con la data al momento di apertura del file.
- **Orario (fisso)**: consente di inserire un campo che visualizza l'ora al momento dell'inserimento.
- **Orario (variabile)**: consente di inserire un campo che viene aggiornato con l'ora al momento di apertura del file.
- **Autore**: consente di aggiungere l'autore del disegno. Quest'ultima informazione viene ricavata dal valore inserito nelle opzioni generali. Per modificarla accedete al menu **Strumenti > Opzioni > LibreOffice > Dati utente**.
- **Numero di pagina**: consente di inserire il numero di pagina nella diapositiva.
- **Numero di pagine**: consente di inserire il numero totale di diapositive.
- **Nome file**: consente di inserire un campo che contiene il nome del file.

Personalizzazione dei comandi di campo

L'aspetto dei comandi di campo può essere personalizzato come segue. I comandi di campo **Numero di pagina**, **Numero di pagine** e **Nome file** non sono personalizzabili.

Figura 244: finestra di dialogo Modifica comando di campo

1) Fate clic sui dati del comando di campo e scegliete poi la voce Modifica > Campi dalla barra dei menu per aprire la finestra di dialogo **Modifica comando di campo**, mostrata in Figura 244 (in alternativa è possibile fare clic con il pulsante destro del mouse sui dati del comando di campo per aprire un menu contestuale).
2) Selezionate il formato desiderato dalle opzioni disponibili.
3) Fate clic su **OK**.

Uso dei collegamenti ipertestuali

Quando si inserisce del testo (come un indirizzo di un sito web o un URL) utilizzabile come collegamento ipertestuale, esso viene formattato automaticamente come collegamento ipertestuale e dotato di colore e sottolineatura.

Per inserire un collegamento ipertestuale, o per personalizzarne l'aspetto, accedete alla voce **Inserisci > Collegamento ipertestuale** nella barra dei menu principale, oppure fate clic sull'icona

Collegamento ipertestuale nella barra degli strumenti **Standard** per aprire la finestra di dialogo **Collegamento ipertestuale** (Figura 245).

Selezionate uno dei quattro tipi di collegamento ipertestuale presenti sulla sinistra. La finestra di dialogo cambia in base al tipo di collegamento selezionato.

- **Internet**: consente di scegliere tra un collegamento Web o FTP. Inserite l'indirizzo web desiderato (URL).
- **Mail & News**: consente di scegliere tra un collegamento di posta elettronica o di news. Inserite l'indirizzo del destinatario e, per la posta elettronica, anche l'oggetto del messaggio.
- **Documento**: consente di creare un collegamento ipertestuale che rimanda a un altro documento o a un altro punto del disegno, comunemente indicato come segnalibro. Inserite il percorso al documento, oppure fate clic sull'icona **Apri file** per aprire una finestra

di esplorazione file; lasciate questo campo vuoto se desiderate creare un collegamento che rimandi a una destinazione contenuta nello stesso disegno. Facoltativamente potete specificare una destinazione (per esempio una particolare diapositiva). Fate clic sull'icona **Destinazione nel documento** per aprire la finestra di dialogo **Destinazione nel documento**; da qui potete selezionare la destinazione, oppure, se ne conoscete il nome, digitarlo nel campo.

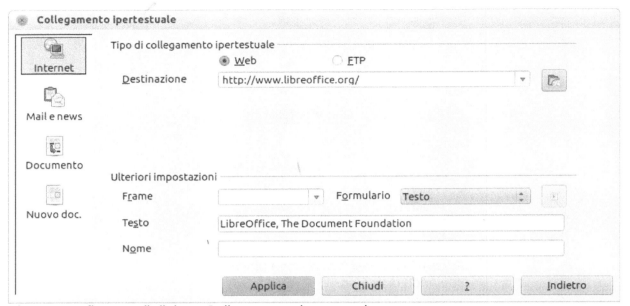

Figura 245: finestra di dialogo Collegamento ipertestuale

- **Nuovo documento**: consente di creare un collegamento ipertestuale che rimanda a un nuovo documento. Scegliete se modificare il nuovo documento immediatamente (**Modifica subito**) oppure se crearlo soltanto, per modificarlo in seguito (**Modifica dopo**). Scegliete il tipo di documento da creare (documento di testo, foglio elettronico, etc.). Il pulsante **Seleziona percorso** apre una finestra di esplorazione file che vi permette di scegliere la cartella in cui salvare il nuovo documento.

Suggerimenti	Per evitare che gli indirizzi web (URL) vengano trasformati automaticamente in collegamenti ipertestuali, accedete a **Strumenti > Opzioni di correzione automatica > Opzioni** e deselezionate la casella di controllo **Riconosci URL**.
	Per cambiare il colore dei collegamenti ipertestuali, accedete al menu **Strumenti > Opzioni > LibreOffice > Aspetto**, scorrete l'elenco fino a *Collegamenti non visitati* e/o *Collegamenti visitati*, spuntate le caselle di controllo, scegliete i nuovi colori e fate clic su **OK**. Attenzione: questo modificherà il colore di ogni collegamento ipertestuale in tutti i componenti di LibreOffice, cosa che potrebbe non corrispondere alle vostre esigenze.

L'area *Ulteriori impostazioni* della finestra di dialogo **Collegamento ipertestuale** è comune a tutti i tipi di collegamento, anche se alcune scelte sono più rilevanti per alcune tipologie di collegamenti ipertestuali.

- **Frame** – consente di definire come si aprirà il collegamento ipertestuale. Queste impostazioni si applicano a documenti che saranno aperti con un browser web.

- **Formulario** - consente di definire se il collegamento deve essere visualizzato come testo o come pulsante. Vedete la sezione "Uso dei pulsanti dei collegamenti ipertestuali" a pagina 213 per ulteriori informazioni.

- **Testo** - permette di definire il testo che sarà visibile all'utente.

- **Nome** - utilizzabile per i documenti HTML. Definisce il testo che sarà aggiunto come attributo NAME nel codice HTML del collegamento ipertestuale.

Modificare il testo dei collegamenti ipertestuali

1) Selezionate il collegamento ipertestuale trascinando il cursore sul testo, evitando di farci clic sopra.
2) Accedete alla voce **Modifica > Collegamento** dalla barra dei menu principale.
3) Apportate le modifiche desiderate, quindi fate clic su **Applica**. In caso di modifiche a più collegamenti, fate clic su **Applica** dopo ogni modifica.
4) Una volta terminato, fate clic su **Chiudi**.

Uso dei pulsanti dei collegamenti ipertestuali

Il pulsante di un collegamento ipertestuale viene inserito al centro del disegno corrente. Nella maggior parte dei casi, quello non è il punto nel quale si desidera posizionarlo. Per modificare il testo o le dimensioni di un pulsante di un collegamento, oppure per spostarlo in un altro punto del disegno seguite questi passaggi:

1) Accedete alla voce **Visualizza > Barre degli strumenti > Controlli per formulario** dalla barra dei menu principale per aprire la barra Controlli per formulario (Figura 246).
2) Selezionate l'icona **Modo bozza on/off** (evidenziata nella figura).
3) A questo punto fate clic sul pulsante del collegamento ipertestuale e spostatelo in una posizione diversa, oppure fate clic con il pulsante destro del mouse per aprire una finestra di dialogo dalla quale modificare il testo del pulsante, le sue dimensioni e altre impostazioni.
4) Una volta terminato di modificare il pulsante, fate nuovamente clic sull'icona **Modo bozza on/off** per disattivare il pulsante. Per una descrizione dettagliata delle proprietà e di come utilizzare i Controlli per formulario, fate riferimento alla *Guida a Writer*.

Figura 246: barra degli strumenti Controlli per formulario

Capitolo 10
Tecniche di Draw avanzate

Documenti di più pagine

I documenti di Draw, così come le presentazioni di Impress, possono essere formati da più pagine. Ciò permette di creare un disegno con diverse sezioni, che viene memorizzato nel computer come un unico file.

Quando in un disegno vengono inserite delle pagine, a queste sono automaticamente assegnati i nomi *Pagina 1*, *Pagina 2*, e così via. Se modificate l'ordine delle pagine, queste vengono automaticamente rinumerate. In ogni caso, se volete identificarle facilmente, potete assegnare dei nomi significativi a ciascuna pagina.

Utilizzo del Riquadro pagina

Per impostazione predefinita, all'apertura di Draw il **Riquadro pagina** (Figura 247) appare agganciato alla sinistra dello spazio di lavoro. Qui viene visualizzata una miniatura di ciascuna pagina del disegno. Se il Riquadro pagina non è visualizzato, scegliete la voce **Visualizza > Riquadro pagina** dalla barra dei menu principale.

Nota	Quando il **Riquadro pagina** si trova nella sua posizione agganciata, alla sinistra dell'area di lavoro, prende il nome di **Pagine**.

- Selezionando una miniatura nel Riquadro pagina, la pagina corrispondente viene caricata nell'area di lavoro. Fate clic sulla pagina nell'area di lavoro per attivarla e poterla

  modificare. Alternativamente, fate clic sull'icona **Navigatore** oppure premete il tasto *F5*, oppure ancora scegliete la voce **Visualizza > Navigatore** dalla barra principale dei menu, per aprire la finestra di dialogo del **Navigatore** (Figura 248) e selezionare le pagine tramite questa finestra.

Figura 247: il Riquadro pagina e l'area di lavoro

Figura 248: la finestra di dialogo del Navigatore

- Per modificare l'ordine delle pagine nel documento, selezionate una miniatura nel Riquadro pagina e poi trascinatela e rilasciatela.

- Per modificare la larghezza del Riquadro pagina, fate clic sulla linea che lo separa dall'area di lavoro e trascinatela.

- Fate clic al centro di questa linea per visualizzare o nascondere il Riquadro pagina (come evidenziato nella Figura 247).

- Per sganciare il Riquadro pagina e renderlo una finestra mobile, tenete premuto il tasto *Ctrl* e fate doppio clic sulla sua barra del titolo.

- Per agganciare nuovamente il Riquadro pagina nella sua posizione predefinita, alla sinistra dell'area di lavoro, tenete premuto il tasto *Ctrl* e fate doppio clic sulla barra del titolo della sua finestra mobile.

- Ricorrete alle opzioni del menu contestuale (che si apre facendo clic con il pulsante destro del mouse all'interno del Riquadro pagina) per inserire, eliminare, rinominare, tagliare, copiare e incollare le pagine.

- Dalla barra principale dei menu, scegliete la voce **Inserisci > Pagina** per inserire una nuova pagina oppure la voce **Inserisci > Duplica pagina** per inserire un duplicato della pagina.

Pagine master

Una pagina master è una pagina che viene utilizzata come punto di partenza per le altre pagine del disegno. È simile a uno stile di pagina in Writer: definisce la formattazione iniziale di tutte le pagine che si basano su tale master. Un disegno può avere più di una pagina master, in modo che possiate dare un aspetto differente a pagine diverse del vostro lavoro.

Una pagina master contiene un insieme di caratteristiche definite, che comprende: il colore, l'immagine o la sfumatura di sfondo; oggetti di sfondo (come i loghi, le linee decorative e altri elementi grafici), la formattazione del testo, blocchi di testo standard, e campi di inserimento, come la numerazione di pagina, la data e il nome del file.

Nota	LibreOffice utilizza termini intercambiabili per un unico concetto: master di diapositiva, diapositiva master e pagina master. Tutti si riferiscono a una pagina che viene utilizzata per creare altre pagine. Quando ricercate informazioni nella guida in linea di Draw, potrebbe essere necessario ricorrere a termini di ricerca alternativi.

Vista sfondo

Per aggiungere oggetti e campi a una pagina master, accedete alla voce **Visualizza > Sfondo** per aprire la vista sfondo. Quando attivate la vista sfondo si apre anche la barra degli strumenti **Vista sfondo** (Figura 249). Se questa barra degli strumenti non appare, andate su **Visualizza > Barre degli strumenti > Vista sfondo**.

Per ritornare alla modalità di pagina normale, fate clic su **Chiudi vista sfondo** nella barra degli strumenti Vista sfondo, oppure andate su **Visualizza > Normale** nella barra principale dei menu.

Figura 249: barra degli strumenti Vista sfondo

Creazione di pagine master

Ogni disegno che create contiene già una pagina master predefinita, ma potete crearne di aggiuntive al fine di modificare l'aspetto di alcune delle pagine del disegno multi-pagina.

Per creare una nuova pagina master, passate alla Vista sfondo, quindi fate clic sull'icona **Nuovo documento master** nella barra degli strumenti Vista sfondo. La nuova pagina master viene automaticamente selezionata, permettendovi di aggiungere un nuovo insieme di elementi, così da poter creare un nuovo aspetto per le vostre pagine.

Rinominare le pagine master

Quando viene creata, ogni nuova pagina master ha il nome preimpostato: Predefinito 1, Predefinito 2, e così via. È consigliabile rinominare le nuove pagine master con un nome descrittivo. È anche possibile rinominare la pagina master predefinita, creata automaticamente quando avete creato il disegno.

Passate alla Vista sfondo e poi fate clic con il pulsante destro del mouse su una pagina master nel Riquadro pagina, quindi, dal menu contestuale, selezionate **Rinomina pagina**, oppure fate clic sull'icona **Rinomina documento master** sulla barra degli strumenti Vista sfondo. In tal modo si apre una finestra di dialogo nella quale potete digitare un nuovo nome. Fate clic sul pulsante **OK** per salvare il nuovo nome.

Eliminazione di pagine master

Passate alla vista sfondo e selezionate poi la pagina master che volete eliminare. Nel Riquadro pagina, fate clic con il pulsante destro del mouse su una pagina master che avete creato e, dal menu contestuale, selezionate **Elimina pagina**, oppure fate clic sull'icona **Elimina documento master** sulla barra degli strumenti Vista sfondo.

L'opzione e l'icona di eliminazione sono disponibili solamente se nel disegno è presente più di una pagina master. Non è possibile eliminare la pagina master predefinita, creata nel momento in cui avete creato il disegno.

Inserimento di comandi di campo

In ogni pagina master potete inserire dei comandi di campo scegliendo la voce **Inserisci > Comando di campo** dalla barra principale dei menu, e selezionando poi un comando di campo dal menu contestuale. In una pagina master è possibile inserire i seguenti comandi di campo.

- **Data (fissa)** – consente di inserire nella pagina master la data corrente come campo fisso. La data non viene aggiornata automaticamente.

- **Data (variabile)** – consente di inserire nella pagina master la data corrente come campo variabile. La data viene aggiornata automaticamente quando ricaricate il file.

- **Orario (fisso)** – consente di inserire nella pagina master l'orario corrente come campo fisso. L'ora non viene aggiornata automaticamente.

- **Orario (variabile)** – consente di inserire nella pagina master l'orario corrente come campo variabile. L'ora viene aggiornata automaticamente quando ricaricate il file.

- **Autore** – consente di inserire nella pagina attiva il nome e il cognome impostati nei dati utente di LibreOffice.

- **Numero di pagina** – consente di inserire il numero di pagina su ciascuna pagina del vostro disegno. Per modificare il formato del numero, scegliete la voce **Formato > Pagina** nella barra dei menu principale e selezionate un formato dall'elenco a discesa nell'area *Impostazioni layout*.

- **Nome file** – consente di inserire il nome del file attivo. Il nome apparirà solo dopo che avrete salvato il file.

Assegnazione di pagine master

Se il disegno ha più di una pagina master, potete assegnare differenti pagine master a pagine diverse.

1) Assicuratevi di essere nella vista pagina normale scegliendo **Visualizza > Normale** nella barra dei menu principale e selezionate la pagina alla quale volete assegnare una nuova pagina master.

2) Fate clic con il pulsante destro del mouse sulla pagina nell'area di lavoro e, dal menu contestuale, selezionate **Pagina > Struttura diapositiva**, in modo da aprire la finestra di dialogo **Modello di diapositiva** (Figura 250).

3) Fate clic sul pulsante **Apri** per aprire la finestra di dialogo **Carica modello di pagina** e usate una qualsiasi delle pagine master preimpostate. Tutti i modelli di Draw e di Impress possono essere usati a questo scopo.

Figura 250: finestra di dialogo Modello di diapositiva

4) Selezionate l'opzione **Cambia pagina di sfondo** e la pagina master selezionata verrà utilizzata su tutte le pagine del disegno.

5) Selezionate l'opzione **Elimina pagine di sfondo non utilizzate** per eliminare tutte le pagine master, visualizzate nella finestra di dialogo Modello di diapositiva, che non sono state assegnate a una pagina.

6) Fate clic sul pulsante **OK** per assegnare la pagina master selezionata alla pagina.

Livelli multipli

In LibreOffice Draw i livelli permettono di riunire gli elementi di una pagina del disegno che sono tra loro correlati. I livelli si possono considerare come spazi di lavoro distinti, che potete nascondere dalla vista, nascondere dalla stampa, oppure bloccare. I livelli che non contengono oggetti sono trasparenti.

Nota	Potete bloccare un livello per proteggerne il contenuto, oppure nasconderlo con il contenuto dalla vista o dalla stampa. Quando aggiungete un nuovo livello, questo viene aggiunto a tutte le pagine del disegno. Se aggiungete a un livello un oggetto, questo viene comunque aggiunto solo alla pagina attiva del disegno.
	Se volete che l'oggetto compaia su tutte le pagine (ad esempio, un logo aziendale), aggiungete l'oggetto alla pagina master, andando in **Visualizza > Sfondo**. Per ritornare al disegno, andate in **Visualizza > Normale**.

I livelli non determinano l'ordine di sovrapposizione degli oggetti nella pagina di disegno, ad eccezione del livello **Campi di controllo**, che si trova sempre davanti a tutti gli altri livelli. L'ordine di sovrapposizione degli oggetti nella pagina di disegno è determinato dalla sequenza in cui aggiungete gli oggetti. Potete riorganizzare l'ordine di sovrapposizione scegliendo la voce **Cambia > Disponi** nella barra dei menu principale.

Livelli predefiniti

LibreOffice Draw mette a disposizione tre livelli predefiniti, che non possono essere eliminati o rinominati.

- **Layout** – è lo spazio di lavoro predefinito e determina la posizione del titolo, del testo e dei segnaposto per gli oggetti nella pagina di disegno.

- **Campi di controllo** – utilizzato per i pulsanti a cui è stata assegnata un'azione, non dovrebbe essere stampato; le proprietà del livello sono impostate a non stampabile. Gli oggetti su questo livello sono sempre davanti a quelli sugli altri livelli.

- **Linee di quotatura** – su questo livello vengono disegnate le linee di quotatura. Visualizzando o nascondendo il livello, potete facilmente attivare o disattivare le linee di quotatura.

Inserimento di livelli

1) Fate clic con il pulsante destro del mouse nell'area delle linguette dei livelli, in basso nella finestra, e selezionate **Inserisci livello** dal menu contestuale, oppure, dalla barra dei menu principale, scegliete la voce **Inserisci > Livello** per aprire la finestra di dialogo **Inserisci livello** (Figura 251).

2) Nella casella *Nome* digitate un nome descrittivo per il livello.

3) Nella casella *Titolo* digitate un titolo descrittivo per il livello.

4) Se necessario, nella casella *Descrizione* digitate una descrizione.

5) Selezionate l'opzione *Visibile* se volete che il livello venga visualizzato nel disegno. Se l'opzione *Visibile* non è selezionata, il livello viene nascosto e il titolo, nella linguetta del livello, diventa di colore blu.

6) Selezionate l'opzione *Stampabile* se volete che il livello venga stampato quando stampate il disegno. Deselezionare l'opzione di stampa è utile quando volete usare un livello di bozza per delle guide o delle annotazioni che utilizzate durante la realizzazione del disegno, ma che non volete appaiano nel risultato finale.

7) Selezionate l'opzione *Bloccato* per impedire l'eliminazione, la modifica o lo spostamento di qualunque oggetto si trovi su questo livello. Su di un livello bloccato non possono essere aggiunti ulteriori oggetti. Bloccare un livello può essere utile, ad esempio, per proteggere un piano di base, mentre viene aggiunto un nuovo livello con ulteriori dettagli.

8) Fate clic su **OK** e il nuovo livello diverrà automaticamente attivo.

Figura 251: finestra di dialogo Inserisci livello

Modifica dei livelli

1) Fate clic con il pulsante destro del mouse sulla linguetta con il nome del livello e, dal menu contestuale selezionate la voce **Modifica livello**, oppure fate doppio clic sulla linguetta con il nome, per aprire la finestra di dialogo **Modifica livello**. Questa finestra di dialogo è simile a quella Inserisci livello, visibile nella Figura 251.

2) Apportate le vostre modifiche al livello, poi fate clic su **OK** per salvarle e chiudere la finestra di dialogo.

Utilizzo dei livelli

Selezione di un livello

Per selezionare un livello, fate clic sulla linguetta con il suo nome nella parte inferiore dello spazio di lavoro del disegno.

Nascondere i livelli

1) Selezionate un livello, fate clic con il pulsante destro del mouse sulla linguetta con il nome del livello e, dal menu contestuale, selezionate la voce **Modifica livello**, oppure fate doppio clic sulla linguetta con il nome, per aprire la finestra di dialogo **Modifica livello**.

2) Deselezionate la casella di controllo *Visibile* e fate clic su **OK**. Il testo della linguetta con il nome del livello diventa blu. Qualsiasi oggetto posizionato su un livello nascosto non sarà più visibile sugli altri livelli del disegno.

3) In alternativa, tenete premuto il tasto *Maiusc* e fate clic sulla linguetta con il nome.

Visualizzazione di livelli nascosti

1) Selezionate un livello nascosto, fate clic con il pulsante destro del mouse sulla linguetta con il nome del livello e, dal menu contestuale, selezionate la voce **Modifica livello**, oppure fate doppio clic sulla linguetta con il nome per aprire la finestra di dialogo **Modifica livello**.

2) Spuntate la casella di controllo *Visibile* e fate clic su **OK**. Il testo sulla linguetta con il nome del livello diventa del colore predefinito, in base alle impostazioni del computer. Qualsiasi oggetto posizionato su un livello nascosto diventerà ora visibile sugli altri livelli del disegno.

3) In alternativa, tenete premuto il tasto *Maiusc* e fate clic sulla linguetta con il nome.

Blocco dei livelli

1) Selezionate un livello, fate clic con il pulsante destro del mouse sulla linguetta con il nome del livello e, dal menu contestuale, selezionate la voce **Modifica livello**, oppure fate doppio clic sulla linguetta con il nome, per aprire la finestra di dialogo **Modifica livello**.

2) Spuntate la casella di controllo *Bloccato* e fate clic su **OK** per impedire qualsiasi modifica al livello.

Sblocco dei livelli

1) Selezionate un livello, fate clic con il pulsante destro del mouse sulla linguetta con il nome del livello e, dal menu contestuale, selezionate la voce **Modifica livello**, oppure fate doppio clic sulla linguetta con il nome, per aprire la finestra di dialogo **Modifica livello**.

2) Deselezionate la casella di controllo *Bloccato* e fate clic su **OK** per consentire la modifica del livello.

Rinominare i livelli

Per rinominare un livello che avete aggiunto al disegno:

1) Fate clic con il pulsante destro del mouse sulla linguetta con il nome del livello e, dal menu contestuale, selezionate la voce **Rinomina livello**.

2) Digitate un nuovo nome per il livello e fate clic al di fuori dell'area della linguetta per salvare la modifica.

Nota	Potete anche rinominare un livello seguendo le istruzioni presenti nella sezione "Modifica dei livelli" a pagina 221.

Eliminazione dei livelli

Per eliminare un livello che avete aggiunto al disegno:

1) Fate clic con il pulsante destro del mouse sulla linguetta con il nome del livello e, dal menu contestuale, selezionate la voce **Elimina livello**.

2) Confermate l'eliminazione e il livello verrà cancellato con gli oggetti in esso contenuti.

Quotatura

Draw vi permette di quotare gli oggetti e di visualizzarne le dimensioni, in modo da far apparire il disegno simile a un progetto tecnico. Quando create le quotature, queste vengono automaticamente posizionate sul livello **Linee di quotatura** (per maggiori informazioni vedete la sezione "Livelli predefiniti" a pagina 220).

Configurazione della quotatura

Sono disponibili due modi per accedere alle opzioni di configurazione della quotatura. Entrambi i metodi, per impostare le opzioni di quotatura, usano una finestra di dialogo simile, nella quale potete modificare le proprietà della lunghezza, delle misure e delle guide di una linea di quotatura.

Configurazione tramite gli stili grafici

1) Scegliete la voce **Formato > Stili e formattazione** oppure premete il tasto *F11* sulla tastiera per aprire la finestra di dialogo **Stili e formattazione**.
2) Nella finestra di dialogo Stili e formattazione selezionate *Linea di quotatura*.
3) Fate clic con il pulsante destro del mouse su *Linea di quotatura* e, dal menu contestuale, selezionate la voce *Modifica* per aprire la finestra di dialogo **Stile oggetti grafici** (Figura 252). Per maggiori informazioni sugli stili degli oggetti grafici consultate la *Guida a Impress*.
4) Fate clic sulla scheda **Quotatura** per aprire la pagina delle opzioni di **Quotatura**.
5) Per reimpostare le opzioni di quotatura alle proprietà predefinite del modello, fate clic sul pulsante **Standard**.

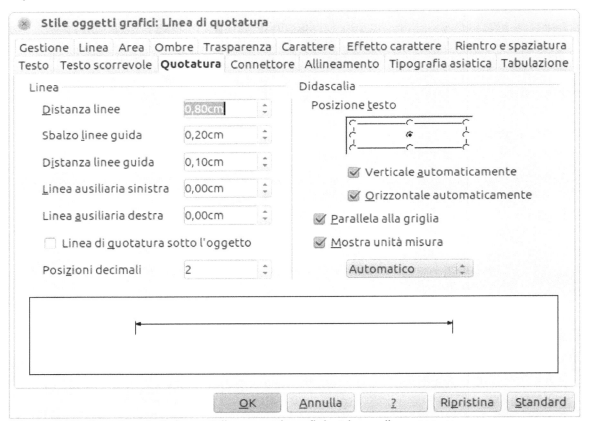

Figura 252: finestra di dialogo Stile oggetti grafici - Linea di quotatura

Configurazione tramite il menu contestuale

1) Disegnate una linea di quotatura. Per maggiori informazioni vedete la sezione "Quotatura degli oggetti" a pagina 225.

2) Fate clic con il pulsante destro del mouse sulla linea di quotatura e, dal menu contestuale, selezionate la voce **Dimensioni** per aprire la finestra di dialogo **Quotatura** (Figura 253).

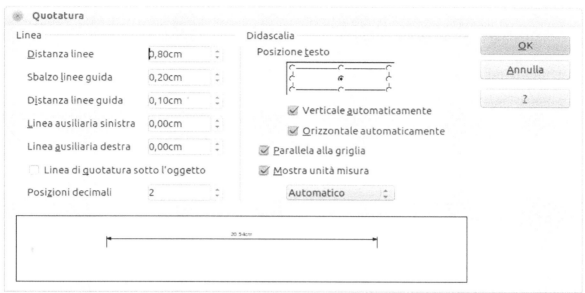

Figura 253: finestra di dialogo Quotatura (da menu contestuale)

Opzioni di quotatura

Con riferimento alla Figura 252 e alla Figura 253, le opzioni di quotatura sono le seguenti.

- **Linea** – permette di definire le proprietà delle distanze reciproche tra la linea di quotatura e le guide e rispetto alla linea base.

  - *Distanza linee* – consente di specificare la distanza tra la linea di quotatura e la linea base (linea con distanza = 0).

  - *Sbalzo linee guida* – consente di specificare la lunghezza delle guide sinistra e destra, partendo dalla linea base (linea con distanza = 0). I valori positivi estendono le guide sopra la linea base, mentre i valori negativi le estendono sotto la linea base.

  - *Distanza linee guida* – consente di specificare la lunghezza delle guide destra e sinistra, partendo dalla linea di quotatura. I valori positivi estendono le guide sopra la linea di quotatura, mentre i valori negativi le estendono sotto la linea di quotatura.

  - *Linea ausiliaria sinistra* – consente di specificare la lunghezza della guida sinistra, partendo dalla linea di quotatura. I valori positivi estendono la guida sotto la linea di quotatura, mentre i valori negativi la estendono sopra la linea di quotatura.

  - *Linea ausiliaria destra* – consente di specificare la lunghezza della guida destra, partendo dalla linea di quotatura. I valori positivi estendono la guida sotto la linea di quotatura, mentre i valori negativi la estendono sopra la linea di quotatura.

  - *Linea di quotatura sotto l'oggetto* – inverte le proprietà impostate nelle opzioni della Linea.

  - *Posizioni decimali* – consente di specificare il numero di posizioni decimali utilizzate per la visualizzazione delle proprietà della linea.

- **Didascalia** – permette di definire le proprietà del testo della quotatura.

- *Posizione testo* – consente di determinare la posizione del testo della quotatura rispetto alla linea di quotatura e alle guide. Prima di assegnare una posizione al testo, le caselle di controllo *Verticale automaticamente* e *Orizzontale automaticamente* devono essere deselezionate.

- *Verticale automaticamente* – permette di determinare la posizione verticale ottimale per il testo della quotatura.

- *Orizzontale automaticamente* – permette di determinare la posizione orizzontale ottimale per il testo della quotatura.

- *Parallela alla griglia* – consente di visualizzare il testo parallelamente o perpendicolarmente rispetto alla linea di quotatura.

- *Mostra unità di misura* – consente di visualizzare o nascondere l'unità di misura della quotatura. Dall'elenco a comparsa potete anche selezionare l'unità di misura che volete visualizzare.

Nota	Lo stile per la quotatura Linea di quotatura è sempre collegato e memorizzato nella pagina di lavoro corrente. Tutte le modifiche effettuate vengono applicate esclusivamente a questa pagina. I nuovi disegni vengono creati con le proprietà standard di Draw. Se volete utilizzare lo stile modificato in altri disegni, salvate il disegno come modello.

Suggerimento	Quando quotate gli oggetti, è opportuno usare la funzione di zoom, le linee guida e le funzioni di cattura, in modo che sia possibile posizionare accuratamente le linee di quotatura rispetto a un oggetto. Consultate il *Capitolo 3 (Lavorare con oggetti e punti oggetto)* per ulteriori informazioni.

Quotatura degli oggetti

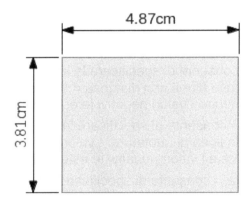

Figura 254: quotatura di oggetti

1) Fate clic sul piccolo triangolo vicino all'icona **Linee e frecce** ➙ sulla barra degli strumenti Disegno per aprire la barra degli strumenti a comparsa **Frecce**. Notate che questa icona cambia a seconda dell'ultimo strumento di **Linee e frecce** usato. Inoltre, questa barra degli strumenti può diventare fluttuante facendo clic nella parte inferiore della barra a comparsa e trascinandola nello spazio di lavoro.

2) Fate clic sull'icona **Linea di quotatura** ⊢⊣ sulla barra degli strumenti **Frecce**; normalmente il cursore cambia, assumendo una forma a croce.

3) Per disegnare la linea di quotatura, posizionate il cursore a un angolo dell'oggetto, quindi fate clic e trascinatelo fino all'altro angolo dell'oggetto. Per disegnare la linea di quotatura in orizzontale o in verticale, tenete premuto il tasto *Maiusc* mentre trascinate il cursore.

4) Quando raggiungete l'altro angolo dell'oggetto rilasciate il pulsante del mouse; la linea di quotatura viene disegnata e la quotatura viene automaticamente aggiunta. Inoltre, la linea di quotatura viene posizionata automaticamente sul livello **Linee di quotatura**; per maggiori informazioni vedete "Livelli predefiniti" a pagina 220.

5) Se volete modificare il testo della quotatura, fate doppio clic su una linea di quotatura non selezionata, in modo da entrare in modalità di modifica del testo e poter apportare le correzioni. Per salvare le modifiche fate clic al di fuori della linea di quotatura.

6) Se volete configurare la linea di quotatura, vedete la sezione "Configurazione della quotatura" a pagina 223.

Disegno in scala

In Draw il disegno viene realizzato su un'area di disegno predefinita. Normalmente questa ha le dimensioni di un foglio Lettera o A4, a seconda delle impostazioni locali, della configurazione del computer e della stampante predefinita collegata al computer. Comunque, in base alle dimensioni reali degli oggetti disegnati, spesso è utile ridurre o ingrandire il disegno scalandolo (ad esempio 1:10 o 2:1).

Potete specificare un valore di scala scegliendo la voce **Strumenti > Opzioni > LibreOffice Draw > Generale** e selezionando un valore dall'elenco a discesa *Scala di disegno*. L'impostazione predefinita di questa opzione è 1:1. Quando apportate una modifica alla scala di disegno, questa si riflette sui righelli sul lato superiore e sinistro del disegno.

Qualunque modifica alla scala di disegno non ha effetto sulle operazioni di disegno di base. Draw calcola automaticamente i valori necessari (ad esempio le linee di quotatura). La spaziatura dei punti della griglia è indipendente dalla scala di disegno, in quanto la griglia è un aiuto visuale e non un elemento del disegno.

Una scala di riduzione (ad esempio 1:4) vi permette di disegnare oggetti che altrimenti non si adatterebbero alle dimensioni della pagina su cui disegnate. Una scala di ingrandimento (ad esempio 4:1) vi permette di disegnare accuratamente oggetti piccoli a una dimensione ingrandita, che li rende più facili da comprendere.

- Un esempio di disegno in scala è mostrato nella Figura 255. Tutti e tre i rettangoli sono della stessa misura.
- Il rettangolo di sinistra è stato disegnato e quotato alla scala predefinita di 1:1.
- Per il rettangolo di centro, la scala di disegno è stata cambiata in 1:4 e le quotature sono state automaticamente aumentate da Draw per riflettere la riduzione di scala.
- Per il rettangolo di destra, la scala di disegno è stata cambiata in 4:1 e le quotature sono state automaticamente diminuite da Draw per riflettere l'aumento di scala.

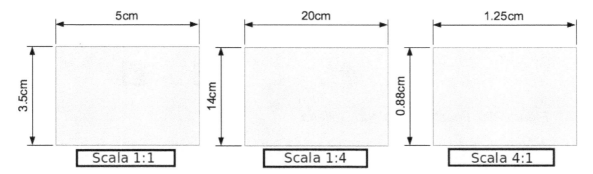

Figura 255: esempi di disegno in scala

Galleria delle immagini

In Draw è disponibile una **Galleria** che contiene numerose immagini, raggruppate per categorie: *Punti*; *Limiti*; *Homepage*; *Sfondi*; *Suoni*. Il panello a sinistra nella finestra della galleria elenca le categorie disponibili. Fate clic su una categoria per vederne le relative immagini visualizzate nel pannello di destra della finestra di dialogo **Galleria** (Figura 256).

Le categorie predefinite sono di sola lettura; in queste categorie non è possibile aggiungere o eliminare immagini. Le categorie predefinite sono facilmente riconoscibili: facendo clic con il pulsante destro del mouse su ciascuna di esse, l'unica opzione disponibile nel menu contestuale è **Proprietà**.

Nell'installazione predefinita di LibreOffice, la *Categoria personale* è l'unica personalizzabile e vi permette di aggiungere o rimuovere le vostre immagini. Potete anche creare nuove categorie nelle quali aggiungere o rimuovere le vostre immagini; la sezione "Aggiunta di una nuova categoria" a pagina 229 spiega come fare.

Utilizzo della Galleria

1) Fate clic sull'icona **Galleria** ![icona] sulla barra degli strumenti Disegno, oppure, dalla barra principale dei menu, scegliete la voce **Strumenti > Galleria** per aprire la finestra di dialogo **Galleria**.
2) Nel pannello di sinistra della finestra di dialogo Galleria scegliete una categoria.
3) Fate clic su un'immagine nel pannello di destra della finestra di dialogo Galleria e trascinatela nel disegno.

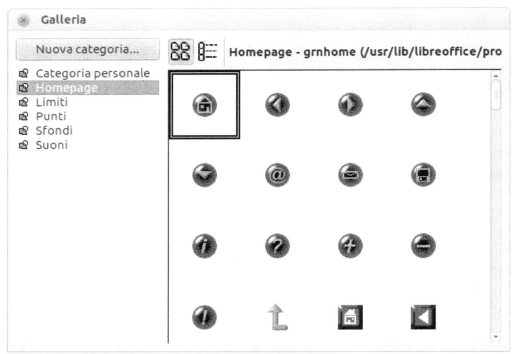

Figura 256: finestra di dialogo Galleria

4) In alternativa, fate clic con il pulsante destro del mouse su un'immagine della Galleria e, dal menu contestuale, selezionate la voce **Inserisci > Copia**.
5) Spostatevi sul disegno e incollatevi sopra l'immagine della galleria.

Aggiunta di immagini alla Categoria personale

Potete aggiungere immagini soltanto alla *Categoria personale* oppure ad altra categoria da voi creata.

1) Nell'elenco delle categorie, fate clic con il pulsante destro del mouse su *Categoria personale* oppure sul nome di una categoria da voi creata e, dal menu a comparsa, scegliete la voce **Proprietà**, in modo da aprire la finestra di dialogo **Proprietà di Categoria personale** (Figura 257).

Figura 257: finestra di dialogo Proprietà di Categoria personale

2) Fate clic sulla scheda **File**.

3) Fate clic sul pulsante **Cerca file** per aprire la finestra di dialogo **Seleziona percorso** (Figura 258).

4) Navigate fino alla cartella contenente le immagini da usare.

5) Fate clic su **OK** per selezionare i file presenti nella cartella e chiudere la finestra di dialogo **Seleziona percorso**. La lista dei file contenuti nella cartella apparirà ora nella finestra di dialogo Proprietà della categoria.

6) Selezionate i file che volete usare nella *Categoria personale* e fate clic sul pulsante **Aggiungi**. I file aggiunti scompariranno dall'elenco dei file e le immagini appariranno nella Galleria.

7) Se volete aggiungere tutti i file dell'elenco, allora fate clic su **Aggiungi tutti**. Tutti i file scompariranno dall'elenco e le immagini appariranno nella Galleria.

8) Quando avete terminato, fate clic su **OK** e la finestra di dialogo **Proprietà di Categoria personale** si chiuderà.

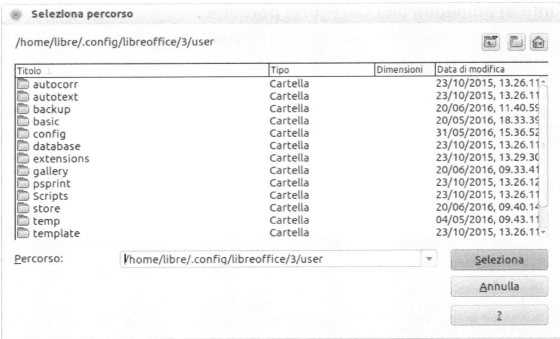

Figura 258: selezione di un percorso per le nuove immagini nelle categorie

Eliminazione di immagini

Potete eliminare le immagini solamente dalla *Categoria personale* o da categorie da voi create.

1) Fate clic con il pulsante destro del mouse sull'immagine nella finestra della Galleria.
2) Scegliete **Elimina** dal menu contestuale.
3) Apparirà un messaggio con la richiesta di conferma dell'eliminazione dell'oggetto. Fate clic su **Sì**.

Nota	L'immagine è solo un collegamento al file e viene cancellata unicamente dalla Galleria. Il file originale dell'immagine non viene eliminato.

Tutte le immagini nella Galleria sono dei collegamenti a file. Occasionalmente conviene aggiornare le categorie della Galleria per assicurarsi che tutti i file siano ancora presenti. Per farlo, fate clic con il pulsante destro del mouse su una categoria alla quale avete aggiunto almeno un file e poi selezionate la voce **Aggiorna** dal menu contestuale.

Aggiunta di una nuova categoria

Potete aggiungere una nuova categoria all'elenco presente nella Galleria nel modo seguente:

1) Fate clic sul pulsante **Nuova categoria** sopra l'elenco delle categorie per aprire la finestra di dialogo Proprietà.
2) Fate clic sulla scheda **Generale** e digitate un nome per la nuova categoria nella casella di testo (Figura 259).
3) Fate clic sulla scheda **File** e seguite i passi da 3 a 8 della sezione "Aggiunta di immagini alla Categoria personale" a pagina 228.
4) La nuova categoria verrà ora mostrata nell'elenco delle categorie nella Galleria.

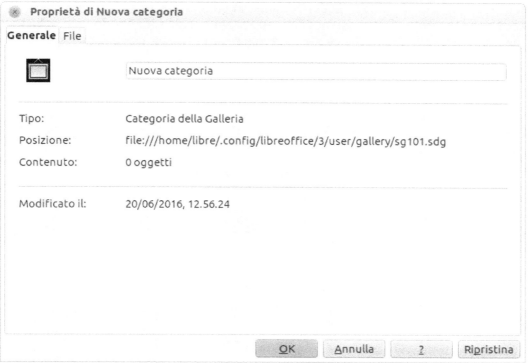

Figura 259: aggiunta di una nuova categoria alla Galleria

Nota	Se volete, *potete* rinominare manualmente la nuova categoria facendo clic con il pulsante destro del mouse sul suo nome e selezionando **Rinomina**.

Colori e tavolozze dei colori

Draw (come tutti i componenti di LibreOffice) utilizza delle tavolozze per rappresentare i colori. Potete anche personalizzare le tavolozze dei colori per adattarle alle vostre esigenze, modificando i colori di una tavolozza, aggiungendo altri colori, oppure creando nuove tavolozze.

Nota	LibreOffice utilizza internamente il modello di colore RGB per la stampa in tutti i suoi componenti software. I controlli CMYK sono resi disponibili esclusivamente per facilitare l'inserimento dei valori dei colori utilizzando la notazione CMYK.

Utilizzo dei colori

Sono disponibili due finestre di dialogo attraverso le quali potete selezionare, aggiungere, modificare o eliminare i colori. Per aprirle, dalla barra principale dei menu scegliete la voce **Strumenti > Opzioni > LibreOffice > Colori** (Figura 260) oppure la voce **Formato > Area > Colori** (Figura 261). Anche facendo clic con il pulsante destro del mouse su un oggetto selezionato e scegliendo la voce **Area** dal menu contestuale, e facendo poi clic sulla scheda **Colori**, aprirete la finestra di dialogo **Area** visibile in Figura 261.

Ciascun valore di colore ha un valore numerico che può essere inserito direttamente in forma di numero. Nel modello di colore RGB (Rosso, Verde e Blu) il valore per i colori può essere un qualsiasi numero intero compreso tra 0 e 255. Per il modello di colore CMYK (Ciano, Magenta, Giallo e Nero) il valore per i colori è in percentuale. Quando selezionate il modello di colore tra RGB e CMYK, in entrambe le finestre di dialogo le caselle di inserimento dei valori si adattano automaticamente per visualizzare in RGB o in CMYK.

Quando si utilizzano valori in CMYK, la conversione in valori RGB usati da LibreOffice viene effettuata automaticamente. Qualsiasi modifica apportata ai colori ha effetto solo sulla tavolozza attiva nel disegno, a meno che non salviate la tavolozza modificata per un utilizzo futuro.

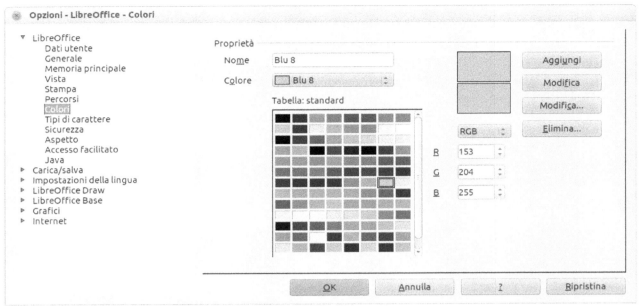

Figura 260: finestra di dialogo Opzioni - LibreOffice - Colori

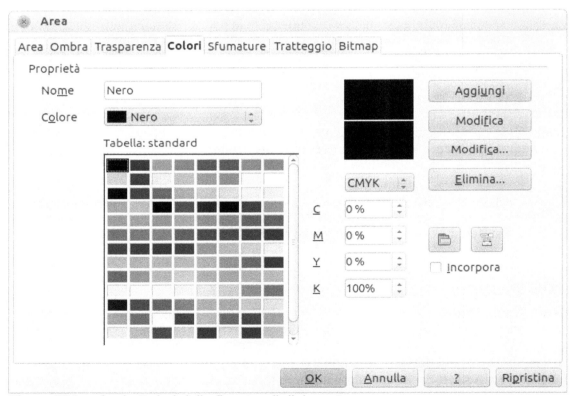

Figura 261: scheda Colori della finestra di dialogo Area

Suggerimento	Per maggiori informazioni sui modelli di colore, accedete all'indirizzo web http://en.wikipedia.org/wiki/Color_model

Selezione dei colori

1) Per aprire la finestra di dialogo dei colori scegliete, dalla barra dei menu principale, la voce **Strumenti > Opzioni > LibreOffice > Colori** (Figura 260) oppure la voce **Formato > Area > Colori** (Figura 261).

2) In alternativa, fate clic con il pulsante destro del mouse su un oggetto selezionato; scegliete, dal menu contestuale, la voce **Area**, infine fate clic sulla scheda **Colori** (Figura 261).

3) Selezionate un colore dall'elenco a discesa *Colore* oppure dalla tabella dei colori, oppure ancora, se conoscete i valori del colore che volete usare, inseriteli in RGB o in CMYK.

4) Fate clic su **OK** per usare il colore selezionato e chiudere la finestra di dialogo.

Tavolozze dei colori

Tramite la finestra di dialogo **Formato > Area > Colori** (Figura 261) è possibile caricare tavolozze dei colori, così come crearle e salvarle per usi futuri.

- Fate clic sull'icona Carica lista colori 🖼 per aprire una finestra di dialogo in cui potete selezionare una tavolozza dei colori da usare in Draw.

- Se avete effettuato delle modifiche alla tavolozza dei colori, fate clic sull'icona Salva lista colori 💾 per aprire una finestra di dialogo tramite cui potete salvare la tavolozza per usarla in futuro in Draw. Il formato di file usato da LibreOffice per le tavolozze dei colori è .soc.

Nota	Le icone **Carica lista colori** e **Salva lista colori** sono disponibili solo se avete aperto la finestra di dialogo dei colori usando il comando **Formato > Area > Colori** oppure facendo clic con il pulsante destro del mouse su un oggetto selezionato e scegliendo poi la voce **Area** dal menu contestuale.

Creazione dei colori

Tramite i valori di colore

1) Nella finestra di dialogo dei colori, selezionate RGB o CMYK dall'elenco a discesa.

2) Inserite dei valori interi o percentuali in ciascuna delle caselle di inserimento RGB o CMYK, oppure usate le freccette alla destra di ogni casella.

3) Il colore originale viene visualizzato nel campione superiore, mentre il nuovo colore viene visualizzato nel campione inferiore.

4) Fate clic su **Modifica** per applicare e salvare la nuova impostazione nella tavolozza dei colori senza cambiare il nome del colore;

5) oppure fate clic su **Aggiungi** e vi verrà richiesto di assegnare un nuovo nome al colore. Inserendo un nuovo nome e facendo clic su **OK** il nuovo colore verrà aggiunto alla fine dell'elenco dei colori e verrà salvato nella tavolozza dei colori in uso.

6) Fate clic su **OK** per usare il colore modificato o il nuovo colore e per chiudere la finestra di dialogo.

Nota	Per salvare il nuovo colore in una tavolozza, per un utilizzo futuro in Draw, vedete la sezione "Tavolozze dei colori" a pagina 232.

Tramite il selettore di colore

Potere definire dei colori personalizzati usando la finestra di dialogo **Selettore di colore** (Figura 262).

1) Nella barra principale dei menu andate su **Formato > Area > Colori** oppure fate clic con il pulsante destro del mouse su un oggetto selezionato e dal menu contestuale scegliete la voce **Area** per aprire la finestra di dialogo **Area**, quindi fate clic sulla scheda **Colori** per aprire la finestra di dialogo dei colori (Figura 261).

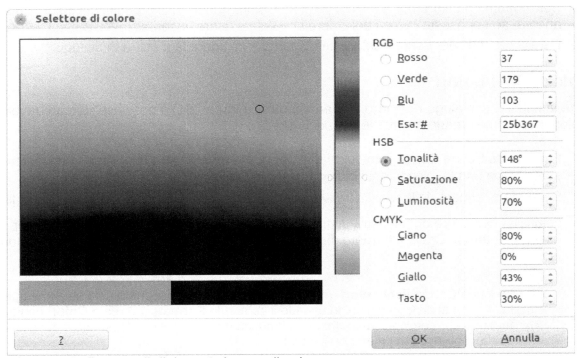

Figura 262: finestra di dialogo Selettore di colore

2) Fate clic su **Modifica...** per aprire la finestra di dialogo **Selettore di colore** nella quale avete tre modalità per selezionare un colore da creare e utilizzare.

3) Per selezionare un colore, fate clic sulla barra colorata alla destra dell'area del campione di colore. I valori nelle caselle RGB, HSB (Hue, Saturation, Brightness - Tonalità, Saturazione e Luminosità) e CMYK cambieranno.

4) Oppure inserite dei valori nelle caselle RGB, HSB o CMYK, in modo da creare il colore. Inserendo dei valori in uno degli insiemi di caselle verranno modificati anche i valori negli altri due insiemi.

5) Oppure, per creare un nuovo colore, fate clic sul piccolo cerchio all'interno dell'area del campione di colore e trascinatelo in una nuova posizione.

6) La barra dei colori al di sotto dell'area con il campione di colore mostrerà il nuovo colore nella metà sinistra, in modo che possiate compararlo con il colore originario nella metà destra della barra.

7) Quando siete soddisfatti del colore creato, fate clic su **OK** per usare il colore.

8) Per salvare il colore vedete la sezione "Tramite i valori di colore" a pagina 232.

Eliminazione dei colori

1) Per eliminare un colore da una tavolozza, aprite la finestra di dialogo dei colori (Figura 260 o Figura 261).

2) Selezionate il colore dall'elenco a discesa **Colore** oppure dalla tabella dei colori e fate clic su **Elimina**.

3) Fate clic su **Sì** per confermare l'eliminazione del colore.

4) Fate clic su **OK** per chiudere la finestra di dialogo dei colori.

Curva di Bézier

In LibreOffice è possibile utilizzare le curve di Bézier nei disegni. Una curva viene definita per mezzo di un punto di partenza P_0, un punto di arrivo P_3, e due punti di controllo P_1 e P_2 (Figura 263). Per i punti che si trovano sulla curva vengono spesso usati i termini *nodi* o *ancoraggi*. Per maggiori informazioni sui principi matematici alla base delle curve di Bézier, vedete http://en.wikipedia.org/wiki/Bezier_curve.

Le curve di Bézier sono molto utili per sperimentare con la struttura e la forma delle curve. In modalità modifica punti potete cambiare l'allineamento della curva trascinando i punti con il mouse. La curva parte dal punto iniziale P_0 in direzione del punto di controllo P_1 e arriva al punto finale P_3 dalla direzione del punto di controllo P_2. Maggiore è la distanza del punto di controllo dal suo punto di partenza o di arrivo e minore sarà la curvatura in quel punto. Se un punto di controllo si trova esattamente su uno di questi punti, allora non produce alcun effetto sulla curva.

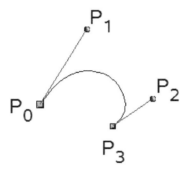

Figura 263: punti nelle curve di Bézier

Disegnare una curva di Bézier

1) Fate clic sul piccolo triangolo alla destra dell'icona **Curva** nella barra degli strumenti **Disegno** per aprire la barra degli strumenti **Linee** (Figura 264). L'icona **Curva** mostra l'ultimo strumento selezionato nella barra degli strumenti **Linee**. Per rendere questa barra degli strumenti fluttuante, fate clic alla base della barra a comparsa e trascinatela nello spazio di lavoro.

Figura 264: barra degli strumenti Linee

2) Fate clic sull'icona **Curva** sulla barra degli strumenti **Linee**. Notate che questa icona potrebbe essere diversa dall'icona **Curva** presente sulla barra degli strumenti **Disegno**.

3) Fate clic sul punto iniziale dal quale volete disegnare la curva e, tenendo premuto il pulsante del mouse, trascinate il cursore approssimativamente fino al punto di arrivo della curva.

4) Quando avete raggiunto la posizione di arrivo della curva, fate doppio clic e la curva verrà disegnata. L'arco della curva è determinato dalla distanza alla quale avete trascinato il puntatore per creare il punto di arrivo.

Nota	Se quando avete raggiunto il punto di arrivo della curva fate un singolo clic, continuerete a disegnare delle linee diritte fino a che non farete doppio clic per concludere il disegno della curva.

5) Fate clic sull'icona **Punti**  sulla barra degli strumenti Disegno oppure premete il tasto *F8* per aprire la barra degli strumenti **Modifica punti** (Figura 265).

6) Fate clic sulla curva, in modo da visualizzare i punti di partenza e di arrivo. Il punto di partenza della curva è più grande di quello di arrivo.

7) Se necessario, portate il cursore sopra il punto di partenza o di arrivo e trascinate il punto di controllo per correggerne la posizione. Mentre trascinate il punto di partenza o di arrivo, compare un punto di controllo all'estremità di una linea tratteggiata, collegato al punto da voi selezionato (Figura 267).

8) Dopo aver posizionato il vostro punto di partenza o di arrivo, rilasciate il cursore e il punto di controllo rimarrà attivo.

9) Fate clic sul punto di controllo e trascinatelo per modificare la forma della curva.

10) Quando avrete finito di modificare la curva, fate clic su un punto qualsiasi dello spazio di lavoro per deselezionare la curva e terminare la modifica dei punti.

Figura 265: barra degli strumenti Modifica punti

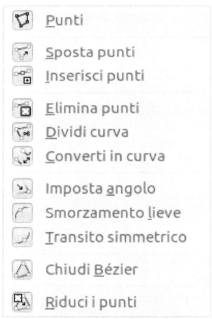

Figura 266: strumenti della barra Modifica punti

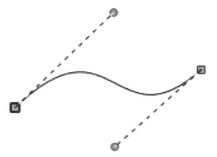

Figura 267: punti di controllo di una curva

Strumenti di modifica dei punti

Facendo riferimento alla Figura 265 e alla Figura 266, gli strumenti disponibili nella barra degli strumenti **Modifica punti** vi permettono di modificare e variare la forma di una curva di Bézier e vengono spiegati di seguito:

- **Punti** – permette di attivare o disattivare la modalità di modifica degli oggetti Bézier. In modalità di modifica è possibile selezionare i singoli punti dell'oggetto di disegno.

- **Sposta punti** – attiva una modalità nella quale potete spostare i punti. Il puntatore del mouse mostra un piccolo quadrato vuoto quando si trova sopra un punto. Trascinate il punto in un'altra posizione. La curva segue il movimento su entrambi i lati del punto e la sezione della curva tra i punti cambia forma. Puntate sulla curva tra due punti o su una curva chiusa e trascinate il mouse per spostare l'intera curva senza distorcerne la forma.

- **Inserisci punti** – attiva la modalità di inserimento e permette di aggiungere punti. Permette anche di spostare i punti, esattamente come nella modalità di spostamento. In ogni caso, se fate clic sulla curva tra due punti e spostate un poco il mouse tenendone premuto il pulsante, inserirete un nuovo punto. Il punto è regolare e le linee verso i punti di controllo sono parallele e rimangono tali se vengono spostate. Se desiderate creare un punto ad angolo dovete prima inserire un punto regolare oppure un punto simmetrico, che verrà poi convertito in un punto ad angolo tramite il comando **Imposta angolo**.

- **Elimina punti** – viene usato per eliminare uno o più punti selezionati. Se volete selezionare più punti, fate clic sui punti desiderati mentre tenete premuto il tasto *Maiusc*. Selezionate prima i punti da cancellare e poi fate clic su questa icona, oppure premete il tasto *Canc*.

- **Dividi curva** – questo strumento divide una curva. Selezionate il punto o i punti in cui volete spezzare la curva e poi fate clic.

- **Converti in curva** – converte una curva in una linea retta o viceversa. Se selezionate un singolo punto, verrà convertita la curva prima del punto. Se sono selezionati due punti, verrà convertita la curva compresa tra entrambi i punti. Se selezionate più di due punti, ogni volta che fate clic su questa icona, verrà convertita una diversa parte della curva. Se necessario, i punti arrotondati vengono convertiti in punti angolari e viceversa. Se una sezione della curva è diritta, i punti finali della linea avranno al massimo un punto di controllo ciascuno. Non potranno essere trasformati in punti di controllo, a meno che la linea retta non venga convertita nuovamente in curva.

- **Imposta angolo** – converte il punto o i punti selezionati in punti angolari (Figura 268). I punti angolari possiedono due punti di controllo mobili, indipendenti l'uno dall'altro. Pertanto, una linea curva non passa direttamente attraverso un punto angolare, ma forma un angolo.

Figura 268: Imposta angolo

- **Smorzamento lieve** – converte un punto angolare o un transito simmetrico in uno smorzamento lieve (Figura 269). Entrambi i punti di controllo di un punto angolare vengono allineati in parallelo e possono essere spostati solo simultaneamente. I punti di controllo possono differenziarsi in lunghezza, permettendovi di variare il grado di curvatura.

Figura 269: punto di smorzamento lieve

- **Transito simmetrico** – converte un punto angolare o uno smorzamento lieve in un transito simmetrico (Figura 270). Entrambi i punti di controllo di un punto angolare vengono allineati in parallelo e hanno la stessa lunghezza. Possono essere spostati solo simultaneamente e il grado di curvatura è lo stesso in entrambe le direzioni.

Figura 270: punto di transito simmetrico

- **Chiudi Bézier** – chiude una linea o una curva. Una linea viene chiusa collegando l'ultimo punto al primo, indicato da un quadrato più grande.
- **Riduci i punti** – contrassegna per l'eliminazione il punto attivo o i punti selezionati. Ciò avviene nel caso in cui il punto si trovi su una linea retta. Se convertite una curva o un poligono in una linea retta tramite lo strumento **Converti in curva**, oppure se modificate una curva con il mouse, in modo che un punto si trovi su una linea retta, questo viene rimosso. L'angolo a partire dal quale può avvenire la riduzione dei punti può essere impostato andando su **Strumenti > Opzioni > LibreOffice Draw > Griglia**.

Aggiunta di commenti a un disegno

In Draw è possibile utilizzare i commenti, in modo simile a quanto avviene in Writer e Calc.

1) Nella barra dei menu principale scegliete la voce **Inserisci > Commento**. Apparirà un riquadro di commento con un piccolo contrassegno contenente le vostre iniziali nell'angolo in alto a sinistra del disegno. Draw aggiunge automaticamente il vostro nome e la data in calce al commento (Figura 25).
2) Digitate o incollate il commento nella casella di testo.
3) Per applicare della semplice formattazione al testo, fate clic con il pulsante destro del mouse e selezionate le opzioni di formattazione dal menu contestuale.

4) Per eliminare un commento, fate clic con il pulsante destro del mouse sul commento o sul contrassegno e selezionate un'opzione dal menu contestuale, oppure fate clic sul piccolo triangolo nell'angolo in basso a destra del commento e selezionate un'opzione dal menu contestuale.

5) Per spostare un commento, fate clic sul piccolo contrassegno e trascinatelo in una nuova posizione all'interno del disegno.

6) Per visualizzare o nascondere i commenti, andate su **Visualizza > Commenti**.

Figura 271: commento in un disegno

| Nota | Affinché nel commento siano visibili le vostre iniziali e il vostro nome, dovete inserire i vostri dati utente. Accedete alla voce **Strumenti > Opzioni > LibreOffice > Dati utente** e inserite tutti i dati necessari. |
| | Se al documento lavora più di una persona, ad ogni autore viene automaticamente associato un diverso colore di sfondo per i commenti. |

Collegare e spezzare linee

In Draw è possibile collegare assieme segmenti separati, creando una linea unica, oppure spezzare una linea composta da elementi separati.

Selezionate diverse linee e scegliete la voce **Cambia > Collega**. Le linee vengono convertite in curve e i punti finali adiacenti vengono uniti. La forma che ne deriva è una polilinea (linea segmentata), non una forma chiusa.

Selezionate una linea composta da segmenti distinti e scegliete la voce **Cambia > Suddividi**. Ciascun elemento separato viene ora indicato con un punto di partenza e uno di arrivo. Fate clic su un elemento e trascinatelo in una nuova posizione.

Indice analitico

Questa guida purtroppo non offre un indice analitico. È stata realizzata dai volontari della comunità di LibreOffice e nessuno di loro ha aggiornato l'indice. La scelta era quindi tra il non avere un indice oppure ritardare la pubblicazione a lungo, tanto che la guida sarebbe diventata obsoleta. È stato quindi deciso che una guida "senza indice" fosse la scelta migliore.